湖南师范大学政治学省级"十四五"重点建设学科资助

义务教育均衡发展政策评估报告

以长沙市为例

王敏　等◎著

光明日报出版社

图书在版编目（CIP）数据

义务教育均衡发展政策评估报告：以长沙市为例 /
王敏等著 . -- 北京：光明日报出版社，2024.8.
ISBN 978 - 7 - 5194 - 8212 - 1

Ⅰ . G522.3

中国国家版本馆 CIP 数据核字第 20241FZ205 号

义务教育均衡发展政策评估报告：以长沙市为例
YIWU JIAOYU JUNHENG FAZHAN ZHENGCE PINGGU BAOGAO：YI CHANGSHASHI WEILI

著　　者：王敏　等

责任编辑：刘兴华　　　　　　责任校对：宋　悦　乔宇佳
封面设计：中联华文　　　　　　责任印制：曹　净

出版发行：光明日报出版社
地　　址：北京市西城区永安路 106 号，100050
电　　话：010-63169890（咨询），010-63131930（邮购）
传　　真：010-63131930
网　　址：http：// book. gmw. cn
E - mail：gmrbcbs@ gmw. cn
法律顾问：北京市兰台律师事务所龚柳方律师

印　　刷：三河市华东印刷有限公司
装　　订：三河市华东印刷有限公司
本书如有破损、缺页、装订错误，请与本社联系调换，电话：010-63131930

开　　本：170mm×240mm
字　　数：350 千字　　　　　　印　　张：19.5
版　　次：2024 年 8 月第 1 版　　印　　次：2024 年 8 月第 1 次印刷
书　　号：ISBN 978 - 7 - 5194 - 8212 - 1
定　　价：98.00 元

目 录
CONTENTS

第一章

长沙市义务教育均衡发展政策评估设计

义务教育是指达到法定年龄段的儿童，必须在家庭、学校、社会和国家的共同配合下实施的一种强制性教育。《中华人民共和国义务教育法》明确规定："凡年满6周岁的儿童，不分性别、民族、家庭资产情况以及宗教信仰等，都应当入学接受九年义务教育，不得推迟。"从法律的规定中可以看出，义务教育具有强制性、普遍性、公益性的特征。均衡发展是义务教育的战略性任务，是办好人民满意教育的重要体现。推动义务教育均衡发展，是决胜全面建成小康社会的重要基础。具体而言，义务教育均衡发展的内涵主要体现为四方面：一是教育机会公平，二是义务教育资源配置均衡，三是体现教育发展水平的义务教育质量均衡，四是义务教育政策的均衡。

为客观、公正、科学、准确地评估长沙市义务教育均衡发展政策实施结果，推动市委、市政府决策部署落实落地，进一步增强政策的科学性和有效性，提高政府的执行力和公信力，提升人民群众的满意度和获得感。湖南师范大学国家治理研究所，根据自身的特色与优势，组建第三方评估团队，对长沙市出台的义务教育均衡发展方面重大公共政策实施情况进行评估，并提出相应的改进政策建议。具体评估方案如下：图 1-1

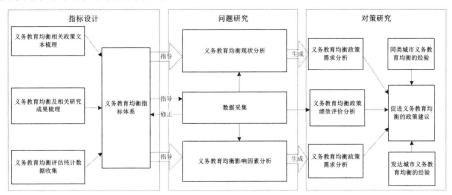

图 1-1　研究思路图

第一节 长沙市义务教育均衡发展政策评估方案设计

一、义务教育均衡发展政策及研究文献资料的梳理

文献资料的搜索与梳理是重大公共政策第三方评估的一项基础性工作。本课题研究搜索与梳理的文献资料包括两大方面：一是义务教育均衡发展的政策文本，尤其是长沙市义务教育均衡发展的政策文本；二是义务教育均衡发展实施情况评估的研究文献。

1. 对义务教育均衡发展政策文本的搜索与梳理

义务教育均衡发展政策实施情况的评估研究是一个政策性非常强的研究课题，本项目研究的直接目的是为政策决策服务。从事这一评估研究，首先需要对义务教育均衡发展的相关政策文本进行检索与梳理，考察政策演进的轨迹、分析政策的影响。课题组查阅了21世纪以来国家、省、长沙市出台的有关义务教育均衡发展的政策文本。经查询，主要有国务院《关于深入推进义务教育均衡发展的意见》《关于统筹推进县域内城乡义务教育一体化改革发展的若干意见》《县域义务教育优质均衡发展督导评估办法》，教育部《国家中长期教育改革和发展规划纲要（2010—2020年）》《教育部关于进一步做好小学升入初中免试就近入学工作的实施意见》以及长沙市《中共长沙市委长沙市人民政府关于进一步规范中小学招生入学工作的意见》（长发〔2016〕8号）、《优化教育资源配置全面提高教育质量的实施意见》《教育精准扶贫实施方案》《关于加快推进长沙教育优质发展的实施意见》《长沙市人民政府办公厅关于进一步做好义务教育阶段招生入学工作的通知》《长沙市人民政府关于进一步加快农村义务教育发展的若干意见》《长沙市消除普通中小学大班额专项规划（2016—2020年）》《长沙市"十三五"教育事业发展规划》《长沙市乡村教师支持计划（2016-2020年）实施细则》《长沙市深化教育领域综合改革实施方案（2016—2020年）》等有关政策文本。在分析长沙市政府及其上级政府的政策文本基础上，概述政策精神，揭示政策目标和要求，为长沙市出台的义务教育均衡发展方面重大公共政策实施情况进行评估奠定基础。

2. 对相关研究文献的搜索与梳理

义务教育均衡发展政策实施情况的评估研究已形成大量研究成果。对相关研究文献、统计数据等进行搜索、梳理和综述是一项基础性工作。通过对相关研究文献的搜索、梳理与综述，为评估研究提供资料支撑。同时查阅已经公开出版的数据，有效且客观地反映长沙市义务教育城乡均衡发展的现状水平和问题，为本研究的立论奠定了真实可靠的数据基础。主要数据来源于《中国教育统计年鉴》《长沙教育事业统计数据》《长沙市县域义务教育校际均衡监测年度报告》以及长沙市教育局以及区县的教育统计数据和此次调研各校填报的数据等。

二、制订评估方案

1. 评估目的

从教育机会均衡、教育资源均衡、教育质量均衡、教育政策均衡四个维度，客观、公正、科学、准确地评估长沙市义务教育均衡发展政策实施结果，推动市委、市政府义务教育均衡发展政策部署落实落地，确保全市全体学生"有学上""好上学""上好学"，保障特殊群体平等享有接受良好教育的权利，进一步增强政策的科学性和有效性，提高政府的执行力和公信力，提升人民群众的满意度和获得感。

2. 评估对象

本次评估主要针对教育机会公平、义务教育资源配置均衡、义务教育质量均衡和政府政策均衡四方面，利用文献分析、问卷调查、质性访谈等方法，全方位对现阶段长沙市义务教育均衡发展状况进行评估。

3. 评估内容

（1）对长沙市义务教育均衡发展政策出台后是否得到全面高效的贯彻落实的情况进行评估，重点对资源投入、执行效果等情况进行分析。

（2）对长沙市义务教育均衡发展政策运行过程中体现的完备性、规范性、协调性、操作性及继续实施的潜在风险隐患和可能影响等方面进行分析。

（3）对长沙市义务教育均衡发展政策实施后是否达到预期目标，取得的各种效益进行评价分析，评估家长、学生以及教师、学校管理层满意度、受益度和获得感。

（4）对长沙市义务教育均衡发展政策实施中存在的主要问题及其原因进行分析。

（5）提出长沙市义务教育均衡发展政策整合调整或修改完善的建议。

4. 评估标准

根据长沙市义务教育公共政策的文本，我们拟从适龄儿童少年有学上，好上学，上好学等维度进行概念操作化，并建立科学有效的评估指标体系。

根据简约、量化、可操作性原则，确定四个一级指标：一是体现教育机会公平的均衡指标，二是体现政府职责的义务教育资源配置均衡的指标，三是体现教育发展水平的义务教育质量均衡发展指标，四是体现政府政策均衡的指标。

表1-1 长沙市义务教育均衡发展程度测评指标

一级指标	二级指标	三级指标
教育机会均衡	入学机会	适龄儿童入学率
		城乡学生入学率差异
		男女入学率差异
		"三残"儿童入学率
		义务教育阶段随迁子女入学率
		留守儿童入学率
		学生就近入学率
教育资源配置均衡	教育经费	生均教育经费支出
		生均专项经费支出
		师均工资福利支出
		师均培训经费
	教育设施	生均教学及辅助用房面积
		生均教育教学设施设备值
		生均图书册数
		生均固定资产
		生均计算机台数
		生均体育运动场馆面积
	师资队伍	班师比
		专任教师合格率
		学校老师专业对口率
		生均高学历教师
		生均高职称教师
		县级及以上骨干教师比例
		教师培训比例

一级指标	二级指标	三级指标
教育质量均衡	学校管理	学科分组实验开课数
		学生每周平均在校学习活动时数
		学生社会实践活动参与率
		骨干教师交流比例
		家校交流机制建设
	教育效果	学生综合素质评价合格率
		学生体质健康达标率
		学生心理健康达标率
		学生学业水平测试合格率
		学段巩固率
		学生辍学率
		学生升学率
教育政策均衡	政策目标	教育机会
		教育资源
		教育质量
	政策结构	组织结构
		制度结构
		人力资源结构
	政策运行机制	资金投入机制
		激励机制
		约束机制
	政策绩效	教师满意度
		学生满意度
		家长满意度

5. 评估方法

采取问卷调查、访谈、实地调研和专家咨询等方式进行信息采集，全面采集数据信息，广泛收集意见建议，深入了解真实情况，形成翔实的数据和充分的论据。主要研究方法有以下几种：

第一，文献研究

在本研究中，我们通过多方搜集，获得市区县教育局、学校等单位帮助，获取了大量文献资料。

第二，案例研究

选择一些具有代表性的县区市作为案例，在具体方法上，则运用实地调查、访谈和数理统计等方法进行研究。

第三，问卷调查法

这种方法是当代调查的主要手段之一。问卷中的提问方式可分为三类：结构式提问、开放式提问、半结构式提问。运用计算机进行数据处理。

第四，访谈法

是调查人员通过与调查对象进行交谈，收集口头资料的一种调查方法。访谈通常是在面对面的场合下进行，由调查人员接触调查对象，就所要调查的问题向调查对象提问，要求调查对象做出回答，并由调查人员将回答内容及交谈时观察到的动作行为及印象详细记录下来。访谈法按访谈方式分为结构访谈和无结构访谈；按访谈的场所分为机关访谈、街头访谈、家庭访谈、公共场所访谈；按访谈人数分为集体访谈和个别访谈；按访谈的时间分为一次性访谈和跟踪访谈等。研究人员带着调研提纲走访了教育行政部门领导、学校领导、教师、学生家长、学生，倾听他们对义务教育均衡发展的看法和建议，弥补了问卷调查的不足。

第二节　数据采集

一、调查地的概况

长沙市是湖南省省会，是全省政治、经济、文化、科教和商贸中心，为全国两型社会建设综合配套改革试验区核心城市，2017 年下辖芙蓉、天心、岳麓、开福、雨花、望城 6 区和长沙县、宁乡市、浏阳市 3 县（市），拥有长沙高新区、长沙经开区、宁乡经开区、浏阳经开区、望城经开区 5 个国家级开发区和 9 个省级园区。新近设立湘江新区，打造"一带一部"（东部沿海地区和中西部地区过渡带、长江开放经济带和沿海开放经济带结合部）的核心增长极和长江经济带的重要区域。

全市 2017 年拥有各级各种类学校 2852 所、在校学生 191.8 万人、教职工

13.58 万人，农村县（市）有中小学 857 所，在校学生 43.51 万人次，其中教职工共 2.75 万人。

二、调查构成

本次调查主要分为个人问卷调查、质性访谈两类。

1. 个人问卷调查

问卷调查主要对长沙市 6 区 3 县市的四至九年级的在校学生、学生家长以及教师。

2. 质性访谈

为了能够更全面、深入地了解我们所关注的问题，对抽样问卷调查中一些不能覆盖的信息进行必要的补充，在抽样调查的同时，由调查指导员借助事先设计好的非结构化的访谈提纲，对部分学生、教师、家长、学校管理人员以及政府工作人员进行了访谈。

三、调查内容

本次调查内容涉及个人基本情况、教育机会、教育资源、教育质量、教育政策等内容。各类问卷的主要调查内容如表 1-2 所示：

表 1-2　问卷调查内容一览

问卷结构与主要信息	学生	家长	教师
个人信息	√	√	√
教育机会	√	√	√
教育资源	√	√	√
教育质量	√	√	√
教育政策	√	√	√
针对特定人群问题	生理和心理健康		职业技能、工作满意度

四、调查执行

1. 调查时间安排

因中小学 9 月才开学，本次调查时间从 2017 年 9 月 10 日至 10 月 3 日，具体时间和日程安排如下：

（1）9月10日—23日：前期筹备。调查队与相关老师联系，其他组员进行调查前的准备工作包括调查员面试等。

（2）9月24日：调查培训。在正式调查之前，湖南师范大学国家治理研究所在公管院209教室召开"调查启动会与培训会"，对各调查队参加调查的相关人员进行了详尽的培训与指导。

（3）9月25—10月3日：正式调查阶段，完成所有调查任务。

2. 参加人员

本次调查参加人员由湖南师范大学国家治理研究所和湖南师范大学公共管理学院研究生调查员组成。本次调查分为6个调查队，每个调查队由1位老师作为调查指导员，4~9位研究生作为调查员。

为了对调查过程中出现的问题进行即时的沟通，本次调查安排专门老师担任调查联络员，负责调查过程中相关问题的沟通。

五、抽样调查

1. 问卷调查的样本抽样

对于学校的抽样采取分级抽样和整群抽样，即根据每个区县市的学校数和在校人数，按照一定比例抽取相应的学校和班级。对于被抽到的班级，所有学生参加《学生问卷》的调查，与此同时，学生的父亲或者母亲完成《家长问卷》，学生所在班级的班主任完成《教师问卷》。由于望城区、长沙县、宁乡市、浏阳市存在较多的农村小学，为了保持城乡小学分布均衡，会在此四个区县市抽取更多的农村小学。

表1-3 各区抽样学校及班级

城区	小学		中学		家长（人）	教师（人）	合计（人）
	学校（所）	学生（人）	学校（所）	学生（人）			
芙蓉区	10	500	2	100	600	12	1212
天心区	7	350	5	250	600	12	1212
岳麓区	16	800	5	250	1050	21	2121
开福区	7	350	5	250	600	12	1212
雨花区	14	700	5	250	950	19	1919
望城区	9	450	6	300	750	15	1515

城区	小学		中学		家长（人）	教师（人）	合计（人）
	学校（所）	学生（人）	学校（所）	学生（人）			
长沙县	14	420	9	270	690	23	1403
宁乡市	15	450	10	300	750	25	1525
浏阳市	21	630	11	330	960	32	1952
合计	113	4650	58	2300	6950	171	14071

2. 抽样调查实际规模

表1-4 各区抽样调查实际数量

城区	小学生	中学生	家长	教师	合计
芙蓉区	415	20	442	21	898
天心区	475	193	442	14	1124
岳麓区	563	236	689	18	1506
开福区	452	131	507	12	1102
雨花区	974	246	1151	25	2396
望城区	379	293	169	15	856
长沙县	508	394	627	21	1550
宁乡市	438	384	408	21	1251
浏阳市	553	330	696	54	1633
合计	4757	2227	5131	201	12316

六、质性访谈

1. 质性访谈样本的选择

质性访谈主要是调查指导员和调查员根据半结构化的访谈提纲，进行各类人群的个访。

本次质性访谈调查采取个访形式，个访总共接触了各类人群共224人。个访主要围绕以下五方面展开：第一，个人基本信息；第二，义务教育发展存在

的主要问题及原因；第三，如何推进义务教育均衡发展；第四，义务教育均衡
发展的难点及如何解决；第五，政策需求。

2. 质性访谈实际规模

表1-5 各区质性访谈数量

城区	学生	家长	教师	学校管理人员	政府工作人员	合计
芙蓉区	6	6	6	3	5	26
天心区	6	6	6	3	1	22
岳麓区	6	6	6	3	5	26
开福区	6	6	6	3	4	25
雨花区	6	6	6	3	4	25
望城区	6	6	6	3	4	25
长沙县	6	6	6	3	4	25
宁乡市	6	6	6	3	5	26
浏阳市	6	6	6	3	3	24
合计	54	54	54	27	35	224

七、数据质量与评价

调查采取了多种保证措施来确保现场调查和数据录入的质量。主要包括调
查之前的培训、调查过程中的跟访和调查结束后的问卷审核及复访。由于各种
原因，调查数据难免会存在一定的误差，但是我们采取了多种措施来保证数据
质量，使误差在一个可接受的水平内。本次调查抽样复访与正式访问的一致率
在可以接受的范围内，5%等距抽样双工录入的一致率在98%以上。

1. 调查前的培训

本次调查共有6位调查指导员，所有调查指导员均是本项目组成员。调查
员共有38位，均是来自湖南师范大学公共管理学院的研究生。为了保证问卷质
量，调查前课题组进行了调查前的培训会，培训会分为两个部分，即问卷调查
培训和质性访谈培训。

问卷调查培训主要针对研究生调查员进行调查指导培训，对调查的目标、

问卷结构、问卷中问题的具体含义，以及现场调查的基本技能进行重点讲解，以保证每位调查员能够熟悉问卷，保证问卷的有效度。质性访谈培训则主要是针对质性访谈的内容、技巧及注意事项，并针对可能出现的特殊情况的处理方案进行了说明。

2. 调查过程中的跟访

跟访是指在调查过程中，调查指导员与调查员一起去参加调查，针对调查过程中调查员处理不当的问题及时进行纠正，并且针对存在的特殊情况确定处理办法。调查要求调查指导员对所有的调查员进行随机跟访，以确保所有调查员对问卷的正确理解。

3. 问卷审核与复访

问卷审核是调查指导员对调查员完成的问卷进行审核，返回所有不合格问卷，以确保问卷质量。

调查过程中，对每个调查员的问卷，调查指导员要随机选择 3 份问卷，并找到被调查者的联系方式进行电话复访，以便检查两次调查的一致性。复访的结果会通知调查员，以便他（她）提高调查质量。

4. 数据录入控制

数据是由调查指导员录入到 EpiData 数据库中的，通过 EpiData 的附带程序可以进行初步的质量控制，例如，范围的大小，跳问等。在数据录入完毕之后，每位调查指导员等距抽样 5% 的样本进行轮换录入来检验数据录入的准确性和质量。两次数据录入有一定的不一致率，但是在可接受的范围之内，本次调查双工录入的不一致率平均为 1.98%。

5. 逻辑检验

在数据库建立后，编制了计算机程序来检验同一份问卷中存在逻辑一致性。对于有逻辑问题的记录，寻找原始问卷进行核对，根据问卷内容进行修改。

总之，在调查执行和之后的数据录入及数据分析中，都采取了相应措施来保证数据质量。结果表明，这些措施是有效的，调查数据虽然存在一定的误差，但是在一个可接受的水平上。

八、样本描述

1. 中小学生的基本信息描述

表 1-6 描述了被调查中小学生的基本特征，包括性别、年龄、年级和户口状况。

表 1-6 学生样本描述①

项目	频数	百分比
性别		
男生	3554	51. 11
女生	3399	48. 89
样本量	6953	100. 00
年龄		
均值	11. 16	
样本量	6517	
年级		
四年级	951	13. 68
五年级	1851	26. 63
六年级	1930	27. 77
七年级	594	8. 55
八年级	1043	15. 01
九年级	581	8. 36
样本量	6950	100. 00
户口		
农村户口	2443	35. 25
城市户口	2222	32. 06
不清楚	2266	32. 69

---

① 由于调查过程中被调查者填写问卷信息时存在漏填、错填现象，统计中对空缺和存在明显逻辑错误的信息按缺失值处理，统计只针对有效答案，故每项指标的样本总量间存在差异属正常现象。后文样本描述中的数据与此处类似。

项目	频数	百分比
样本量	6931	100.00

从调查样本分布来看，性别比基本均衡，男孩比例稍高于女孩，平均年龄11.16岁，小学生（四、五、六年级）人数高于中学生（七、八、九年级）人数，农村户口的学生比例略大于城镇户口，还有三分之一的学生不清楚自己的户口性质，这符合义务教育阶段学生的基本分布。

2. 家长的基本信息

表1-7描述了被调查家长的基本特征，包括性别、年龄、户口状况、民族以及社会经济地位。

表1-7 家长样本描述

项目	频数	百分比
性别		
男	1890	37.25
女	3184	62.75
样本量	5074	100.00
年龄		
均值	41.60	
样本量	4831	
户口所在地		
本地	3611	71.90
外地	1411	28.10
样本量	5022	100.00
户口类型		
城市户口	2404	47.68

续表

项目	频数	百分比
农村户口	2638	52.32
样本量	5042	100.00
民族		
汉族	4843	96.40
少数民族	181	3.60
样本量	5024	100.00
受教育程度		
高中及以下	2216	43.94
中专	869	17.23
大专	922	18.28
本科	859	17.03
研究生及以上	177	3.51
样本量	5043	100.00
职业类型		
党政机关、党群组织、事业单位负责人	169	3.37
国有或集体企业负责人	116	2.31
私营企业主	405	8.07
专业技术人员	656	13.07
普通公务员、办事人员	365	7.27
个体工商户	507	10.10
商业服务业人员	534	10.64
技术工人	344	6.85

项目	频数	百分比
非技术工人	226	4.50
农林牧渔业生产人员	65	1.30
军人	13	0.26
城乡无业失业半失业者	296	5.90
从未就业的学生	5	0.10
家务劳动	845	16.84
其他	473	9.42
样本量	5019	100.00
月收入		
均值	10782.54	
样本量	4452	

从人口特征分布来看，女性家长比例明显高于男性家长；被访者平均年龄为 38.58 岁；以本地户口、农村户口为主；绝大多数家长为汉族，仅 3.14% 的家长为少数民族。从社会经济地位来看，家长的社会经济地位分化明显，数据显示接近一半的家长的受教育程度在高中及以下，但是接受高等教育的比例占到 38.82%，从事个体工商户以上的家长占到 44.19%，月收入平均达到 10782.54 元。

3. 教师的基本信息描述

表 1-8 描述了被调查教师的基本特征，包括性别、年龄、民族、受教育程度、专业职称以及所带年级。

表 1-8 教师样本描述

项目	频数	百分比（%）
性别		

续表

项目	频数	百分比（%）
男	31	15.42
女	170	84.58
样本量	201	100.00
年龄		
均值	36.27	
样本量	197	
民族		
汉族	192	95.52
少数民族	9	4.48
样本量	201	100.00
受教育程度		
高中及以下	3	1.49
中专	7	3.48
大专	21	10.45
本科	157	78.11
研究生及以上	13	6.47
样本量	201	100.00
专业职称		
正高级	2	1.04
高级	38	19.79
一级	93	48.44
二级	53	27.60

项目	频数	百分比（%）
三级	6	3.13
样本量	192	100.00
所带的年级		
一年级	4	2
二年级	0	0.00
三年级	2.00	1.00
四年级	33	16.50
五年级	45	22.50
六年级	53	26.50
七年级	25	12.50
八年级	18	9.00
九年级	20	10.00
其他	0.00	0.00
样本量	200	100
月收入		
均值	4373.85	
样本量	193	

　　从被访者特征分布来看，本次访问的教师女性比例远高于男性；被访者平均年龄较年轻，约为 36 岁；绝大多数为汉族；教师的受教育程度较高，绝大多数老师为本科及以上学历，还有极少数的教师的受教育程度处于研究生及以上学历；被访教师的专业职称集中在高级、一级、二级教师；教师主要分布在四年级至九年级的各个年级，分布较为均匀；教师月收入为 4373.85 元。

第二章

长沙市义务教育均衡发展政策评估总报告

第一节　长沙市义务教育均衡发展的现状

一、长沙市义务教育段入学机会均等已经实现

义务教育段入学机会公平是义务教育均衡发展的前提。本研究采用国际上通用的"入学率"作为评价指标,衡量城乡间受教育权和教育机会公平的起点公平。为此,我们设置了七个指标:区域间学生入学率差异、城乡学生入学率差异、男女入学率差异、"三残"儿童入学率、义务教育阶段随迁子女入学率、留守儿童入学率、学生就近入学率。据统计,目前,长沙市义务教育适龄儿童入学率达100%,高于全国平均水平;符合条件的进城务工人员随迁子女100%在公办学校就读,且同等享受"一费制"全免;全市4.5万名留守儿童100%入学。可以说,长沙义务教育入学机会均等已经实现。

表2-1　长沙市入学率

年份	小学入学率	初中入学率	小学辍学率	初中辍学率	长沙市外来务工子女占比
2014	100%	110.6%	0%	0%	–
2015	100%	109.2%	0%	0%	–
2016	100%	107.1%	0%	0%	10.22%

注:1. 数据来源于2014—2016年国民经济和社会发展统计公报

2. 2016年长沙市外来务工子女学生占比＝2016年在长沙市就读外来务工人员子女15.5万/全市所有义务教育阶段在校学生151.7万×100%

二、长沙市义务教育资源配置均衡发展基本实现

为了贯彻落实国务院颁发的《关于深入推进义务教育均衡发展的意见》和

《县域义务教育均衡发展督导评估暂行办法》文件精神。长沙市响应中央政策，从 2013 年开始进行评估工作，从长沙市教育统计报表上直接提取数据，运用统计学中的"差异系数"计算方法，计算出县域内中、小学的差异，用来精确评价县域内校际的均衡状况。

根据教育部的规定，在评估县域内均衡状况时运用统计学中的差异系数，以①生均教学及辅助用房面积②生均体育运动场馆面积③生均教学设施设备值④生均计算机台数⑤生均图书册数⑥师生比⑦生均高于规定学历教师数⑧生均中级及以上专业技术职务教师数等 8 项指标分别计算小学、初中综合差异系数，达到基本均衡评估的标准为小学、初中综合差异系数分别不高于 0.65、0.55。同时为防止低水平均衡，教育部要求各省（区、市）在制定义务教育学校办学标准时，可根据国家要求设定基本标准；在制定评估县级政府工作的实施办法时，也可在《办法》规定的入学机会、保障机制、教师队伍、质量与管理 4 方面 17 项指标的基础上适当增加指标。

差异系数（公式见下文）是一组数据的标准差与其均值之比，差异系数越大说明县域内校际的不均衡程度越大；相反，差异系数越小则县域内校际不均衡程度越小。基尼系数（Gini Coefficient）是在洛伦茨曲线基础上由意大利经济学家基尼（Corrado Gini）提出的定量测定收入分配差异程度的指标。它的经济学含义是：在全部居民收入中用于不平均的分配的百分比，它在 0~1 之间变化，基尼系数越小，均衡程度越高。按国际通行标准，0.2~0.3 表示比较平均；0.3~0.4 表示相对合理；0.4~0.5 表示收入差距较大；0.5 以上表示收入差距悬殊。教育基尼系数是基尼系数在教育领域的运用，它是一种相对不平等的测量方法，具有较好的统计性质和解释能力。

差异系数计算公式：

$$CV = \frac{SD}{\bar{x}} = \frac{\sqrt{\dfrac{1}{n-1}\sum_{i=1}^{n}(x_i - \bar{x})}}{\bar{x}} （增加 i 的取值范围）$$

传统收入差距基尼系数为：

$$GINI = 1 - \frac{1}{n}\left(2\sum_{i=1}^{n-1} W_i + 1\right)$$

在本课题中各项指标基尼系数的计算公式为：

$$I_{GINI} = \frac{2}{n^2 \bar{x}} \sum_{i=1}^{n} i(x_i - \bar{x})$$

在三级指标基尼系数的基础上，每项基尼系数乘以该项指标在二级指标中的权重，然后将计算结果相加得到二级指标的基尼系数，同样处理得到整体综合基尼系数，各级基尼系数公式为：

$$G = g_1 \cdot r_1 + g_2 \cdot r_2 + \cdots + g_n \cdot r_n$$

2013 年以来，长沙 9 个县（市）区都通过了国家义务教育均衡发展县评估认定。

1. 义务教育经费均衡状况

（1）长沙市初中阶段教育经费基尼系数

表 2-2 表示 2014—2016 年长沙市在初中阶段教育经费的基尼系数。数据结果显示，长沙市初中阶段教育经费不同项目在均衡实现方面存在着一定的差异，其中生均教育经费总投入和师均工资福利支出方面的差距是很小的，但是生均专项经费支出在校际的差距很大。

表 2-2　2014—2016 年长沙市初中教育经费的基尼系数

年份	生均教育经费总投入	生均专项经费支出	师均工资福利支出
2014	0.21	0.55	0.10
2015	0.21	0.56	0.09
2016	0.20	0.57	0.11

（2）长沙市小学阶段教育经费基尼系数

表 2-3 表示 2014—2016 年长沙市小学阶段教育经费的基尼系数。数据结果显示，与初中阶段相同，教育经费不同项目在均衡实现方面存在着一定的差异，长沙市在小学阶段生均教育经费总投入和师均工资福利支出方面的差距在相对合理和差距较小的范围，但生均专项经费支出的差距较大，在 0.65 以上。这可能与教育行政部门对新老学校、城乡学校分批次投资改造相关。

表 2-3　2014—2016 年长沙市小学教育经费的基尼系数

年份	生均教育经费总投入	生均专项经费支出	师均工资福利支出
2014	0.34	0.69	0.15
2015	0.37	0.67	0.26
2016	0.35	0.73	0.27

2. 教育设施均衡状况

（1）长沙市初中教育设施均衡状况

表2-4表示2014—2016年长沙市在初中阶段教育设施配置的基尼系数。

表2-4 2014—2016年长沙市在初中阶段教育设施配置的基尼系数

年份	生均教学及辅助用房面积	生均设施设备值	生均固定资产	生均图书册数	生均计算机台数	生均体育运动场馆面积
2014	0.27	0.34	0.20	0.27	0.71	0.50
2015	0.25	0.33	0.21	0.27	0.54	0.49
2016	0.25	0.30	0.22	0.25	0.60	0.45

数据结果显示，长沙市初中义务教育设施配置的6项指标中，不同的指标在校际有着明显的差异，其中教学及辅助用房、体育设施、图书、计算机等基础性的设施方面，各校之间的配置是比较均匀的，但是在固定资产、设施设备等先进的设备和实际投入方面有一定差距。同时也应该注意到在2014—2016年间，总体上各项都呈轻微下降的趋势，校际的差距在不断缩小，尤其是在差距比较大的指标中间更为明显。

（2）长沙市小学教育设施均衡状况

表2-5表示2014—2016年长沙市在小学阶段教育设施配置的基尼系数。

表2-5 2014—2016年长沙市在小学阶段教育设施配置的基尼系数

年份	生均教学及辅助用房面积	生均设施设备值	生均固定资产	生均图书册数	生均计算机台数	生均体育运动场馆面积
2014	0.26	0.25	0.11	0.26	0.56	0.25
2015	0.27	0.26	0.14	0.30	0.52	0.26
2016	0.26	0.27	0.15	0.31	0.54	0.26

数据结果表明，相对于初中而言，长沙市小学阶段教育设施配置相对均衡，除生均固定资产外，其他各项的差距基本分布在比较均匀的范围内。生均固定资产的差距比较大，但是其差距在缓慢减小。其他各项的差距多呈现轻微扩大的趋势。

3. 义务教育师资力量均衡状况

（1）长沙市初中师资力量均衡状况

表2-6表示2014—2016年长沙市初中师资力量配置的基尼系数。

表2-6 2014—2016年长沙市初中师资力量配置的基尼系数

年份	班师比	专任教师合格率	生均高级职称教师	生均高学历教师	教师培训比例
2014	0.16	0.36	0.12	0.12	0.45
2015	0.18	0.37	0.12	0.20	0.47
2016	0.19	0.38	0.12	0.22	0.50

数据结果表明，长沙市初中义务教育阶段的师资配置，除了教师培训比例以外均达到了基本均衡，校际教师培训比例的差距较大。同时各项指标的差距在近三年间大都以缓慢速度在扩大，尤其是专任教师合格比率和教师培训比率。

（2）长沙市小学师资力量均衡状况

表2-7表示2014—2016年长沙市小学师资力量配置的基尼系数。

表2-7 2014—2016年长沙市小学师资力量配置的基尼系数

年份	班师比	专任教师合格率	生均高级职称教师	生均高学历教师	教师培训比例
2014	0.30	0.36	0.12	0.12	0.45
2015	0.31	0.37	0.12	0.20	0.47
2016	0.28	0.38	0.12	0.22	0.50

数据结果表明，与初中情况相似，长沙市小学师资配置方面教师培训比的差距比较大。同时从纵向看，近三年来各项都比较稳定。

通过上述数据的分析我们可以发现，长沙市义务教育的均衡发展在三个指标中间短板都很明显，教育经费中的生均专项经费支出，教学设施中的固定资产和设施设备，师资力量中的教师培训比例，此外的其他各项都达到了均衡，因此在政策的推进过程中，这些情况值得关注。同时，另一个值得关注的情况是，教育经费、师资配置方面的各项指标初中学校之间的差距基本小于小学，而教学设备方面初中校际的差距则大于小学。

三、长沙市义务教育质量均衡发展基本实现

1. 教育实施过程的均衡状况

（1）长沙市初中教育实施过程的均衡状况

表 2-8 表示 2014—2016 年长沙市初中教育实施过程的基尼系数。

表 2-8　2014—2016 年长沙市初中教育实施过程的基尼系数

年份	实验课	每周课时	学生实践参与率	家长会次数
2014	0.80	0.30	0.16	0.66
2015	0.80	0.32	0.34	0.64
2016	0.81	0.32	0.36	0.64

通过数据可以了解到，长沙市初中义务教育阶段在教育实施过程中的均衡发展的目标基本实现，在每周课时、学生实践参与率方面基本达到均衡。仅在实验课、家长会等方面的校际的差距较大。

（2）长沙市小学教育实施过程的均衡状况

表 2-9 表示 2014—2016 年长沙市小学教育实施过程的基尼系数。

表 2-9　2014—2016 年长沙市小学教育实施过程的基尼系数

年份	实验课	每周课时	学生实践参与率	家长会次数
2014	0.61	0.30	0.21	0.39
2015	0.59	0.32	0.20	0.39
2016	0.58	0.35	0.27	0.39

通过数据可以了解到，与初中相比，长沙市小学义务教育阶段在教育实施过程中的差别比较小，仅实验课方面的差距比较大，基尼系数在 0.5 以上，其他各方面都比较均衡。

2. 教育实施结果的均衡状况

表 2-10、表 2-11 分别表示 2014—2016 年长沙市初中、小学教育实施结果的基尼系数。

表 2-10 2014—2016 年长沙市初中阶段教育实施结果的基尼系数

年份	学生体质健康合格率	学段巩固率	学业水平合格率	辍学率
2014	0.27	0.01	0.10	0.00
2015	0.24	0.01	0.09	0.00
2016	0.25	0.01	0.09	0.00

表 2-11 2014—2016 年长沙市小学阶段教育实施结果的基尼系数

年份	学生体质健康合格率	学段巩固率	辍学率
2014	0.26	0.02	0.00
2015	0.25	0.02	0.00
2016	0.23	0.04	0.00

通过数据可以看出，长沙市义务教育阶段教育教学实施结果已经实现了均衡发展的目标，长沙市义务教育均衡发展已经实现。

根据调研过程所得各种数据和长沙市教育局提供的材料，运用各项指标基尼系数的计算公式所得数据支持长沙市义务教育除在少数领域外基本实现了均衡发展。通过对各项指标的加权（见表 2-12）和综合基尼系数计算公式得到的长沙市义务教育综合基尼系数显示出长沙市 2014 年至 2016 年义务教育均衡综合基尼系数处于比较平均和相对合理的区间，说明长沙市在义务教育均衡发展方面的工作做得较为扎实，总体呈现出义务教育均衡发展的态势与部分具体指标的差距较大现象并存，表明了长沙市义务教育进一步改进的方向。

表 2-12 长沙市义务教育均衡发展综合基尼系数计算表

一级指标	二级指标	三级指标	三级指标在二级指标中的权重	二级指标在一级指标中的权重	一级指标在整体中的权重
教育资源配置均衡	教育经费	生均教育经费支出	0.40	0.40	0.40
		生均专项经费支出	0.30		
		师均工资福利支出	0.30		

续表

一级指标	二级指标	三级指标	三级指标在二级指标中的权重	二级指标在一级指标中的权重	一级指标在整体中的权重
教育资源配置均衡	教育设施	生均教学及辅助用房面积	0.25	0.30	0.40
		生均教育教学设施设备值	0.20		
		生均固定资产	0.25		
		生均图书册数	0.10		
		生均计算机台数	0.10		
		生均体育运动场馆面积	0.15		
	教师队伍	班师比	0.2	0.30	
		专任教师合格率*	0.15		
		生均高学历教师	0.25		
		生均高职称教师	0.25		
		教师培训比例*	0.15		
教育过程均衡	学校管理*	学科分组实验开课数	0.30	1	0.30
		学生每周平均在校学习活动小时数	0.20		
		学生实践活动参与率	0.30		
		家校交流机制建设	0.20		
教育结果均衡	教育效果*	学生体质健康达标率	0.50	1	0.30
		学段巩固率	0.30		
		学生辍学率	0.20		

注：数据来源：未加＊号的指标根据长沙市教育局提供的数据计算得出，加＊号的指标根据调研数据计算得出。

同时值得注意的是相对于小学来说，初中校际的发展差异较大，以及三年间基尼系数有略微上升，说明在有些方面需要进一步加强。（见表2-13）

表2-13　2014—2016年长沙市义务教育均衡发展综合基尼系数

年份	初中	小学
2014	0.31	0.29
2015	0.32	0.29

续表

年份	初中	小学
2016	0.33	0.30

四、长沙市义务教育政策均衡已经形成

1. 均衡发展成为义务教育发展的政策目标

长沙市为了落实中央和国务院要求，把均衡发展作为义务教育的战略任务来抓，将均衡发展程度作为评价区（县市）、乡镇义务教育发展水平的核心标准。在出台的《长沙市"十三五"教育事业发展规划》中，进一步明确推进城乡教育一体化发展的"时间表""路线图""责任书"，以城乡教育一体化均衡发展为依托，加速推进农村基础教育发展，努力实现教育公共服务均等化。进一步确立区县（市）政府的义务教育法定责任，在区县（市）政府绩效考核、教育督导评估等工作中，将发展农村教育作为重中之重来考虑和推进。

长沙市支持区县（市）政府全面开展"教育强乡（镇）"创建工作，要求乡村两级切实履行推动教育发展的职责，并广泛动员各方面力量关心支持教育。明确相关职能部门的教育责任，推动解决教育投入不足、师资水平亟待提高等困扰农村教育方面存在的问题。长沙市委出台了《关于推进城乡一体化发展工作纲要》等文件，指出要进一步加快建设步伐，建立健全城乡一体的公共资源服务诚信体系，涵盖科学技术、卫生教育和社会文化等领域，逐步完成目标任务，实现同一城市同等待遇的要求。《长沙市中长期教育改革和发展规划纲要》对推进城乡教育一体化发展各项工作提出了明确要求。

2. 义务教育的经费投入加大

（1）财政性教育经费投入大量增加

2015 年，长沙市财政性教育经费投入总量达到 148 亿元，与 2010 年相比增加 79 亿元，增幅 114.5%。逐步推进教育经费使用由"建砖头"向"增人头"转变。2010 年至 2015 年，小学生均预算内公用经费分别由农村 315 元、城市 382.2 元增加到 600 元、初中生均预算内公用经费分别由农村 525 元、城市 527.1 元增加到 800 元。

（2）教师培训经费增加

从 2016 年开始，每年按教师工资总额的 2% 预算教师培训经费。

（3）统一衡量和规范城区教师和乡村教师的工资待遇

把城区教师和乡村教师的工资待遇，按照长沙市直属院校老师的工资标准

来进行统一衡量和规范，使他们的工资水平逐步得到提高。具体是财政每年新增 2 亿余元，按照学校在自然村、村委会所在地、乡镇政府所在地三类情况，按照每人每月 900 元、700 元和 500 元的标准为在职在岗教师发放生活补贴；2017 年 1 月 1 日起，长沙市财政给浏阳、宁乡边远乡镇学校教师在发放标准的基础上再发放 100 元补贴。

3. 推进农村义务教育标准化学校的达标化

为均衡城乡义务教育办学条件，长沙通过"消危""三改"合格校建设、薄弱校提质改造等举措来消除城乡义务教育办学条件差距。长沙推进区域城乡义务教育均衡发展的第一个措施就是消除学校的 D 级危房。2005 年，长沙把农村中小学危房改造列为市政府"八件实事"之一，投入资金 12 亿元，将农村中小学 50 多万平方米的 D 级危房全部消除，涉及学校 1300 多所，新建校舍近 500 万平方米。2007 年，长沙启动标准化学校建设，将农村寄宿制学校建设和"三改"（改厕、改水、改食堂）工程与标准化学校建设结合起来，80 多所农村学校食堂达到 A 级标准。2012 年，市政府颁发《长沙市中小学校舍安全工程总体规划》，全市校舍安全工程涉及学校 994 所，其中农村学校占 697 所，总面积 259 万平方米。同年，望城区、长沙县、浏阳市和宁乡县（今宁乡市）政府紧跟《长沙市中心城区中小学校布局规划（2003—2020 年）》，也先后完成了区域内中小学布局专项规划编制工作，实现了中小学专项规划城乡全覆盖。同年，长沙市政府还组织研究制定了《长沙市农村义务教育学校布局专项规划》，出台了《关于加强乡镇区划调整改革中农村义务教育学校布局管理的通知》，进一步规范了义务教育学校布局、撤并和校舍处置行为。另外，根据 2012 年城乡一体化会议要求，组织了长沙县、望城区、浏阳市、宁乡县地区编制了十五个中心镇（小城市）教育城乡一体化学校规划布局规划。2013 年长沙市人民政府印发了《长沙市义务教育薄弱学校提质改造三年行动方案》（长政办函〔2013〕52号），严格按照国家、省、市义务教育办学标准，完善教学及教学辅助用房、办公用房、生活服务用房，校舍能够满足正常的教学和生活需要；配足配齐图书、教学实验仪器设备、音体美器材；配足配齐多媒体远程教学设备和计算机，提高教育信息化水平。

据不完全统计，近 6 年来，全市共投入建设合格学校经费 58 亿多元，建设合格学校 1103 所，其中农村学校占 61%。2016 年长沙市按照"到 2020 年率先基本实现教育现代化"的任务要求，出台了《长沙市义务教育标准化学校标准》，加大全市标准化学校建设，特别是加大农村学校改造专项经费的投入，推进农村中小学校校舍、仪器设备等全面达标。

4. 加强农村中小学师资队伍建设

在队伍建设方面，长沙出台"五定式"补齐，有针对性地补充农村教师队伍。

（1）定校补充

无论城市还是乡村，教师编制标准相同，人员补充乡村优先。按照这个基本原则，采取"按专业、按岗位空缺定向引进"的方法，根据城乡各学校教师空缺情况，将招聘来的教师直接分配到学校，通过近年来的努力，每年为农村学校定向招聘教师均超过400人。

（2）定点支教

实施城镇教师支援农村教育工作办法，每年选派100名市直学校的中坚力量、骨干教师通过交流的方式让他们到农村学校，让他们充分发挥传帮带的作用，提升农村教育水平和质量。同时大力倡导以前在城镇教书、现在已经退下来的特、高级教师等充分发挥余热，鼓励他们到乡村去，重返教师岗位，支援农村教育事业。

（3）定期交流

规定男教师50周岁以下、女教师45周岁以下，如果连续在同一所学校任教超过9年，原则上都要进行交流任教，每次交流期限为1~3年，交流比例达到了国家规定目标。

（4）定向实施定向培养工程

制定针对农村教师引进的定向培养计划措施，扩大招收范围和数量，每年从全市初中生中选拔招录不少于200名毕业生到师范院校就读，毕业后充实到各区县（市）农村学校，2018年培养对象扩大到339名。

（5）定量配置

根据长沙市《关于推进县（市、区）域内义务教育学校校长教师交流轮岗工作的意见》规定：县（市、区）新公开招聘到农村、薄弱学校岗位工作的教师比例不低于当年招聘义务教育阶段教师总数的30%。

5. 注重农村师资队伍专业素质培养

除了补充农村教师队伍，长沙也特别注重农村师资专业培养。长沙市按照统筹城乡、保障重点的基本思路和原则，打造"着眼需求、上门服务"的方式，建立了"一网两站三平台"的乡村教师培训制度和体系，很好地解决了困扰多年的老大难问题，极大地提升了乡村教师队伍的教学能力和专业素养。每年组织市以上培训教师2万余人次，其中国培、省培70%以上，市级培训50%以上，指标面向农村教师。

（1）建立"网络联校"

实施"互联网+教育"工程，依托教育信息技术，建立"网络联校"，实现"三同"行动，即同堂听课、同时备课、同步提高。充分利用互联网拓展学习空间，利用"网络联校"等学习平台开办网上课堂，使乡村教师能够全方位随时随地进行远程教育学习和接受培训。第一期已建设 13 所网络联校主校，辐射 40 所农村偏远学校，培育农村教研实验学校 19 所，创建县级以上校本研训示范学校 300 余所，此外第二期建设网络联校主校同样是 13 所，较好地发挥了示范带动作用。

（2）建立名师（特级教师）农村工作站

结合农村义务教育工作特点和教师工作中的实际需求，依托省城的优势资源和师资力量，建立名师（特级教师）农村工作站，发挥优秀教师示范引领作用，全力搭建具有乡村特色的教师专业能力快速成长的综合平台，以 3 年为一个周期，在长沙县、望城区、浏阳市、宁乡等地农村建立了 26 个中小学名师工作站。目前已有 431 名乡村骨干教师进站学习，辐射乡村教师 2000 人。极大地支持了农村学校教师队伍建设，推进了优秀教师教育资源的共建共享。

（3）针对农村推出三大培训平台

长沙市结合自身实际，通过几年的努力建立了三个平台，主要面向农村，服务中小学教师。一是网络课堂。参加活动的乡村教师每年在 1000～1500 人。二是送教。形式包括专家授课、同课异构、专家点评、微课分享、微型讲座等。三是爱心接力。从 2014 年开始，共分 3 个批次设立了 7 所学校，以长沙教育学院开设的基地学校模式，把教学科研向农村学校延伸，定期组织教师骨干深入基层学校积极开展各种类型的科研试验和教学活动，进行问题诊断、开出解决教育教学与教师队伍建设的处方，为农村学校培养骨干教师。

6. 运用对口帮扶、捆绑发展、委托管理、"多校推一"等形式提升办学质量

（1）优质学校集团办学

长沙各区县市政府及教育部门响应 2016 年发布的《关于进一步加快农村义务教育发展的若干意见》，将优质学校集团办学纳入全市普通中小学布局规划，以中心镇（小城市、特色镇）为试点，不断扩大优质教育资源辐射面。2017 年制定的《长沙市消除普通中小学大班额专项规划（2017—2020 年）》，强调继续推进集团化办学，扩大优质教育资源覆盖面。建立和完善城乡教育共同发展机制，开展教育精准扶贫，组织城市学校对口帮扶农村学校、优质学校对口帮扶薄弱学校，促使受援学校的教育质量和办学水平不断提高。继续推进基础教

育集团办学，进一步完善委托管理、捆绑发展、对口帮扶和"多校推一"办学模式，创新办学机制，拓展办学领域，扩充办学内涵，不断扩大优质教育资源覆盖面，使适龄儿童、少年在家门口就能享受优质教育资源，满足人民群众"上好学"的迫切需求。

（2）"名校"托管、帮扶薄弱中小学等形式提升办学质量

以"长郡""雅礼""师大附中""长沙市一中""砂子塘""大同"等"名校"托管、帮扶各农村区县中小学，支持城区优质学校重点扶持农村相对薄弱的中小学校，"以点带面"提升农村学校整体教学质量。以捆绑发展模式，将名优学校与农村薄弱学校对口扶助，签订扶助公约。截至2016年，长沙共有15所城区中学名校对口支援长望浏宁四县（市）农村学校，分别有：长沙市一中支援宁乡县灰汤镇初级中学；湖南师大附中支援浏阳市沿溪镇初级中学；长郡中学支援长沙县金井镇初级中学；雅礼中学支援宁乡县第七中学；麓山国际实验学校支援长沙县开慧镇初级中学；南雅中学支援浏阳市大瑶镇初级中学；明德中学支援宁乡县花明楼镇初级中学；周南中学支援宁乡县沩山镇初级中学；长郡双语实验学校支援浏阳市镇头镇初级中学；雅礼实验中学支援浏阳市大围山镇初级中学；师大附中博才实验中学支援长沙县暮云镇初级中学；北雅中学支援望城区乔口镇初级中学；周南实验中学支援浏阳市永安镇初级中学；明德华兴中学支援望城区铜官镇初级中学。

7. 教师、学生、家长对义务教育均衡政策的绩效评价

（1）入学机会均等的绩效评价

A 适龄儿童的入学机会均等评价

表 2-14 是教师、家长以及学生对入学机会均等的绩效评价。

表 2-14　长沙市教师、家长以及学生对入学机会均等的评价

评价主体	非常不同意	不同意	中立	同意	非常同意
教师	4%	2%	6%	41%	47%
家长	3%	5%	11%	54%	27%
学生	7%	7%	26%	30%	30%

通过以上数据可以了解到，受访对象中，大多数的教师、家长和学生认为入学机会是基本均等的，但是这种认同比例按教师、家长、学生的次序递减。其中，88%的教师对长沙市的入学机会均等表示认同，超过80%的家长对长沙

市的入学机会均等表示认同，而仅有 60% 的学生对此表示认同。

B 就近入学

表 2-15 为家长、学生对就近入学的绩效评价。

根据数据可以发现，多数的学生和家长是按照就近入学原则入学的，其中家长的认同率（84%）远远高于学生的认同率（56%），结合实际调查的经验，可以认为这可能与学生就此类问题关注度不是特别高有关。

表 2-15　长沙市家长与学生对就近入学的评价

评价主体	非常不同意	不同意	中立	同意	非常同意
家长	4%	6%	6%	54%	30%
学生	11%	14%	19%	24%	32%

（2）教育资源均等的绩效评价

A 教育经费配置

表 2-16 分别为教师、家长对教育经费投入的绩效评价。数据显示，绝大多数的教师（79%）和家长（84%）认为教育经费已经实现了相对的均衡。

表 2-16　长沙市教师与家长对学校教育经费配置均衡的评价

评价主体	非常不同意	不同意	中立	同意	非常同意
教师	2%	6%	13%	51%	28%
家长	2%	2%	12%	60%	24%

B 教育设施配置

表 2-17 是教师、家长、学生对教育设施配置的绩效评价。根据数据的显示结果，虽然 56% 的教师、79% 的家长和 57% 的学生对长沙市的义务教育设施配置的均衡化都持赞同态度，但是家长中的认同度远远高于学生和教师。

表 2-17　教师、家长、学生对教育设施配置均衡的评价

评价主体	非常不同意	不同意	中立	同意	非常同意
教师	4%	21%	19%	36%	20%
家长	2%	6%	13%	58%	21%
学生	8%	10%	25%	29%	28%

C 师资力量配置

表2-18为教师、家长、学生对各个学校师资力量均衡的绩效评价。根据数据显示，71.45%的学生、79.06%的家长和62.94%的教师认为长沙市的义务教育阶段的师资配备已达到了相对均衡的状态，但是学生和家长的赞同比例要明显地高于教师。

表2-18 教师、家长、学生对师资力量配置均衡的评价

评价主体	非常不同意	不同意	中立	同意	非常同意
教师	4.57%	16.24%	16.24%	37.56%	25.38%
家长	2.32%	4.66%	13.97%	56.81%	22.25%
学生	6.24%	5.75%	16.55%	24.34%	47.11%

通过以上的分析可知，在教师、家长、学生的调查样本中，多数人认为长沙市义务教育阶段的经费、设备、师资的配置已达到相对均衡，但也有一些人不这么认为，相对来说教师对于这三项指标的已经相对均衡发展的反对声音较为强烈，20.81%的老师不认可师资力量配置均衡，由于教师对学校情况最了解，其看法不容忽视。同时也可以看出教育经费配置均衡认可度最高，而教育设施配置均衡认可度相对最低。

（3）教育质量均衡的绩效评价

A 教育实施过程

表2-19为教师、家长、学生对学校班级管理是否已经取消重点班的评价。长沙市严禁义务教育阶段办重点班，本部分以所谓的学校管理从学校是否已经取消重点班（或者尖子班）来进行实际测度。多数的教师、家长和学生认为学校已经取消了重点班，在校内优质教育资源已经趋于均等。但是家长的认同率最高达到了76.49%，而教师为63.45%，学生只过了半数。

表2-19 教师、家长、学生对学校班级管理的评价

评价主体	非常不同意	不同意	中立	同意	非常同意
教师	2.54%	11.17%	22.84%	31.47%	31.98%
家长	3.54%	6.13%	13.85%	50.62%	25.87%
学生	18.23%	11.09%	19.50%	14.80%	36.38%

表 2-20 为教师对学校教师工资收入的评价。数据结果显示，69%的教师认为学校之间教师的工资差异已经消失，但是也有 14%的教师反对这一说法。

表 2-20 教师对学校教师工资收入大致相同的评价

评价主体	非常不同意	不同意	中立	同意	非常同意
教师	4%	10%	17%	31%	38%

B 教育实施结果

表 2-21 为教师、家长、学生对教育实施结果均衡的评价。教育实施结果主要通过各个学校之间的升学率是否相同进行测度。数据结果显示，多数的样本认为同类学校间的升学率已经很小或者是已经没有差别了。其中家长的认同率最高，而教师和学生的认同率相对较低，刚刚超过半数。

表 2-21 教师、家长、学生对教育实施结果均衡的评价

评价主体	非常不同意	不同意	中立	同意	非常同意
教师	1.54%	23.08%	25.13%	27.18%	23.08%
家长	2.61%	6.13%	18.26%	52.94%	20.06%
学生	7.23%	8.15%	29.38%	26.15%	29.09%

（4）义务教育均衡其他政策的评价

A 教师流动与校长轮换政策

表 2-22 为教师对优秀教师流动、校长轮换政策的评价。数据显示，85%以上的教师赞同或非常赞同优秀教师和校长在学校间的流动，其中对教师的流动性的认同度高于校长的轮换。

表 2-22 教师对优秀教师流动、校长轮换政策的评价

评价对象	非常不同意	不同意	中立	同意	非常同意
优秀教师流动	1.52%	4.06%	8.63%	41.62%	44.16%
校长轮换	3.55%	4.57%	16.24%	38.58%	37.06%

B 租售同权政策

表 2-23 为教师、家长对租售同权政策的评价。根据数据显示绝大多数的教

师和家长都是赞成租售同权政策的，认为租房者与买房者在子女入学方面应该享有相同的权利。反对者中，教师担心租售同权操作难度大，名额紧张；农村教师担心学生流失流动速度加快，家长则担心租房价格攀升。

表 2-23　教师、家长对租售同权政策的评价

评价主体	非常不同意	不同意	中立	同意	非常同意
教师	4.06%	2.03%	8.12%	44.67%	41.12%
家长	3.31%	4.68%	13.85%	47.56%	30.61%

第二节　长沙市义务教育均衡发展存在的问题

一、城乡教育资源配置仍存在一定差距

从家长问卷与访谈中可以看出，教育资源配置发展的不均衡主要体现为：城乡之间发展不均衡、不同背景家庭子女接受教育的不均衡、校际发展不均衡、城区之间发展不均衡四大问题。（见表 2-24）

表 2-24　学生家长认为现阶段长沙市义务教育均衡发展存在的问题

评价主体	校际发展不平衡	城乡发展不平衡	城区发展不平衡	不同家庭子女接受教育不公平	其他
家长	23%	28%	20%	27%	2%

尽管从教育基尼系数看，长沙市相对均衡。但具体而言：

1. 县域内教育经费投入能力有限，城乡之间的差距依然存在

2003 年 9 月《国务院关于进一步加强农村教育工作的决定》明确提出，落实"在国务院领导下，由地方政府负责、分级管理、以县为主"（简称"以县为主"）的农村义务教育管理体制，县级政府要切实担负起对本地教育发展规划、经费安排使用、校长和教师人事等方面进行统筹管理的责任。县级政府要增加对义务教育的投入，将农村义务教育经费全额纳入预算。应该说，"以县为主"的义务教育管理体制的提出，是对自 1986 年《中华人民共和国义务教育

法》颁布实施以来的"以乡镇为主"的义务教育管理与投入体制存在明显弊端的反思与变革。"以县为主"的体制确立了县级政府成为义务教育管理与投入的第一主体，使得农村义务教育的发展被统筹到县的行政层面。由此，农村义务教育发展有了新的政策保障。

（1）县域内教育经费投入能力有限的问题十分突出

近年来，各区县市在改善城乡中小学校办学条件，提升城乡中小学标准化工程方面做了大量工作，并取得了一定实效，进一步提高了城乡义务教育办学水平。但仔细分析各区县市经费投入数据及所占财政收入比例，不难发现其面临较大的财政压力。而在调研中，实施义务教育免费和推行教师绩效工资后，县级财政拨款压力增大，少数县反映实现"穷县办大教育"的教育经费投入仅能满足教育基本所需。

（2）农村生均公用经费标准与城区仍存在较大差距

学校经费主要有两个来源：一是预算内的生均办学经费，教育局下拨给全区各中小学的生均办学经费标准是相同的；二是预算外收入，教育附加、土地出让金等相关政策带来的经费差异较大，不同地区、不同学校大不一样。

2. 城区学校建设还不能完全满足入学增长的需求

随着城镇化建设的推进，农村进城务工人员大量进入城区。同时，由于农村学校办学水平和质量相对偏低，导致大量农村学生进城就读，而城乡学校布局调整速度滞后，使得城区学校名额不足、资源紧张的问题越发突出。另一方面农村学校留守儿童生源数量急剧上升，城乡学校资源的分布格局与均衡配置受到冲击。

这一新情况引发教育资源紧张，超班额现象不同程度地存在；学校占地面积、校舍面积不足，生均体育运动场馆面积不足在城区较为普遍，部分学校存在功能（专用）教室配备不足等现象；部分学校生均教学仪器设备值偏低，图书、计算机、实验用品等教学辅助用具、设备存在陈旧、配置不足等问题；部分农村地区校园网建设、多媒体教室建设等滞后。

二、城区优质教育资源竞争非常激烈

大量农村义务教育阶段学生进城入学，导致城区中小学人满为患。农村学生进城就学的原因可分为两类：一类是因正常城市化因素（如在城购房、进城务工等）选择在城区学校就读；另一类是因对农村教育质量不满意而纯粹进城择校的，来源于家长、学生对城区学校、名校的执念，他们希望通过在城区上学获得优质的教育资源。根据调查，大量农民子女进城择校的现象导致一些农村学校空心化，成班率不足；而城区学校则人满为患，班额和校均规模急剧增加。教育局和城区学校校长也叫苦连天，如岳麓区优质教育资源多，外来学生高达 30%，财政支出三分之一用于基础教育，但学校仍压力大。

三、农村学校教师队伍建设相对滞后

1. 由城乡待遇差距引起教师流动、流失情况比较严重

农村经济社会发展进程相对缓慢，一方面制约着农村中小学校教师的福利待遇，另一方面导致部分农村中小学教师特别是优秀骨干教师流动频繁，流失严重。主要呈现出乡村学校教师流向镇区中小学校，镇区学校教师流向其他地区优质学校的态势。以 2016 年 5 月举行的长沙市公办学校公开招聘为例，长沙市直属四所学校，在参加招聘考试的 86 名骨干教师中，来自长望浏宁四县（市）的教师有 52 人，占到了参加招聘人员总数的 60%。对有些农村教师来说，参加各类骨干教师的招考，努力成为优质教师继而离开农村学校成了他们的职业盼望，从而加剧了城乡之间义务教育不均衡的状况。农村学校条件差、环境氛围差、留不住优秀教师的问题仍然存在，城乡教师资源配置差距在个别地方还有进一步拉大的趋势。

绩效工资改革后，城乡教师名义上的工资收入已无多大差别，但发展机会、居住环境等差距巨大。尽管近年来给少数几个边远乡镇的教师增发了边远农村教师津贴，但每月标准比较低，没有吸引力。

2. 编制与职称政策的约束引起教师流动、流失情况不容忽视

（1）职称岗位数限制教师晋升的空间

访谈发现，按照中小学教师高级、中级、初级岗位设置结构比例指导标准要求，即使农村学校教师自身条件具备，但因岗位数限制，职称也评不上去。某小学校长谈到，现在这一政策使得不少教师看不到晋升的空间与希望。

（2）编制缺乏造成了教师流动性增大

由于近年来学龄儿童不断增多，学校不断扩建，义务教育阶段的学科门类不断增加，而教师编制仍然按照原有的师生比核定，导致大量的教师没有正式编制，属于校聘或者临聘的代课老师，造成了教师队伍的稳定性下降，流动性的增大，不利于学校的长期稳定发展。

3. 农村学校专任教师和教师学科结构性缺口严重

（1）农村学校缺少专任教师

从数据分析结果可以发现，农村专任教师队伍数量配备不足现象较为严重，农村小规模学校按班师比配置教师政策落实困难。一些农村教师队伍趋于老龄

化，教师队伍年龄结构不合理，年轻教师比例偏低。调查显示，受访教师担任多门课的有不少。

（2）农村学校教师学科结构性缺口严重

教师学科结构性缺口的问题仍然不同程度地存在，相当比例的学校中尤其是音、体、美、外语、科学、信息等学科专业教师缺口严重。部分农村小学无专职的英语、音乐、体育、美术教师。访谈中发现有的学校语文老师兼音乐老师、数学老师兼美术老师。

4. 农村教师专业提升乏力

农村教师外出学习机会少，比例偏低，教师培训经费不足，教师专业提升乏力。

教师交流存在体制障碍，相关配套政策措施不完善，教师聘任制没有得到很好落实。

四、校长、骨干教师交流和激励机制执行不到位

虽然政策鼓励骨干教师交流、校长进行轮换，但在实际工作中，政策还未真正落地。

骨干教师交流、名校校长进行轮换，从个人而言，会较多地考虑"评职称或先进"这一系列的"私人"目标，而非出于师资均衡政策本身的目的。处于关键环节的支援学校会较多地考虑学校的"组织"目标，它一方面要权衡派出骨干教师交流这一行为不能影响到学校正常的教育教学秩序和教育教学质量，另一方面却不能拒绝实行该项政策，因为学校最终要接受对其发展具有决定权的地方教育行政部门的评估，校长要接受教育行政部门的考核任命。因而，支援学校在执行骨干教师交流政策过程中基于其利益诉求，需要反复权衡，其采取的应对形式要有以下几种：

一是基于政策的硬性要求将必须派出的教师派到农村学校或是薄弱学校去支教；

二是将选取骨干教师居于末位或者不合格、拟淘汰的教师派出支教，以强化对这类教师的"锻炼"；

三是将聘用中落聘且属超编范围的教师派出交流，以缓解学校管理的压力。不管哪一种形式，都只是在"形式上"配合了该政策的实施，"达到了"上级要求，却较少关注到对受援学校是否有实质性的帮助。教师是骨干教师交流的具体承载者，在政策执行中也会进行自身的利弊分析，其"利"的方面包括根据国家或地方相关文件精神，享有职称评定、评优评先等方面的机会优先；

"弊"的方面包括家庭与工作难以兼顾、农村学校工作及生活条件相对艰苦以及对自身在原来学校的定位有可能会被动摇的担忧等。尽管骨干教师交流政策文件中，都对参与支教教师的工资福利待遇、工作关系、支援补助等有了明确规定，但这些相较于教师对自身流动可能带来的"弊"的分析来看，还不足以构成吸引力，不足以抵消流动教师和校长的担忧。

第三节　推进长沙市义务教育优质均衡发展的建议

要进一步督促区县（市）各级政府高度重视义务教育均衡发展，将其作为经济社会发展的基础性、先导性工程，摆在教育发展重中之重地位。

一、加大统筹长沙市城乡义务教育资源均衡发展的力度

1. 完善义务教育资源配置保障机制和能力

（1）在资金拨付、项目安排上，市政府要继续强化宏观调控和资源统配能力，坚持雪中送炭，重点倾斜薄弱学校、农村学校。

（2）在补齐义务教育学校硬件缺口的同时，市政府要安排专项资金用于教师专业化发展和学校内涵发展，为进一步均衡教育资源配置、提升教育教学质量提供有力保障。

（3）加大教育附加征收力度，落实土地出让金收益按比例计提教育资金的政策，确保及时拨付、足额用于教育。

2. 改革优质义务教育资源的供给方式和供给渠道

解决优质教育资源供给的失衡问题，需要实施教育领域综合改革，全面施策，从供给改革方面多下功夫。

（1）要不断创新优质教育资源供给方式，进一步推行学校联盟、集团化办学、学区化管理、对口帮扶、对口支援、乡镇中心学校教师走教等办学模式和手段，建立以强带弱、以高扶低的联盟办学模式，实施共同体捆绑式发展，盘活释放蕴含在优质名校、发达社区当中的教育资源，补强薄弱学校发展资源和发展机会。

（2）合理区分基本与非基本公共服务，鼓励社会资本提供个性化、多样化教育服务。鼓励民间投入、实施多元办学体制改革等模式，解决名额不足、编制限制、优质资源缺乏等问题。对民办教育给予关注，加大扶持力度；对于企业、部门、高校举办的义务教育学校，应纳入地方政府统筹管理，实现区域内

义务教育资源均等化。

3. 优化城乡教育一体化发展规划与布局

（1）以满足就近入学需要为基础，做好科学论证，合理调整好义务教育学校布局。积极应对城镇化进程中出现的城区教育资源紧张的问题，多部门协作，积极解决老城区教育用地和校舍建设问题。

（2）要快速提升农村学校和城区周边薄弱学校办学水平，有效缓解中心城区的入学压力。

（3）要办好必须保留的村小和教学点，保障当地学生就近入学的需求。

4. 探索改革以户籍人口为统计口径的义务教育拨款方式

我国义务教育经费投入机制是"以县为主"，按户籍人口统计拨付教育经费。这一做法对于流入地政府而言意味着：

（1）流动儿童本应享受的义务教育经费并没有因其流动而相应地转移至流入地政府，流入地政府需要额外承担流动儿童的义务教育费用；

（2）流入地政府解决流动儿童义务教育问题的政策越好，对流动儿童吸引力越强，流入的外来儿童就越多，随之而来的是流入地政府的教育财政压力也就越大。因此，应该尝试改变传统的按户籍人口统计的义务教育经费投入机制。

我们建议在国家层面实施相应改革，化解流入地政府因解决流动儿童教育问题而不断增加教育经费投入的压力。

二、进一步推进义务教育学校标准化建设

某些学校标准化建设仍存在薄弱环节，主要表现为：一是城乡有一定差距。二是一些小规模学校、村小和教学点基本办学条件亟待改善。三是一些城市学校教育资源相对紧张。针对上述问题，要进一步督促地方各级政府将义务教育学校标准化建设作为基础性工程，努力办好每一所学校。

1. 加大义务教育学校标准化建设力度

要以义务教育学校标准化建设为抓手，以薄弱学校为重点加快改善不达标学校的办学条件，严格按照学校基础设施、教学设施、生活设施、体育运动设施和现代信息技术设施等方面省定标准要求建设，建一所达标一所，改一所达标一所，确保城乡每一所学校每一项指标都达到省级办学条件标准。

2. 提升薄弱学校办学水平

深入研究对策，重点解决农村地区小规模学校、村小和教学点的硬软件配置，全面优化其办学条件，提升办学水平和质量。

三、构建支持农村师资队伍发展的长效机制

围绕农村师资队伍建设这个核心问题，将优化和稳定农村教师队伍作为一项紧迫的政策任务，设计更加科学有效的制度体系，构建支持农村教师队伍发展的长效机制。

1. 将加强教师队伍建设列为支持农村教育的优先领域

当前，必须将加强教师队伍建设列为支持和发展农村教育的优先领域。

一是精准补充教师。继续深入实施乡村教师支持计划、公费定向师范生培养制度、教师交流制度等，激励、吸引和安排优秀毕业生、骨干教师、紧缺学科教师到农村学校任教，特别要注重加强音、体、美、计算机、英语、综合实践活动等学科教师的建设和补充，保障农村学校开齐开足国家规定课程。

二是全面提高教师业务水平。采取各种措施拓宽乡村教师尤其是偏远学校教师的受训面，全面提高乡村教师队伍素质。建立乡村教师专业发展支持服务体系，整体提升教师的专业化水平。培养农村学校骨干教师。要进一步加强名师（特级教师）工作站、地方名师工作室等群体建设，发挥名优教师辐射和引领作用。

2. 将改善农村教师生活条件列为今后一段时期的政策重点

当前要特别重视对义务教育绩效工资实施过程中不少地方出现的农村教师工资与城市教师工资差距过大的现象研究。现阶段，应该在政府财力许可的范围内，大幅度地改善农村教师的生活条件和工作待遇，甚至可以实行农村教师工资高于城市教师的差别待遇政策，这不但符合发展义务教育的国际惯例，也契合支持农村教育的新时代的要求。

四、把校长和骨干教师的均衡配置作为缩小校际差异的重点

校长和骨干教师是让硬件办学条件发挥作用的生产力，是缩小教育质量校际差异的核心要素。

1. 落实校长和骨干教师定期交流制度，缩小校际的差距

通过制度安排，鼓励城区优秀校长、教师到农村艰苦地区工作。同时为农村校长、教师到城区优质学校学习和工作提供机会。为了缩小校际差距，采取校长教师定期交流制度是一项基本的策略。教育主管部门应当进一步推进有关教师城乡轮岗的政策，切实落实把到农村任教年限作为教师职称评定及岗位晋升的必要条件的规定，以制度保障农村尤其是贫困地区的师资水平的改善和提

高。同时，要进一步加大教师对口支援的力度，鼓励发达地区教师到贫困农村任教，一轮任教时间不低于 2 年，支教期间应给予这些教师专项补助，使之安心并乐于在异地农村任教。创造条件让农村教师到城区优质学校或发达地区学校交流，使他们在具体实践中迅速成长。

2. 创新编制管理机制，灵活解决教师招聘和退出问题

实行城乡统一的教职工编制标准，建立中小学教师"以县为主、县管校用"管理体制，在县域内做到义务教育公办教师工资待遇、编制标准、岗位结构比例、招聘调配、考核评价、管理服务"六个统一"，使教师从"学校人"变成"区域人"，为县域内教师的均衡配置打下坚实基础。

3. 建立"县管校用"的义务教育教师管理制度

由县级教育行政部门会同有关部门统一管理教师人事关系和聘任交流，使教师由"学校人"变成"系统人"。"实行城乡统一的编制标准，设立机动编制，用于教师交流"，为校长、教师资源的均衡配置提供制度保障。强化校长、教师交流的激励保障机制，会同有关部门，在编制核定、岗位设置、职务（职称）晋升、聘用考核、薪酬待遇、评优评先等方面实行一系列优惠政策，吸引鼓励校长和教师到农村学校、薄弱学校工作或任教。

第三章

芙蓉区义务教育均衡发展政策评估子报告

芙蓉区位于湖南省长沙市主城区东部，是长沙市主要城区之一，是湖南政治、经济、文化、商贸、信息的中心。该区占地 42.68 平方千米，辖区内总人口数为 60 余万，下辖 13 个街道、1 个正县级单位（长沙高新技术产业开发区隆平高科技园），现有小学学校 35 所，中学 7 所（含市直），小学在校学生为 38762 人，中学在校学生人数 12093 人，教职工 3615 人。

芙蓉区早在 2007 年在全省率先出台了《关于加快芙蓉区义务教育均衡发展的若干意见》，并全速推进该项工作，得到社会的广泛认可，被认为是"起步早，思路明确，措施有力，效果明显，探索出了较为系统的经验，办出了人民满意的教育。"进入 21 世纪第二个十年，经过持续的努力，基本形成了"一校一品""一校多品"的特色教育格局。在"十三五"的开局之年，芙蓉区委、区政府、教育局提出秉承"一大理念"，把准"两个关键"，抓好"三支队伍"，推进"四项工作"的总体思路，打造芙蓉"幸福教育"的战略。

第一节 芙蓉区义务教育均衡发展政策评估的对象

一、研究范围与对象

本次评估主要针对教育机会公平、义务教育资源配置均衡、义务教育质量均衡发展和政府政策均衡四方面，利用文献分析、问卷调查、质性访谈的方法，全方位对现阶段芙蓉区义务教育均衡发展状况进行评估。

具体评估对象为长沙市芙蓉区，从芙蓉区随机抽取 10 所小学、2 所初中，选取处于四至九年级的学生、家长、教师，以及从事义务教育相关工作的学校领导和政府工作人员，进行问卷调查和质性访谈。本次调查共发放问卷为在校中小学生 550 人、家长 550 人，教职工 12 人，有效问卷为在校学生中小学生 435 人，家长 442 人，教职工 21 人；访谈在校学生 6 人，家长 6 人，教职工 2人，学校管理人员 3 人，政府工作人员 5 人。

二、样本描述

表 3-1 学生样本描述了被调查学生的基本特征，包括性别、年龄、年级和户口状况等。

表 3-1 学生样本描述

项目	频数	百分比
性别		
男孩	223	51.26
女孩	212	48.74
样本量	435	100.00
年龄		
均值	14.96	
样本量	405	
年级		
四年级	113	26.04
五年级	98	22.58
六年级	203	46.77
七年级	3	0.69
八年级	17	3.92
九年级		
样本量	434	100.00
户口		
农村户口	78	17.93
城市户口	179	41.15

续表

项目	频数	百分比
不清楚	178	40.92
样本量	435	100.00

从调查样本分布来看，性别比基本均衡，男孩比例稍高于女孩；平均年龄约14岁，小学生人数高于中学生，城市户口的学生比例大于农村户口，这符合芙蓉区义务教育阶段学生的基本分布。

表3-2家长样本描述了被调查家长的基本特征，包括性别、年龄、户口状况、民族以及社会经济地位等。

表3-2　家长样本描述

项目	频数	百分比
性别		
男	228	51.58
女	214	48.42
样本量	442	100.00
年龄		
均值	38.53	
样本量	422	
户口所在地		
本地	352	80.37
外地	86	19.63
样本量	438	100.00
户口类型		
城市户口	166	37.56

项目	频数	百分比
农村户口	276	62.44
样本量	442	100.00
民族		
汉族	429	97.50
少数民族	11	2.50
样本量	440	
受教育程度		
高中及以下	229	51.81
中专	67	15.16
大专	73	16.52
本科	66	14.93
研究生及以上	7	1.58
样本量	442	100.00
职业类型		
党政机关、党群组织、事业单位负责人	23	5.62
国有或集体企业负责人	6	1.47
私营企业主	29	7.09
专业技术人员	27	6.60
普通公务员、办事人员	38	9.29
个体工商户	48	11.74
商业服务业人员	35	8.56
技术工人	34	8.31

续表

项目	频数	百分比
非技术工人	22	5.38
农林牧渔业生产人员	13	3.18
军人	2	0.49
城乡无业失业半失业者	18	4.40
从未就业的学生	0	0.00
家务劳动	70	17.11
其他	44	10.76
样本量	409	100.00
月收入		
均值	13223.08	
样本量	390	

从人口特征分布来看，女性家长的比例稍微低于男性家长的比例；被访者平均年龄约为38岁；以本地户口、农村户口为主；绝大多数家长为汉族，仅2.50%的为少数民族。从社会经济地位来看，家长整体社会经济地位基本处于中等或以下，数据显示超过三分之二的家长的受教育水平在中专或高中及以下，家长的职业构成比较分散，总体来说劳务工作者的比例大于公务、事业单位、个体工商户、技术人员的比例，家庭月收入平均为13223.08元。

表3-3教师样本描述了被调查教师的基本特征，包括性别、年龄、民族、受教育程度、专业职称以及所带年级。

表3-3 教师样本描述

项目	频数	百分比
性别		
男	4	20.00

续表

项目	频数	百分比
女	16	80.00
样本量	20	100.00
年龄		
均值	31.62	
样本量	21	
民族		
汉族	19	90.48
少数民族	2	9.52
样本量	21	100.00
受教育程度		
高中及以下	0	0.00
中专	0	0.00
大专	0	0.00
本科	19	90.48
研究生及以上	2	9.52
样本量	21	100.00
专业职称		
正高级	0	0.00
高级	2	9.52
一级	13	61.90
二级	6	28.57
三级	0	0.00

项目	频数	百分比
样本量	21	100.00
所带的年级		
一年级	0	0.00
二年级	0	0.00
三年级	0	0.00
四年级	6	28.57
五年级	4	19.05
六年级	7	33.33
七年级	0	0.00
八年级	4	19.05
九年级	0	0.00
其他	0	0.00
样本量	21	100.00

从被访者特征分布来看，女性教师比例远高于男性教师；被访者平均年龄较年轻，约为 31 岁；绝大多数为汉族，仅 2 位老师为少数民族；教师的教育水平普遍较高，全部老师为本科及以上学历；被访教师的专业职称集中为一级、二级教师，高级职称比较少；教师涉及小学的四至六年级和初中八年级，分布较为均匀。

第二节　芙蓉区义务教育均衡发展的现状

根据长沙市义务教育公共政策的文本，我们拟从适龄儿童少年有学上，区域之间、城乡之间、学校之间办学水平和教育质量的均衡，适龄儿童少年上好学等维度进行概念操作化，并建立科学有效的评估指标体系。

根据简约、量化、可操作性原则，确定四个一级指标：一是体现教育机会公平的均衡指标，二是体现政府职责的义务教育资源配置均衡的指标，三是体现教育发展水平的义务教育质量均衡的发展指标，四是体现政府政策均衡的指标。

一、芙蓉区义务教育段入学机会均等已经实现

1. 芙蓉区义务教育阶段入学情况

芙蓉区 2014—2016 年《国民经济和社会发展统计公报》显示，现阶段芙蓉区小学、初中适龄人口入学率均达 100%，小学、初中辍学率为 0%（表 3-4）。

表 3-4　芙蓉区入学率

年份	小学入学率	初中入学率	小学辍学率	初中辍学率
2014	100%	100%	0%	0%
2015	100%	100%	0%	0%
2016	100%	100%	0%	0%

数据来源：2014—2016 年国民经济和社会发展统计公报

二、芙蓉区义务教育资源配置均衡基本实现

1. 义务教育经费均衡状况

表 3-5 表示 2014—2016 年芙蓉区初中阶段教育经费的基尼系数。数据结果表明芙蓉区初中阶段的教育经费已经实现了基本均衡。只是生均专项经费支出在校际的差距不稳定，2015 年基尼系数接近 0.6，2016 年回落到 0.24，总体来看各项指标在校际的差距是递减的。

表 3-5　2014—2016 年芙蓉区初中教育经费的基尼系数

年份	生均教育经费总投入	生均专项经费支出	师均工资福利支出
2014	0.10	0.00	0.08
2015	0.10	0.59	0.06
2016	0.08	0.24	0.05

表 3-6 表示 2014—2016 年芙蓉区小学阶段教育经费的基尼系数。数据结果显示，芙蓉区小学义务教育经费的均衡状况在不同项目之间存在的差距比较大，生均教育经费总投入和师均工资福利支出达到了均衡，但是生均专项经费支出的差距比较大。

表 3-6　2014—2016 年芙蓉区小学教育经费的基尼系数

年份	生均教育经费总投入	生均专项经费支出	师均工资福利支出
2014	0.29	0.76	0.10
2015	0.25	0.61	0.11
2016	0.22	0.67	0.16

2. 教育设施均衡状况

（1）芙蓉区初中教育设施均衡状况

表 3-7 表示 2014—2016 年芙蓉区初中阶段教育设施配置的基尼系数。

表 3-7　2014—2016 年芙蓉区初中阶段教育设施配置的基尼系数

年份	生均教学及辅助用房面积	生均体育运动场馆面积	生均图书册数	生均计算机台数	生均固定资产	生均仪器设备值
2014	0.15	0.15	0.33	0.35	0.57	0.23
2015	0.19	0.14	0.24	0.22	0.49	0.17
2016	0.24	0.17	0.10	0.20	0.54	0.15

数据结果显示，芙蓉区在义务教育初中阶段的设施配置除生均固定资产外基本已实现均衡发展，生均固定资产在校际的差距比较大。同时也可以清楚地观察到，除了教学及辅助用房面积外其他各项在三年间基本呈下降趋势，基础性设施的基尼系数下降幅度比技术性设备的幅度要大。

（2）芙蓉区小学教育设施均衡状况

表 3-8 表示 2014—2016 年芙蓉区小学阶段教育设施配置的基尼系数。

表 3-8　2014—2016 年芙蓉区小学阶段教育设施配置的基尼系数

年份	生均教学及辅助用房面积	生均体育运动场馆面积	生均图书册数	生均计算机台数	生均固定资产	生均仪器设备值
2014	0.27	0.22	0.11	0.13	0.26	0.21
2015	0.25	0.22	0.05	0.11	0.14	0.05
2016	0.24	0.19	0.02	0.15	0.53	0.17

数据结果显示，芙蓉区义务教育小学阶段在教育设施配置上已基本实现均衡，只是生均固定资产的差距在 2016 年猛然上升，由 2015 年的 0.14 上升到 2016 年 0.53，这可能与政策调整有关。其余各项在校际的差距较小。

3. 义务教育师资力量均衡状况

（1）芙蓉区初中师资力量均衡状况

表 3-9 表示 2014—2016 年芙蓉区初中师资力量配置的基尼系数。

数据结果显示，芙蓉区在义务教育初中阶段的师资力量配置已经基本达到均衡，并且在高级职称教师方面各学校间的发展迅速，差距在快速缩小。

表 3-9　2014—2016 年芙蓉区初中师资力量配置的基尼系数

年份	生均高学历教师	生均高级职称教师	班师比	教师合格率	教师培训比例
2014	0.19	0.42	0.07	0.04	0.12
2015	0.08	0.16	0.07	0.05	0.12
2016	0.07	0.23	0.05	0.02	0.14

表 3-10 表示 2014—2016 年芙蓉区小学师资力量配置的基尼系数。

据数据显示可知，芙蓉区小学师资力量配置各项指标均达到均衡发展目标。

表 3-10　2014—2016 年芙蓉区小学师资力量配置的基尼系数

年份	生均高学历教师	生均高级职称教师	班师比	教师合格率	教师培训比例
2014	0.09	0.18	0.07	0.08	0.39
2015	0.05	0.07	0.06	0.09	0.35
2016	0.06	0.20	0.06	0.11	0.36

综合上述分析，芙蓉区义务教育均衡发展在资源配置方面取得了一定的成绩，各方面基本呈现均衡或向均衡发展的态势，师资配置最为均衡，其次是教育设施，最不均衡的是教育经费的配置。同时小学和初中有自己的发展特点，与小学相比，初中的教师培训和专项经费的配置在校际更为均衡，而小学比初中在生均固定资产方面更能显示出均衡态势。

三、芙蓉区义务教育质量基本实现均衡

1. 教育实施过程的均衡状况

（1）芙蓉区初中教育实施过程的均衡状况

表3-11表示2014—2016年芙蓉区初中教育实施过程的基尼系数。

表3-11　2014—2016年芙蓉区初中教育实施过程的基尼系数

年份	实验课	每周课时	学生实践参与率	家长会次数
2014	0.56	0.00	0.07	0.21
2015	0.54	0.00	0.07	0.21
2016	0.52	0.00	0.08	0.21

数据结果显示，芙蓉区初中教育实施过程基本实现了均衡发展的目标，实验课次数在校际存在差距，但此差距在合理的范围之内。

（2）芙蓉区小学的教育实施过程的均衡状况

表3-12表示2014—2016年芙蓉区小学教育实施过程的基尼系数。

表3-12　2014—2016年芙蓉区小学教育实施过程的基尼系数

年份	实验课	每周课时	学生实践参与率	家长会次数
2014	0.38	0.01	0.03	0.00
2015	0.37	0.01	0.01	0.00
2016	0.39	0.01	0.01	0.00

数据结果显示，芙蓉区在小学教育的实施过程中除了实验课次数之外基本实现了均衡，实验课次数在校际的差距相对较大。同时也可以看出，与小学相比，初中的家长会次数校际的差距较为突出。

2. 教育实施结果的均衡状况

表3-13、表3-14分别表示2014—2016年芙蓉区初中、小学教育实施结果的基尼系数。数据结果显示，芙蓉区在义务教育阶段的教育实施结果的校际已经不存在差异，已经实现均衡。只不过与初中相比，小学生体质健康合格的差距相对较大。

表3-13　2014—2016年芙蓉区初中阶段教育实施结果的基尼系数

年份	学生体质健康合格率	学段巩固率	学业水平合格率	辍学率
2014	0.00	0.02	0.01	0.00
2015	0.00	0.00	0.02	0.00
2016	0.00	0.00	0.02	0.00

表3-14　2014—2016年芙蓉区小学阶段教育实施结果的基尼系数

年份	学生体质健康合格率	学段巩固率	辍学率
2014	0.32	0.00	0.00
2015	0.29	0.02	0.00
2016	0.25	0.01	0.00

综上所述，芙蓉区义务教育阶段的教育实施结果已达到了均衡发展的目标，而教育实施过程的均衡基本实现。初中主要表现在实验课程的开设次数和家长会次数差距，而与初中相比，小学在学生体质健康合格率方面的差距更为明显。

四、芙蓉区义务教育政策均衡的实现

1. 均衡发展成为义务教育发展的政策目标

芙蓉区为了落实中央、国务院以及长沙市政府的要求，把均衡发展作为义务教育的战略任务来抓，将均衡发展程度作为评价本区义务教育发展水平的核心标准。2015年芙蓉区基于"一校一品""一校多品"的特色教育格局，明确提出"打造芙蓉幸福教育，办老百姓家门口的好学校"的发展战略，努力让教育成为幸福行业，让教师享受职业幸福，让学生创造未来幸福，让公民提升幸福指数。芙蓉区政府、教育局从"四个转变"出发，并从完善公平优质、开放多元的教育体系，建设自主发展、特色鲜明的精美校园，打造德能兼优、充满活力的优质团队，构建以生为本、灵动和谐的高效课堂，培育健康乐学、个性发展的阳光学生，健全依法治教、规范有序的治理机制，营造尊师重教、保障有力的发展环境七个维度着手，不断推进芙蓉区的教育走向幸福化和现代化。2017 年出台了《芙蓉区幸福教育发展实施意见》和《芙蓉区幸福教育发展行动规划》，组建幸福教育顾问团队，借力借智以促发展。

2016 年制定了《芙蓉区教育信息化三年行动计划（2016—2018 年）》，力争完成五方面的主要任务，即以互动教学环境建设为重点，升级"宽带网络校校通"；以微课资源共建共享为重点，提质"优质资源班班通"；以促进个性化学习为重点，做实"网络学习空间人人通"；以资源分类整理为重点，集成"教育资源公共服务平台"；以推动管理提质增效为重点，建设"教育管理公共服务平台"。

2. 秉承"一大理念"，把准"两个关键"，抓好"三支队伍"，推进"四项工作"的总体思路

"一大理念"为生本理念，是真正以学生为主人，善待和珍视学生的个性差异，以学生为本的教育。"两个关键"是坚持核心素养的培养和课堂教学并重；建立研训指导队伍、名师骨干队伍、班主任队伍"三支队伍"；完成课题研究、学生减负、全员阅读、开放办学的"四项工作"。

3. 教师、学生、家长对义务教育均衡政策的绩效评价

（1）入学机会均等的绩效评价

A 适龄儿童的入学机会均等评价

表 3-15 为教师、家长以及学生对入学机会均等的绩效评价。

根据数据结果可知，绝大多数的教师和家长对入学机会的均衡发展持认同态度，但是学生的认同度仅仅达到 47%，学生和教师、家长之间的差距较大，结合在调查过程中的经历，与学生对此问题的关注度、理解问题的程度以及参照群体的范围有关。

表 3-15　芙蓉区教师、家长以及学生对入学机会均等的绩效评价

评价主体	非常不同意	不同意	中立	同意	非常同意
教师	0%	0%	10%	57%	33%
家长	2%	5%	10%	56%	27%
学生	11%	11%	31%	24%	23%

B 就近入学

表3-16分别为家长、学生对就近入学的绩效评价。数据结果显示，绝大多数的家长认为芙蓉区已经实现了就近入学，而只有56%的学生认同此观点，虽然多数被访者认同此观点，但学生和家长存在着上述的明显差别。

表3-16 芙蓉区家长、学生对就近入学的绩效评价

评价主体	非常不同意	不同意	中立	同意	非常同意
家长	3%	5%	5%	53%	34%
学生	15%	12%	17%	21%	35%

（2）教育资源均等的绩效评价

A 教育经费配置

表3-17为教师、家长对教育经费配置均衡的绩效评价。根据数据结果表明，超过八成的教师和家长认为芙蓉区义务教育阶段的经费投入已经基本实现了均衡发展。

表3-17 芙蓉区教师、家长对学校教育经费配置均衡的评价

评价主体	非常不同意	不同意	中立	同意	非常同意
教师	0%	9%	10%	48%	33%
家长	2%	1%	9%	65%	23%

B 教育设施配置

表3-18分别为教师、家长、学生对教育设施配置的绩效评价。

表3-18 教师、家长、学生对教育设施配置均衡的评价

评价主体	非常不同意	不同意	中立	同意	非常同意
教师	0%	10%	38%	33%	19%
家长	3%	6%	12%	62%	17%
学生	11%	11%	31%	24%	23%

根据数据显示可知，在调查的样本中绝大多数的家长认为学校的教育设施

基本均衡，但是只有 52% 的教师和 47% 的学生认同这一观点。

C 师资力量配置

表 3-19 为教师、家长、学生对各个学校师资力量均衡的评价。据数据显示，多数的被访者认为芙蓉区义务教育在师资配置方面已经基本均衡，这种认同度由高到低依次为家长、学生和教师，其中家长达到了大多数的程度。

表 3-19　教师、家长、学生对师资力量配置均衡的评价

评价主体	非常不同意	不同意	中立	同意	非常同意
教师	0%	19.05%	19.05%	33.33%	28.57%
家长	1.95%	3.16%	15.33%	61.31%	18.25%
学生	9.95%	7.87%	19.44%	22.45%	40.28%

分析上表可以发现多数的被访者认为芙蓉区义务教育在资源配置上已经实现了均衡的目标，但还是有一些被访者持否定态度，其中 17% 以上的教师、学生对教育设施均衡发展持反对观点。

（3）教育质量均衡的绩效评价

A 教育实施过程

表 3-20 为教师、家长、学生对学校班级管理的评价。本部分的学校管理从学校是否已经取消重点班（或者尖子班）来进行测度。绝大多数的家长认为学校已经没有了重点班的分别，但是和教师、学生的看法略有出入，只有 42.86% 的教师和 37.44% 的学生认同这一说法。

表 3-20　芙蓉区教师、家长、学生对学校班级管理的评价

评价主体	非常不同意	不同意	中立	同意	非常同意
教师	9.52%	9.52%	38.10%	28.57%	14.29%
家长	3.15%	6.30%	9.20%	54.96%	26.39%
学生	23.26%	13.26%	26.05%	13.49%	23.95%

表 3-21 为教师对学校教师工资收入管理的评价。据调查数据可知，多数的教师认为学校之间教师的工资差别已经基本消失，不认同此观点的已不足一成。

表 3-21 教师对学校教师工资收入大致相同的评价

评价主体	非常不同意	不同意	中立	同意	非常同意
教师	0%	9.52%	28.57%	19.05%	42.86%

B 教育实施结果

表 3-22 为教师、家长和学生对教育实施结果的评价。教育实施结果主要通过各个学校之间的升学率是否相同进行测度。

据数据显示可知，多数的家长认为学校间的升学率基本相同，而教师和学生的认同度较低，只有 47.37% 的教师和 45.35% 的学生表示赞同这一说法。

表 3-22 教师、家长、学生对教育实施结果均衡的评价

评价主体	非常不同意	不同意	中立	同意	非常同意
教师	0%	21.05%	31.58%	42.11%	5.26%
家长	2.66%	5.33%	18.64%	55.69%	17.68%
学生	10%	8.84%	35.81%	21.63%	23.72%

（4）义务教育均衡其他政策的评价

A 教师流动与校长轮换政策

表 3-23 为教师对优秀教师流动、校长轮换政策的评价。根据数据显示的结果，在教师中间对优秀教师流动和校长轮换的认同度非常之高，100% 的教师赞同优秀教师的流动政策，超过 90% 的教师赞同校长轮换政策。同时在访谈中不管是教师还是学校管理人员多数的是赞同这些政策的，认为流动有利于促进学校间经验的交流，有利于激发义务教育的活力，促进义务教育的均衡发展。也有部分被访者认为由于编制不足、没有流出教师对应的相关对口教师的流入机制、学校的地理位置因素、政府评价认定（是否属于薄弱学校），以及"二孩"政策等相关因素共同作用会加剧教师流动的成本，并使教师队伍的稳定性受到一定的影响。参与访谈的政府工作人员普遍表示教师的流动和校长的轮岗机制有利于促进义务教育的均衡发展。

表 3-23　教师对优秀教师流动、校长轮换政策的评价

评价对象	非常不同意	不同意	中立	同意	非常同意
优秀教师流动	0%	0%	0%	47.62%	52.38%
校长轮换	0%	0%	9.52%	38.10%	52.38%

　　B 租售同权政策

表 3-24 为教师、家长对租售同权政策的评价。数据显示绝大多数的教师和家长表示赞同租售同权政策。

表 3-24　教师、家长对租售同权政策的评价

评价主体	非常不同意	不同意	中立	同意	非常同意
教师	9.52%	0%	0%	47.62%	42.86%
家长	2.68%	3.41%	13.38%	49.39%	31.14%

　　这与访谈中的教师态度显著相符合，被访者多数认为"这个政策有利于教育公平，使得不同阶层的孩子可以享受平等入学待遇。"同时，绝大多数的家长都送孩子到附近的学校入学，并且认为就近入学有利于教育的均等化，使孩子都有入学的机会。

第三节　芙蓉区义务教育均衡发展存在的问题

一、区内师资队伍不稳定，教师流动性较大

造成这一现状的主要原因在于：

其一，区内公立教师编制数量不够，学校只能大量聘请代课教师；

其二，随着"二孩"政策的全面推行，女性教师群体近年来迎来了二胎高峰期；

其三，政府推行的"优秀教师、校长校际交流"制度使得很多学校的教师队伍不太稳定，流动率偏高。

二、城区土地资源紧张，改善校园教学环境的条件有限

由于芙蓉区属于长沙市核心地带，占地面积较小，导致很多中小学申请不到新址来进行学校扩建或重建，教学条件的改善受限。

三、政府在义务教育工作上的可用财力和教师岗位编制不够，限制了当地义务教育事业的发展

由于国家规定地方教育财政投入必须与 GDP 和财政支出比例挂钩，芙蓉区作为经济发达片区，国民生产总值一直保持较高的水准，使得教育财政投入承担着巨大压力。另一方面，由于国家现有的义务教育教师队伍编制政策很难适应当前急速增长的中小学人数发展趋势，导致中小学教师编制的缺口越来越大，难以建设一支稳定、高质量的师资队伍，也很难保证城乡间教师资源的均衡配置。

第四节 推进芙蓉区义务教育均衡发展的建议

一、政府要继续加大义务教育财政投入

尤其是侧重于对农村学校、城市较为薄弱的学校以及主要薄弱项目投入的专项资金的落实情况的监督，同时建立健全专项资金项目设立的评估机制，以保证办人民满意的教育。在调研中发现硬件设施差距已经逐渐缩小，在保证硬件一定程度投入的情况下，要更加着重于软实力，例如，增加教师的工资、福利以增强教师幸福感和获得感，此外，注重文化氛围的营造，发展学校的特色。从学校的综合实力和学校特色两方面着手，在薄弱学校以特色弥补其他方面的短处，促进学校间均衡发展。

二、及时足额补充教职工编制

建立教职工编制动态调整机制，根据在校学生人数及时足额核定和配备中小学教职工编制，不断完善在编教师补充机制，逐步减小学校临聘教师比例。同时在区内调配和新进教师分配过程中，进一步优化学校教师队伍结构，适当推进对口帮扶，促进各学校的动态平衡。

三、加快新建学校建设，可以适当调整学区

大部分公众对就近入学的政策是比较认可的，但根据省市的相关招生政策就近入学是按照"房户一致"的原则来执行的，对于无户无房的进城务工人员的子女是放在最末位次，由于部分区域务工人员集聚，无法保证务工人员子女全部就近入学。因此，建议加快新建学校建设，适当调整学区，以保证外来务工人员的集聚地有充足的名额保障。

四、有必要将学校建设标准从区一级提到市一级

全市的义务教育均衡发展是一个系统，不同部门看待问题的角度不同，不同区域的需求不同，追求的公共利益也有差距，为了避免利益的局部化，有必要将学校建设标准从区一级提到市一级来做。同时由于不同区域的差别很大，区域政府和学校的相对自主性也必不可少。

第四章

天心区义务教育均衡发展政策评估子报告

　　天心区地处长沙市主城区南部，是湖南省政府所在地，北临开福区，南至湘潭市，东接雨花区，西濒湘江。天心区位于长沙、株洲、湘潭三市几何中心，有着长沙"南大门"之称，是全省重点打造的长株潭融城核心区。2016年，全区实现地区生产总值（GDP）777.71亿元，人均GDP达125417元。

　　天心区总面积73.33平方千米，辖14个街道。2016年常住人口数64.34万。现有小学65所，初中11所，小学在校学生数为41588人，中学在校学生数为10661人，教职工数为3234人，其中专任教师3134人。

　　天心教育在2013年以总分全市第一的成绩通过国家义务教育发展基本均衡县（市、区）督导验收。随着天心南城的快速发展，辖区内常居人口持续增长，辖区内学龄人口也呈较快增长趋势，人民群众对教育有了更高的要求和期盼。教育作为最基本的公共产品，已经成为维护群众利益、切实改善民生的现实需要。

第一节　天心区义务教育均衡发展政策评估的对象

一、研究范围与对象

　　本次评估主要针对教育机会公平、义务教育资源配置均衡、义务教育质量均衡和政府政策均衡四方面，利用文献分析、问卷调查、质性访谈的方法，全方位对现阶段天心区义务教育均衡发展状况进行评估。

　　具体评估对象为长沙市天心区，从天心区随机抽取7所小学、5所初中，选取处于四至九年级的学生、家长、教师，以及从事义务教育相关工作的学校领导和政府工作人员，进行满意度问卷调查和质性访谈。本次调查共发放满意度问卷为在校中小学生700人、家长700人，教职工26人，有效问卷为在校学生中小学生668人，家长442人，教职工14人；访谈在校学生6人，家长6人，教职工6人，学校管理人员6人，政府工作人员1人。

二、样本描述

表4-1学生样本描述了天心区被调查中小学生的基本特征，包括性别、年龄、年级和户口状况。

表4-1 学生样本描述

项目	频数	百分比
性别		
男孩	258	54.66
女孩	214	45.34
样本量	472	100.00
年龄		
均值	11.4	
样本量	657	
年级		
四年级	4	0.60
五年级	200	30.21
六年级	267	40.33
七年级	51	7.70
八年级	99	14.96
九年级	41	6.20
样本量	662	100.00
户口		
农村户口	43	9.09
城市户口	267	56.45

续表

项目	频数	百分比
不清楚	163	34.46
样本量	473	100.00

从调查样本分布来看，性别比基本均衡，男孩比例略高于女孩，平均年龄11.4岁，年级更多地集中在五年级至九年级，城市户口的学生比例大于农村户口，这符合天心区义务教育阶段学生的基本分布。

表4-2家长样本描述了被调查家长的基本特征，包括性别、年龄、户口状况、民族以及社会经济地位。

表4-2　家长样本描述

项目	频数	百分比
性别		
男	169	38.94
女	265	61.06
样本量	434	100.00
年龄		
均值	41.9	
样本量	420	
户口所在地		
本地	304	70.7
外地	126	29.3
样本量	430	100.00
户口类型		
城市户口	253	58.56

续表

项目	频数	百分比
农村户口	179	41.44
样本量	432	100.00
民族		
汉族	408	95.55
少数民族	19	4.45
样本量	427	100.00
受教育程度		
高中及以下	161	37.27
中专	77	17.82
大专	95	21.99
本科	85	19.68
研究生及以上	14	3.24
样本量	432	100.00
职业类型		
党政机关、党群组织、事业单位负责人	21	4.91
国有或集体企业负责人	7	1.64
私营企业主	39	9.11
专业技术人员	59	13.79
普通公务员、办事人员	41	9.58
个体工商户	36	8.41
商业服务业人员	48	11.21
技术工人	22	5.14

续表

项目	频数	百分比
非技术工人	17	3.97
农林牧渔业生产人员	6	1.40
军人	3	0.70
城乡无业失业半失业者	29	6.78
从未就业的学生	58	13.55
家务劳动	42	9.81
其他	0	9.76
样本量	428	100.00
月收入		
均值	11543.86	
样本量	395	

从人口特征分布来看，女性家长比例高出男性家长比例接近一倍；被访者平均年龄约为41.9岁；以本地户口、城市户口为主；绝大多数家长为汉族，仅有4.45%的少数民族。从社会经济地位来看，家长整体社会经济地位较高，数据显示接近一半的家长接受过高等教育，职业分布比较广泛且较为均匀，家庭月收入平均为11543.86元。

表4-3教师样本描述了被调查教师的基本特征，包括性别、年龄、民族、受教育程度、专业职称以及所带年级。

表4-3 教师样本描述

项目	频数	百分比
性别		
男	1	7.14
女	13	92.86

续表

项目	频数	百分比
样本量	14	100.00
年龄		
均值	35.46	
样本量	13	
民族		
汉族	12	85.72
少数民族	2	14.29
样本量	14	100
受教育程度		
高中及以下	1	7.14
中专	0	0
大专	0	0
本科	12	85.72
研究生及以上	1	7.14
样本量	14	100
专业职称		
正高级	0	0.00
高级	4	28.57
一级	5	35.72
二级	4	28.57
三级	1	7.14
样本量	14	100.00

续表

项目	频数	百分比
所带的年级		
一年级	0	0.00
二年级	0	0.00
三年级	0	0.00
四年级	0	0.00
五年级	4	28.57
六年级	6	42.86
七年级	3	21.43
八年级	0	0.00
九年级	1	7.14
其他	0	0.00
样本量	14	100.00

从被访者特征分布来看，女性教师比例远高于男性教师；被访者平均年龄较年轻，为35.46岁；绝大多数为汉族，仅2位老师为少数民族；教师受教育程度普遍较高，绝大多数老师为本科及以上学历；被访教师的专业职称集中为高级、一级、二级、三级教师；教师分布更多地涉及在五六七年级。

第二节 天心区义务教育均衡发展的现状

根据长沙市义务教育公共政策的文本，我们拟从适龄儿童少年有学上，区域之间、城乡之间、学校之间办学水平和教育质量的均衡，适龄儿童少年上好学等维度进行概念操作化，并建立科学有效的评估指标体系。

根据简约、量化、可操作性原则，确定四个一级指标：一是体现教育机会公平的均衡指标，二是体现政府职责的义务教育资源配置均衡的指标，三是体

義務教育均衡発展政策評估報告　>>>

現教育発展水平的義務教育質量均衡的発展指標，四是体現政府政策均衡的指標。

一、天心区义务教育段入学机会均等已经实现

天心区 2014—2016 年《国民经济和社会发展统计公报》显示，现阶段天心区小学、初中适龄人口入学率均达 100%，小学辍学率为 0%，初中辍学率为 0%。

二、天心区义务教育资源配置均衡基本形成

1. 义务教育经费投入均衡状况

（1）天心区小学义务教育经费投入均衡状况

表 4-4 表示 2014—2016 年天心区在小学阶段教育经费的基尼系数。

表 4-4　2014—2016 年天心区小学教育经费的基尼系数

年份	生均教育经费总投入	生均专项经费支出	师均工资福利支出
2014	0.16	0.47	0.14
2015	0.19	0.45	0.11
2016	0.21	0.42	0.15

由表 4-4 的数据统计结果显示，在 2014—2016 年间，代表天心区在小学阶段教育经费投入的三项指标分别是生均教育经费总投入、生均专项经费支出和师均工资福利支出。其均衡程度的基尼系数分别呈现递增状态、递减状态和 U 型状态。其中，生均教育经费总投入和师均工资福利支出两项指标的均衡状态都处于绝对均衡，均远远低于 0.4 的警戒线，说明这两项指标在各学校已实现均衡，生均专项经费支出的基尼系数在三年间均超过了 0.4 的警戒线，但呈现逐渐降低的趋势，即该指标在校际的差异不断缩小。

（2）天心区初中义务教育经费投入均衡状况

表 4-5 表示 2014—2016 年天心区在初中阶段教育经费的基尼系数。

表4-5　2014-2016年天心区初中教育经费的基尼系数

年份	生均教育经费总投入	生均专项经费支出	师均工资福利支出
2014	0.154	0.141	0.138
2015	0.145	0.313	0.087
2016	0.169	0.432	0.098

由表4-5的数据统计结果显示，在2014—2016年间，代表天心区在初中阶段教育经费投入的三项指标分别是生均教育经费总投入、生均专项经费支出和师均工资福利支出。在反映其均衡程度的基尼系数中，生均教育经费总投入和师均工资福利支出的基尼系数呈现U型特征，生均专项经费支出的基尼系数呈现递增状态，且2016年的生均专项经费支出的基尼系数超过0.4的警戒线，说明该指标在校际的差异有不断增大的趋势，已扩大到非均衡状态之外，其余指标各年份的基尼系数均低于0.4的警戒线，尤其是生均教育经费总投入和师均工资福利支出的基尼系数远远低于0.4，说明这两项指标在校际已实现均衡。

2. 教育设施配置均衡状况

（1）天心区小学教育设施配置均衡状况

表4-6表示2014—2016年天心区在小学阶段教育设施配置的基尼系数。

表4-6　2014—2016年天心区在小学阶段教育设施配置的基尼系数

年份	生均教学及辅助用房面积	生均体育运动场馆面积	生均图书册数	生均计算机台数	生均固定资产	生均仪器设备值
2014	0.36	0.30	0.09	0.19	0.39	0.22
2015	0.22	0.31	0.02	0.19	0.41	0.11
2016	0.29	0.22	0.01	0.21	0.62	0.16

由表4-6的统计结果显示，在2014年到2016年，天心区在小学阶段教育设置配置的六项指标分别是生均教学及辅助用房面积、生均体育运动场馆面积、生均图书册数、生均计算机台数、生均固定资产、生均仪器设备值。在反映其均衡程度的基尼系数中，生均固定资产在2015年和2016年均超过了0.4的警戒线，尤其是2016年更是超过了0.6，表明这一指标在校际的差异较大，其余各指标的基尼系数在2014—2016年间，有先增后减，也有先减后增，有持续减少

也有持续增加，但均处于 0.4 的警戒线以下，处于比较均衡的状态，说明校际已实现均衡。

（2）天心区初中教育设施配置均衡状况

表 4-7 表示 2014—2016 年天心区在初中阶段教育设施配置的基尼系数。

表 4-7　2014—2016 年天心区在初中阶段教育设施配置的基尼系数

年份	生均教学及辅助用房面积	生均体育运动场馆面积	生均图书册数	生均计算机台数	生均固定资产	生均仪器设备值
2014	0.29	0.33	0.23	0.39	0.36	0.36
2015	0.19	0.37	0.09	0.38	0.47	0.20
2016	0.19	0.32	0.05	0.33	0.59	0.24

由表 4-7 的统计结果显示，在 2014—2016 年，天心区在初中阶段教育设置配置的六项指标分别是生均教学及辅助用房面积、生均体育运动场馆面积、生均图书册数、生均计算机台数、生均固定资产、生均仪器设备值。在反映其均衡程度的基尼系数中，生均固定资产在 2015 年和 2016 年均超过了 0.4 的警戒线，尤其是 2016 年非常接近 0.6，表明这一指标在校际，差异较大，处于非均衡的状态，其余各指标的基尼系数在 2014—2016 年间，有先增后减少，也有先减后增，还有持续减，但均处于 0.4 的警戒线以下，说明校际已实现这些指标的均衡。

3. 义务教育师资力量配置均衡状况

（1）天心区小学师资力量均衡状况

表 4-8 表示 2014—2016 年天心区小学师资力量配置的基尼系数。

表 4-8　2014—2016 年天心区小学师资力量配置的基尼系数

年份	生均高学历教师	生均高级职称教师	班师比	教师合格率	教师培训比例
2014	0.13	0.19	0.12	0.04	0.60
2015	0.14	0.20	0.12	0.01	0.61
2016	0.24	0.26	0.20	0.01	0.62

由表 4-8 的统计结果显示，在 2014—2016 年，天心区在小学阶段师资力量

的五项指标分别是生均高学历教师、生均高级职称教师、班师比、教师合格率、教师培训比例。在反映各项指标均衡程度的基尼系数中，教师培训比例的基尼系数，在2014—2016年的三年时间内，均远远超过了0.4的警戒线，甚至超过0.6，处于非均衡的状态，这说明教师培训比例这一指标在校际的差异非常大，其余各项指标的基尼系数均低于0.4，校际已经实现均衡。

（2）天心区初中师资力量均衡状况

表4-9表示2014—2016年天心区初中师资力量配置的基尼系数。

表4-9 2014—2016年天心区初中师资力量配置的基尼系数

年份	生均高学历教师	生均高级职称教师	班师比	教师合格率	教师培训比例
2014	0.08	0.34	0.13	0.02	0.48
2015	0.14	0.38	0.13	0.04	0.43
2016	0.12	0.49	0.12	0.10	0.52

由表4-9的统计结果显示，在2014—2016年，天心区在中学阶段师资力量的五项指标分别是生均高学历教师、生均高级职称教师、班师比、教师合格率、教师培训比例。在反映各项指标均衡程度的基尼系数中，教师培训比例的基尼系数，在2014—2016年的三年时间内，均超过了0.4的警戒线，处于非均衡的状态，这说明教师培训比例这一指标在校际的差异较大，生均高级职称教师这一指标的基尼系数在2014—2016年间呈现递增的状态，且在2016年超过了0.4的警戒线，说明该项指标在2016年校际存在一定的差异。其余各项指标的基尼系数均远远低于0.4，说明校际已经实现均衡。

三、天心区义务教育质量基本实现均衡

1. 教育实施过程的均衡状况

（1）天心区小学教育实施过程的均衡状况

表4-10表示2014—2016年天心区小学教育实施过程的基尼系数。

表4-10 2014—2016年天心区小学教育实施过程的基尼系数

年份	实验课	每周课时	学生实践参与率	家长会次数
2014	0.70	0.00	0.01	0.24

年份	实验课	每周课时	学生实践参与率	家长会次数
2015	0.68	0.00	0.00	0.24
2016	0.68	0.00	0.01	0.22

由表 4-10 的统计结果显示，在 2014—2016 年，代表天心区在小学阶段教育实施过程的四项指标分别是实验课次数、每周课时、学生实践参与率和家长会次数。在反映各项指标均衡程度的基尼系数中，实验课次数的基尼系数在 2014—2016 年的三年间均超过了 0.6，这表明实验课次数在校际的差异非常大，学生实践参与率和家长会次数的基尼系数均小于 0.4，处于均衡状态，尤其是每周课时的基尼系数为 0，这说明天心区各学校之间的课时数是完全一样的。同时，学生实践参与率在校际也几乎是没有差异的。

（2）天心区初中教育实施过程的均衡状况

表 4-11 表示 2014—2016 年天心区初中教育实施过程的基尼系数。

表 4-11　2014—2016 年天心区初中教育实施过程的基尼系数

年份	实验课	每周课时	学生实践参与率	家长会次数
2014	0.46	0.04	0.25	0.47
2015	0.42	0.04	0.29	0.47
2016	0.41	0.05	0.26	0.47

由表 4-11 的统计结果显示，在 2014—2016 年，代表天心区在初中阶段教育实施过程的四项指标分别是实验课次数、每周课时、学生实践参与率和家长会次数。在反映各项指标均衡程度的基尼系数中，实验课次数和家长会次数的基尼系数在 2014—2016 年这三年间均超过了 0.4 的警戒线，处于不均衡的状态，这表明实验课次数和家长会次数在校际存在一定的差异，学生实践参与率和学生实践参与率的基尼系数均小于 0.4，说明这两项指标已实现校际的均衡，尤其是每周课时的基尼系数接近 0，这说明天心区各中学之间的课时数基本是完全一样的，同时，学生实践参与率在校际的差异也比较合理。

2. 教育实施结果的均衡状况

（1）天心区小学教育实施结果的均衡状况

表4-12表示2014—2016年天心区小学教育实施结果的基尼系数。

表4-12　2014—2016年长沙市小学阶段教育实施结果的基尼系数

年份	学生体质健康合格率	学段巩固率	辍学率
2014	0.16	0.03	0.00
2015	0.22	0.04	0.00
2016	0.24	0.06	0.00

由表4-12的统计结果显示，在2014—2016年，代表天心区在小学阶段教育实施结果的三项指标分别是学生体质健康合格率、学段巩固率、辍学率。在反映各项指标均衡程度的基尼系数中，均低于0.4的警戒线，这表明天心区在义务教育小学阶段的教育实施结果的校际已经实现均衡。尤其是辍学率的基尼系数为0，表现各学校均不存在辍学现象，但学生体质健康合格率的基尼系数在三年间呈现逐渐升高的趋势，表明该指标校际的差异呈增长趋势。

表4-13表示2014—2016年天心区初中教育实施结果的基尼系数。

表4-13　2014—2016年长沙市初中阶段教育实施结果的基尼系数

年份	学生体质健康合格率	学段巩固率	学业水平合格率	辍学率
2014	0.29	0.01	0.10	0.06
2015	0.36	0.01	0.09	0.04
2016	0.34	0.01	0.09	0.01

由表4-13的统计结果显示，在2014—2016年，代表天心区在初中阶段教育实施结果的四项指标分别是学生体质健康合格率、学段巩固率、学业水平合格率和辍学率。在反映各项指标均衡程度的基尼系数中，均低于0.4的警戒线，这表明天心区在义务教育初中阶段的教育实施结果的校际已经实现均衡。尤其是学段巩固率的基尼系数接近0，表明各学校之间教育实施结果的差异不大。

四、天心区义务教育政策已形成均衡

1. 均衡发展成为义务教育发展的政策目标

在 2014—2016 年的三年时间，天心区的义务教育均衡程度已经达到评估要求，多项指标的基尼系数（包括入学机会的均衡、义务教育资源配置的均衡、义务教育过程与效果的均衡）已经远低于 0.4 的警戒线。可见，均衡发展已成为天心区义务教育发展的政策目标。从 2014—2016 年的三年间《天心区教育工作要点》也可看出近几年天心区把教育作为最大的民生工程之一，着力推进"教育发展四个优先"，教育投入依法增长，教育改革逐步深化，办学条件不断改善，教师地位显著提升，教师待遇逐年改善，教育事业迎来了最好的发展时期。

2. 努力实现硬件提升与优质教育资源整合的统一

学校的硬件提升是推进城乡教育均衡发展的基础，天心区每年度教育经费投入增长比例均高于财政经常性收入增长比例 2 个百分点。生均公用经费保证按 5% 的比例逐年增长。整体优化办学条件，区域内学校面貌大为改观，学校教学和办公条件大幅度改善，教育信息化程度不断提高，成为湖南省现代教育技术实验区。同时，通过整合区域优质教育资源，通过名校带动战略，将优质学校先进的办学理念、管理模式等移植到新的学校中，将城区新改扩建学校"带上路、扶一程"，达到"建好一所，办优一所"的发展目标。通过"名校+新校""名校+弱校"等多种办学模式，实现了资源共享。通过"联姻"，一些新校、弱校迅速成长为有先进的办学理念、有一定办学特色的成熟的学校，全区的小学生有 97% 以上的孩子实现了在家门口就能读好书的愿望。

3. 优化师资流动，实现教师队伍均衡发展

天心区每年对全区学校教师编制情况进行核查，优先解决教师缺编问题，近几年，天心区面向社会每年公开招聘 100 名左右的教师，并努力推进校级领导班子成员和优秀教师的交流制度的执行，并配备了相应的激励措施，不仅让老师安于教，更让老师乐于教，通过提升他们的职业成就感，来激发职业活力。比如，天心区通过推广行动学习、教师职业成长规划，来发挥校长书记、名师骨干的带动作用，天心区注重全区骨干教师的建设和培养，每年对市、区级骨干教师进行考核奖励。全面实施名学校、名校长、名教师工程，建立健全了教育系统优秀人才成长的长效激励机制和后备人才库。这一系列的举措进一步促进了教师和校长的流动，让家长学生就近入学愿望的得以进一步强化。

4. 教师、学生、家长对义务教育均衡政策的认同度

（1）入学机会均等的认同度

A 适龄儿童入学机会均等

表 4-14 为天心区教师、家长以及学生对入学机会均等的认同度。

表 4-14　天心区教师、家长以及学生对入学机会均等的绩效评价

评价主体	非常不同意	不同意	中立	同意	非常同意
教师	4%	2%	6%	41%	47%
家长	2%	3%	14%	49%	32%
学生	7%	8%	29%	27%	29%

根据数据统计结果显示，绝大多数人认同天心区现在已经基本实现了入学机会的均衡，但是这种认同比例由教师、家长、学生依次递减，教师的认同比例为 88%，家长的认同比例为 81%，学生的认同比例为 56%。

B 就近入学

表 4-15 为天心区家长、学生对就近入学的认同度。

表 4-15　天心区家长与学生对就近入学的绩效评价

评价主体	非常不同意	不同意	中立	同意	非常同意
家长	3%	7%	8%	50%	32%
学生	11%	12%	19%	25%	33%

根据数据统计结果显示，绝大多数人认同天心区现在已经基本实现了就近入学，并且家长的认同度（表示同意和非常同意的比例占 82%）远高于学生的认同度（表示同意和非常同意的比例为 58%）。

（2）教育资源均等的认同度

A 教育经费配置

表 4-16 为天心区教师、家长对教育经费配置的认同度。

表 4-16　天心区教师与家长对学校教育经费配置均衡的评价

评价主体	非常不同意	不同意	中立	同意	非常同意
教师	2%	6%	13%	51%	28%

评价主体	非常不同意	不同意	中立	同意	非常同意
家长	1%	1%	13%	56%	29%

根据数据统计结果显示，绝大多数家长和教师认同天心区各个学校之间的教育经费配置已经达到均衡（表示同意和非常同意的比例教师占79%，家长占85%）。

B 教育设施配置

表4-17为天心区教师、家长、学生对教育设施配置的认同度。

表4-17　天心区教师、家长、学生对教育设施配置均衡的评价

评价主体	非常不同意	不同意	中立	同意	非常同意
教师	4%	21%	19%	36%	20%
家长	1%	5%	15%	53%	26%
学生	9%	10%	29%	27%	25%

根据数据统计结果显示，天心区超过一半的教师、家长和学生认同天心区各个学校之间的教育设施配置已经达到均衡，并且家长的认同比例是三个群体中最高的，为79%，其次，教师和学生的认同比例相当（分别为56%和52%）。

C 师资力量配置

表4-18为教师、家长、学生对各个学校师资力量配置的认同度。

表4-18　天心区教师、家长、学生对师资力量配置均衡的评价

评价主体	非常不同意	不同意	中立	同意	非常同意
教师	4.57%	16.24%	16.24%	37.56%	25.38%
家长	1.18%	3.3%	15.57%	52.59%	27.36%
学生	7.45%	5.17%	19.45%	24.77%	43.16%

根据数据统计结果显示，绝大多数被访者认同天心区已经实现了师资力量配置的均衡，并且家长对此的认同度相当（认同比例约为80%），教师的认同度相对较低（认同比例约为63%）。

由以上的分析可知，绝大多数被访者认同天心区的教育资源配置已经处于均衡状态，但是还有部分被访者并不认同。从对教育经费配置、教育设施配置和师资力量配置的认可度比较来看，教育经费配置均衡认同度最高，师资力量配置均衡的认同度次之，而教育设施配置均衡认同度则最低。

（3）教育质量均衡的认同度

A 教育实施过程

表4-19为天心区教师、家长、学生对学校班级管理的认同度。本部分的学校班级管理以学校是否已经取消重点班（或者尖子班）作为测度标准。

表4-19　天心区教师、家长、学生对学校班级管理的评价

评价主体	非常不同意	不同意	中立	同意	非常同意
教师	2.5%	11.2%	22.8%	31.5%	32%
家长	2.6%	4%	13.7%	48.7%	31%
学生	16.5%	9.8%	22.4%	12.7%	38.6%

根据表4-19的数据结果显示，绝大多数被访者认同学校已经取消了重点班，在同一个学校内部优质教育资源已经趋于均等。

表4-20为天心区教师对学校教师工资收入大致相同的认同度。本部分教师对学校管理的评价以教师工资收入的均衡程度作为测度标准。

表4-20　天心区教师对学校教师工资收入大致相同的评价

评价主体	非常不同意	不同意	中立	同意	非常同意
教师	4.57%	9.65%	16.75%	30.96%	38.07%

数据结果显示，绝大多数被访者认同学校之间教师的工资差异已经消失，但仍有接近5%的被访者对此并不认同。

B 教育实施结果

表4-21为天心区教师、家长和学生对教育实施结果的认同度。教育实施结果主要通过各个学校之间的升学率是否均衡来进行测度。

表4-21　天心区教师、家长、学生对教育实施结果均衡的评价

评价主体	非常不同意	不同意	中立	同意	非常同意
教师	1.5%	23.1%	25.1%	27.2%	23.1%
家长	1.4%	7.3%	20.5%	46.5%	24.3%
学生	7%	9.3%	35.9%	24.1%	23.7%

根据表4-21的数据统计结果显示，有超过一半的被访家长认同学校之间的升学率已经不存在差异了（认同比例为70.8%）。教师认同的比例刚超过一半为50.3%，学生的认同比例仅为47.8%。

（4）义务教育均衡其他政策的认同度

A 教师流动与校长轮换政策

表4-22为天心区教师对优秀教师流动、校长轮换政策的认同度。

表4-22　天心区教师对优秀教师流动、校长轮换政策的评价

评价对象	非常不同意	不同意	中立	同意	非常同意
优秀教师流动	1.52%	4.06%	8.63%	41.62%	44.16%
校长轮换	3.55%	4.57%	16.24%	38.58%	37.06%

根据表4-22的数据统计结果显示，绝大多数教师对优秀教师应该在各个学校中流动和校长应该在各个学校进行轮换的政策表示认同，并且对优秀教师流动政策的认同度要较高于对校长轮流政策的认同度（分别为85.78%和75.64%）。

B 租售同权政策

表4-23为天心区教师、家长对租售同权政策的认同度。

表4-23　天心区教师、家长对租售同权政策的评价

评价主体	非常不同意	不同意	中立	同意	非常同意
教师	4.06%	2.03%	8.12%	44.67%	41.12%
家长	1.65%	5.44%	15.84%	43.26%	33.81%

根据表4-23的数据统计结果显示，绝大多数被访者认同租售同权的政策，

认同租房者应该享有与买房者孩子同等的受教育权利。但从访谈过程中发现，虽然大多数对此项政策表示认同和支持，但同时也对该政策的具体操作过程存在担心，有的教师和家长担心政策开放后，更多学生涌入好学校去争夺优质资源，由此会引发优质学区房价格过快上涨；也有人表示反对，认为会使得学生参差不齐，影响教学开展，同时导致实力偏弱的学校失去生源。

第三节　天心区义务教育均衡发展存在的问题

一、校际的教育设施配置存在一定差异

生均专项经费和生均固定资产均衡程度的基尼系数均大于警戒线0.4。其原因在于农村人口不断向城镇转移，城市人口的不断集聚，城区生源暴增、农村生源日益减少。与之相反，城区学校学生人满为患。五六十人挤在一间普通的教室里上课，导致校舍仪器等硬件设施紧缺，教师负担加重。两种现象都无法集中力量办优质教育，也造成大量教育资源浪费，而且随着人口进一步向市区集中，这一现象会更加严峻。

二、天心区义务教育均衡发展取得了较大成绩，但一些地方在发展内涵方面仍然存在薄弱环节

一是学生课业负担相对较重，应试教育倾向未得到根本扭转。

二是教师过于注重课堂教学，学生只能被动适应教育教学，影响了学生的全面发展，这对教师的个人素质提出了更高的要求。

三、教师队伍的流动性增大

师资相对缺乏是当前义务教育均衡化发展过程中存在的主要问题，教师编制多年来未有增加导致教师队伍缺口变大。需要雇用相当数量的编外人员，导致教师队伍流动性变大。

第四节   推进天心区义务教育均衡发展的建议

一、改善学校基础设施，优化城乡校网布局

以政府为主，加快学校建设步伐，确保教育设施建设与城市扩容提质同步进行，完善学校基本设施和教学仪器装备，实现经费投入标准化、办学条件标准化、师资配置标准化和教育信息标准化。

同时，科学调整学校布局，优化配置教育资源。要按城市发展规划、人口分布情况和未来生源数的测算，合理调整教育布局规划。要通过资源整合，加快建设，优化教育资源的过程成为促进学校均衡发展、优质发展的过程，让处于各层次的学校在动态发展过程中实现高位平衡，形成与新一轮城市规划和村镇规划相协调、结构完善、规模适度、功能齐全的校网布局。

二、提高教师队伍的整体素质

具体包括：

一是加强师德师风建设，提高教师职业道德水平。通过开展形式多样的师德教育活动，不断增强教师职业道德意识。

二是多形式抓好教师培训，提高教师教学业务能力。在鼓励教师自学更新知识的同时，加大教师培训力度，充分发挥现代信息技术作用，不断提高教师的业务能力和水平。

三是严格执行国家颁布的中小学教职工编制标准，定期核定中小学教职工编制，逐步配齐中小学教师。

三、建立管理和保障机制，促进师资力量均衡配置

一是合理核定义务教育学校教职工编制，对中小学教师编制实行有增有减的动态管理，一年一核定；

二是积极推进校长轮岗制和优秀教师的交流制度；

三是实行青年教师下派制。新招聘的教师，先安排到薄弱学校任教；

四是提高农村教师工资水平和福利待遇，改善生活和工作条件。

第五章

岳麓区义务教育均衡发展政策评估子报告

岳麓区位于长沙湘江西滨，处于"一带一部"核心区域，汇集国家级新区湖南湘江新区、全国两型社会综合配套改革试验区、国家自主创新示范区三大战略平台，岳麓教育也成为长沙经济社会发展的西引擎、西高地。该区辖15个街道、2个镇、2个景区管理处、1个科技产业园，178个村、社区，总面积552平方千米，常住人口80万。现有小学82所，初中16所，小学生在校人数为60143人，中学生在校人数为16979人，教职工人数为4540人。

2012年，岳麓区成为全国首批义务教育均衡发展合格区。2014年，获评全省首批教育强区。2016年，岳麓区成为湖南省唯一的国家学前教育改革发展实验区。岳麓区通过"小学教育'系列化'，中学教育'品牌化'，政府、开发商、社会三方协同"提高教育品质，形成了规模最大、功能最齐、品质最优的教育体系。

第一节　岳麓区义务教育均衡发展政策评估的对象

一、研究范围与对象

本次评估主要针对教育机会公平、义务教育资源配置均衡、义务教育质量均衡和政府政策均衡四方面，利用文献分析、问卷调查、质性访谈的方法，全方位对现阶段岳麓区义务教育均衡发展状况进行评估。

具体评估对象为长沙市岳麓区，从岳麓区随机抽取16所小学、5所初中，选取处于四至九年级的学生、家长、教师，以及从事义务教育相关工作的学校领导和政府工作人员，进行问卷调查和质性访谈。本次调查共发放问卷为在校中小学生900人，家长900人，教职工20人，有效问卷为在校中小学生799人，家长689人，教职工18人；访谈在校学生6人，家长6人，教职工6人，学校管理人员3人，政府工作人员5人。

二、样本描述

表5-1学生样本描述了被调查中小学生的基本特征，包括性别、年龄、年级和户口状况。

表5-1　学生样本描述

项目	频数	百分比
性别		
男孩	426	53.52
女孩	370	46.48
样本量	796	100.00
年龄		
均值	11.08	
样本量	782	
年级		
四年级	202	25.38
五年级	144	18.09
六年级	215	27.01
七年级	49	6.16
八年级	93	11.68
九年级	93	11.68
样本量	796	100.00
户口		
农村户口	143	18.08
城市户口	381	48.17

续表

项目	频数	百分比
不清楚	267	33.75
样本量	791	100.00

从调查样本分布来看，性别比基本均衡，男孩比例稍高于女孩，平均年龄约 11 岁，小学生人数高于中学生，城市户口的学生比例大于农村户口，这符合岳麓区义务教育阶段学生的基本分布。

表 5-2 家长样本描述了被调查家长的基本特征，包括性别、年龄、户口状况、民族以及社会经济地位。

表 5-2　家长样本描述

项目	频数	百分比
性别		
男	216	31.53
女	469	68.47
样本量	685	100.00
年龄		
均值		41.95
样本量		666
户口所在地		
本地	495	72.58
外地	187	27.42
样本量	682	100.00
户口类型		
城市户口	427	62.52

续表

项目	频数	百分比
农村户口	256	37.48
样本量	683	100.00
民族		
汉族	652	96.17
少数民族	26	3.83
样本量	678	100.00
受教育程度		
高中及以下	189	27.67
中专	121	17.72
大专	164	24.01
本科	154	22.55
研究生及以上	55	8.05
样本量	683	100.00
职业类型		
党政机关、党群组织、事业单位负责人	32	4.70
国有或集体企业负责人	24	3.52
私营企业主	52	7.64
专业技术人员	128	18.80
普通公务员、办事人员	62	9.10
个体工商户	57	8.37
商业服务业人员	64	9.40
技术工人	35	5.14

续表

项目	频数	百分比
非技术工人	23	3.38
农林牧渔业生产人员	3	0.44
军人	3	0.44
城乡无业失业半失业者	26	3.82
从未就业的学生	2	0.29
家务劳动	99	14.54
其他	71	10.43
样本量	681	100.00
月收入		
均值	10670.79	
样本量	600	

　　从人口特征分布来看，女性家长比例高出男性家长比例一倍多；被访者平均年龄约为 42 岁；以本地户口、城市户口为主；绝大多数家长为汉族，仅 3.83%的为少数民族。从社会经济地位来看，家长整体社会经济地位较高，数据显示一半以上的家长接受过高等教育，从事党政机关、党群组织、事业单位负责人，国有或集体企业负责人，私营企业主，专业技术人员，普通公务员，办事人员，个体工商户的家长占到 52.13%，家庭月收入平均为 10670.79 元。

　　表 5-3 教师样本描述了被调查教师的基本特征，包括性别、年龄、民族、受教育程度、专业职称以及所带年级。

表 5-3　教师样本描述

项目	频数	百分比
性别		
男	5	27.78

续表

项目	频数	百分比
女	13	72.22
样本量	18	100.00
年龄		
均值	32.58	
样本量	17	
民族		
汉族	17	94.44
少数民族	1	5.56
样本量	18	100.00
受教育程度		
高中及以下	0	0.00
中专	0	0.00
大专	1	5.56
本科	13	72.22
研究生及以上	4	22.22
样本量	18	100.00
专业职称		
正高级	1	6.25
高级	0	0.00
一级	7	43.75
二级	8	50.00
三级	0	0.00

项目	频数	百分比
样本量	16	100.00
所带的年级		
一年级	0	0.00
二年级	0	0.00
三年级	0	0.00
四年级	5	27.78
五年级	4	22.22
六年级	4	22.22
七年级	1	5.56
八年级	2	11.11
九年级	2	11.11
其他	0	0.00
样本量	18	100.00

从被访者特征分布来看，女性教师比例远高于男性教师；被访者平均年龄较年轻，约为 33 岁；绝大多数为汉族，仅 1 位老师为少数民族；教师的受教育程度普遍较高，绝大多数老师为本科及以上；被访教师的专业职称集中在一级、二级教师；教师涉及四年级到九年级的各个年级，分布较为均匀。

第二节 岳麓区义务教育均衡发展的现状

一、岳麓区义务教育段入学机会均等已经实现

1. 岳麓区义务教育阶段入学情况

岳麓区 2014—2016 年《国民经济和社会发展统计公报》显示，现阶段岳麓区小学、初中适龄人口入学率均达 100%，小学辍学率为 0%，初中辍学率为 0%，每年接受外来务工子女占全区 22% 以上。

表 5-4　岳麓区入学率

年份	小学入学率	初中入学率	小学辍学率	初中辍学率	外来务工子女占比
2014	100%	100%	0%	0%	25.4%
2015	100%	100%	0%	0%	27.3%
2016	100%	100%	0%	0%	22.5%

数据来源：2014—2016 年国民经济和社会发展统计公报。

二、岳麓区义务教育资源配置均衡基本形成

1. 义务教育经费均衡状况

表 5-5 表示 2014—2016 年岳麓区在初中阶段教育经费的基尼系数。

表 5-5　2014—2016 年岳麓区初中教育经费的基尼系数

年份	生均教育经费总投入	生均专项经费支出	师均工资福利支出
2014	0.20	0.43	0.07
2015	0.19	0.44	0.08
2016	0.18	0.35	0.09

　　数据结果显示，岳麓区在初中阶段教育经费已经基本实现均衡。在 2014 年、2015 年时生均专项经费支出在校际还存在较大的差异，而到了 2016 年生均专项经费支出的基尼系数已经降低到合理范围之内。在访谈中也发现，岳麓区近年来对于教育的投入持续增加，到 2016 年已经占到整个财政支出的三分之一，而义务教育均衡发展成了财政支出的重中之重。

　　表 5-6 表示 2014—2016 年岳麓区在小学阶段教育经费的基尼系数。数据结果显示，岳麓区在小学阶段教育经费基本实现均衡，只有生均专项经费支出在校际仍然存在较大的差异。

表 5-6　2014—2016 年岳麓区小学教育经费的基尼系数

年份	生均教育经费总投入	生均专项经费支出	师均工资福利支出
2014	0.27	0.57	0.11
2015	0.28	0.48	0.15

年份	生均教育经费总投入	生均专项经费支出	师均工资福利支出
2016	0.34	0.50	0.19

2. 教育设施均衡状况

（1）岳麓区初中教育设施均衡状况

表 5-7 表示 2014—2016 年岳麓区在初中阶段教育设施配置的基尼系数。

表 5-7　2014—2016 年岳麓区初中阶段教育设施配置的基尼系数

年份	生均教学及辅助用房面积	生均体育运动场馆面积	生均图书册数	生均计算机台数	生均固定资产	生均仪器设备值
2014	0.20	0.45	0.05	0.35	0.87	0.40
2015	0.13	0.13	0.07	0.14	0.44	0.28
2016	0.15	0.20	0.08	0.24	0.77	0.44

数据结果显示，岳麓区随着时间的推移，初中设施均衡呈现出 U 型的发展趋势。2014 年是岳麓区初中生均教育设施在校际差异最大的时间点，而 2015 年则达到教育设施均衡状况最优，再到 2016 年生均教育设施校际差异又有所增加。从表 5-7 可以看出，截至 2016 年初中生均固定资产的校际差距悬殊，可能由于新老学校建设跨度大，固定资产、设施设备采购物价差异巨大使然。其次为初中生均仪器设备值的差距较大，其他指标已经基本处于均衡的范畴。

（2）岳麓区小学教育设施均衡状况

表 5-8 表示 2014—2016 年岳麓区在小学阶段教育设施配置的基尼系数。数据结果显示，在小学阶段绝大多数的教育设施已经实现了均衡，只有生均固定资产在校际还存在着差异，这个差异在 2015 年得到缓解，但是在 2016 年出现一定反弹。

表 5-8　2014—2016 年岳麓区在小学阶段教育设施配置的基尼系数

年份	生均教学及辅助用房面积	生均体育运动场馆面积	生均图书册数	生均计算机台数	生均固定资产	生均仪器设备值
2014	0.13	0.11	0.05	0.19	0.62	0.08

年份	生均教学及辅助用房面积	生均体育运动场馆面积	生均图书册数	生均计算机台数	生均固定资产	生均仪器设备值
2015	0.11	0.11	0.06	0.19	0.54	0.10
2016	0.11	0.10	0.03	0.33	0.70	0.14

3. 义务教育师资力量均衡状况

（1）岳麓区初中师资力量均衡状况

表5-9表示2014—2016年岳麓区初中师资力量配置的基尼系数。数据结果显示，岳麓区初中师资力量配置已经绝大多数实现均衡，只有2016年生均高级职称教师在初中存在一定的校际差异。

表5-9 2014—2016年岳麓区初中师资力量配置的基尼系数

年份	生均高学历教师	生均高级职称教师	班师比	教师合格率基尼系数	教师培训比例
2014	0.14	0.35	0.11	0.11	0.30
2015	0.12	0.33	0.11	0.03	0.38
2016	0.12	0.41	0.11	0.06	0.31

（2）岳麓区小学师资力量均衡状况

表5-10表示2014—2016年岳麓区小学师资力量配置的基尼系数。数据结果显示，岳麓区小学师资力量配置基本实现均衡，但在教师培训比例上存在较大校际差异，其次2016年以后生均高级职称教师的校际差异增大。

表5-10 2014—2016年岳麓区小学师资力量配置的基尼系数

年份	生均高学历教师	生均高级职称教师	班师比	教师合格率	教师培训比例
2014	0.19	0.35	0.14	0.24	0.51
2015	0.20	0.31	0.17	0.22	0.51
2016	0.16	0.40	0.16	0.23	0.51

由此分析可知，岳麓区义务教育在资源配置上基本形成均衡态势，但其中教育设施配置均衡和师资力量均衡有一定差异，而教育经费均衡则是发展最为均衡的一项。

三、岳麓区义务教育质量基本实现均衡

1. 教育实施过程的均衡状况

（1）岳麓区初中教育实施过程的均衡状况

表 5-11 表示 2014—2016 年岳麓区初中教育实施过程的基尼系数。数据结果显示岳麓区初中教育实施过程尚未达到完全均衡，主要体现在实验课安排上，在实验课安排次数上校际存在一定差异。

表 5-11　2014—2016 年岳麓区初中教育实施过程的基尼系数

年份	实验课	每周课时	学生实践参与率	家长会次数
2014	0.53	0.03	0.07	0.10
2015	0.55	0.03	0.07	0.16
2016	0.55	0.03	0.07	0.20

（2）岳麓区小学的教育实施过程的均衡状况

表 5-12 表示 2014—2016 年岳麓区小学教育实施过程的基尼系数。数据结果显示，小学教育实施过程大多呈现出了均衡的状态，仅在 2016 年学生实践参与率上校际还存在着较大的差异。

表 5-12　2014—2016 年岳麓区小学教育实施过程的基尼系数

年份	实验课	每周课时	学生实践参与率	家长会次数
2014	0.29	0.01	0.07	0.21
2015	0.24	0.01	0.01	0.23
2016	0.18	0.01	0.43	0.20

2. 教育实施结果的均衡状况

表 5-13、表 5-14 分别表示 2014—2016 年岳麓区初中阶段教育实施效果、小学阶段教育实施效果的基尼系数。数据结果显示，岳麓区在义务教育阶段的

教育实施结果方面已经不存在校际差异，已经实现均衡。

表 5-13 2014—2016 年岳麓区初中阶段教育实施效果的基尼系数

年份	学生体质健康合格率	学段巩固率	学业水平合格率	辍学率
2014	0.09	0.00	0.01	0.00
2015	0.07	0.00	0.01	0.00
2016	0.08	0.00	0.01	0.00

表 5-14 2014—2016 年岳麓区小学阶段教育实施效果的基尼系数

年份	学生体质健康合格率	学段巩固率	辍学率
2014	0.37	0.03	0.00
2015	0.33	0.03	0.00
2016	0.28	0.04	0.00

由此可以看出，现阶段岳麓区义务教育实施结果已经实现均衡，而实施过程的均衡尚未实现，初中的关键在于实验课程的开设次数，而小学则在于学生的实践参与率。

四、岳麓区义务教育政策形成均衡

1. 均衡发展成为义务教育发展的政策目标

岳麓区为了落实中央、国务院以及长沙市政府的要求，把均衡发展作为义务教育的战略任务来抓，将均衡发展程度作为评价本区义务教育发展水平的核心标准。严格按照《长沙市"十三五"教育事业发展规划》，出台了《岳麓教育新三年行动计划（2015—2017）》，提出岳麓区要围绕教育资源空间布局，查找教育"短板"。制定了《岳麓区振兴沿江教育风光带行动方案》，在全区推进"一带一片"计划，以振兴沿江教育风光带计划促进城区教育优质均衡，以"雨莲含片区"集约整合带动城乡教育优质均衡，确保"有书读"。

长沙市岳麓区人民政府出台了《岳麓区妇女儿童发展规划（2016—2020年）》等文件，提出要落实教育优先发展战略，保障在经济社会发展中优先发展教育。财政资金优先保障教育的投入，公共资源优先满足教育和人力资源开发需要。完善体制和政策，鼓励社会力量兴办教育，不断扩大社会资源对教育的投入。此外，促进义务教育均衡发展。推进义务教育合格学校建设，到 2020 年完成小学以上义务教育学校达到合格学校要求；推进学校布局调整，优化资源配置。加强农村薄弱学校改造。实行区、街道（镇）两级联动，着力解决流动人口子女就读问题。

2. 打造"系列化"小学教育、"品牌化"中学教育，建立"政府、开发商、社会"三方协同的教育共建体系

（1）小学教育"系列化"。岳麓区小学教育采取"系列化"发展策略。如打造"博才教育"品牌，"以一带多"带动了岳麓区新建学校的快速发展，岳麓、麓山实验实行捆绑发展，实行"一校两区"，让薄弱小学成为优质小学的新校区，形成多组优质教育系列，推动了岳麓教育的优质均衡发展。

（2）中学教育"品牌化"。在中学教育阶段，岳麓区采用与名校合作办学的发展思路，实现了与优质中学教育资源零距离对接，师大附中、长沙一中、长郡、雅礼等三湘名校纷纷落址岳麓。从北到南、从东到西，岳麓区内中学教育资源齐全，让岳麓学子在家门口读名校的梦想成为现实。

（3）建立政府统筹、开发商履责、社会协助三方协同机制。其一，岳麓区委、区政府先后出台了《岳麓教育新三年行动计划（2015—2017）》、制定了《义务教育经费保障机制改革实施办法》。教育经费优先保障、教育工作专题研究、教师队伍重点配置。其二，岳麓区严格执行《长沙市城市中小学幼儿园规划建设管理条例》，企业建房必先建立配套教育，督促达到规模的开发小区按标准配套建设教育设施，或建好学校后无偿移交给教育部门，或缴纳教育配套费用。其三，岳麓区以社区教育为依托，形成了以岳麓社区学院为中心、街（乡、镇）社区学校为主体、村（社区）市民学校为基础的三级社区教育培训网络。初步形成了以"信息化、超市化和品牌化"为特色，以"政府引导、市场运作"为基本形式的社区教育模式。充分利用现代信息技术手段，首创"数字化学习型社区"教育模式。岳麓区先后被评为全国社区教育实验区、示范区。

3. 教师、学生、家长对义务教育均衡政策的绩效评价

（1）入学机会均等的绩效评价

A 适龄儿童的入学机会均等评价

表 5-15 分别为岳麓区教师、家长以及学生对入学机会均等的绩效评价。数据结果显示，绝大多数人认为现在已经基本实现了入学机会的均衡，但是这种认同比例由教师、家长、学生依次递减。其中，100% 的教师对岳麓区的入学机会均等表示认同，78% 的家长对岳麓区的入学机会均等表示认同，而仅有 58%

的学生对此表示认同。

表 5-15 岳麓区教师、家长以及学生对入学机会均等的绩效评价

评价主体	非常不同意	不同意	中立	同意	非常同意
教师	0%	0%	0%	53%	47%
家长	3%	8%	11%	53%	25%
学生	10%	6%	26%	27%	31%

B 就近入学

表 5-16 为岳麓区家长、学生对就近入学的绩效评价。数据结果显示，绝大多数被访者认为岳麓区已经实现了就近入学，并且家长的认可度（表示同意和非常同意的比例占 87%）远高于学生（表示同意和非常同意的比例约为 59%）。

表 5-16 岳麓区家长与学生对就近入学的绩效评价

评价主体	非常不同意	不同意	中立	同意	非常同意
家长	3%	5%	5%	55%	32%
学生	10%	12%	19%	22%	37%

（2）教育资源均等的绩效评价

A 教育经费配置

表 5-17 为岳麓区教师与家长对教育经费配置均衡的绩效评价。数据结果显示，绝大多数家长和教师认为各个学校之间的教育经费投入已经达到基本均衡。

表 5-17 岳麓区教师与家长对学校教育经费配置均衡的评价

评价主体	非常不同意	不同意	中立	同意	非常同意
教师	0%	18%	0%	59%	23%
家长	2%	3%	12%	61%	22%

B 教育设施配置

表 5-18 为岳麓区教师、家长、学生对教育设施配置的绩效评价。数据结果显示，大多数教师、家长和学生认为各个学校之间的教育设施配置已经达到基本均衡，并且家长认可比例是三个群体中最高，其次为教师，最后为学生。

表 5-18 岳麓区教师、家长、学生对教育设施配置均衡的评价

评价主体	非常不同意	不同意	中立	同意	非常同意
教师	0%	23.53%	17.65%	41.18%	17.65%
家长	2.12%	5.45%	14.39%	58.94%	19.09%
学生	8.91%	9.92%	27.61%	28.12%	25.45%

C 师资力量配置

表 5-19 为岳麓区教师、家长、学生对各个学校师资力量配置均衡的绩效评价。数据结果显示，大多数被访者认为岳麓区已经实现了师资力量的均衡，并且家长对此的评价最高，而教师和学生的评价相对较低。

表 5-19 岳麓区教师、家长、学生对师资力量配置均衡的评价

评价主体	非常不同意	不同意	中立	同意	非常同意
教师	0%	5.88%	29.41%	35.29%	29.41%
家长	3.2%	4.27%	11.59%	55.79%	25.15%
学生	16.07%	12.76%	17.35%	11.73%	42.09%

由以上的分析可知，大多数被访者认为岳麓区的教育资源配置已经处于基本均衡状态，但是还有部分被访者并不认可。从教育经费配置、教育设施配置和师资力量配置的比较来看，教育经费配置均衡认可度最高，其次为师资力量配置均衡，而教育设施配置均衡认可度最低。

（3）教育质量均衡的绩效评价

A 教育实施过程

表 5-20 为岳麓区教师、家长、学生对学校班级管理的评价。本部分的学校管理从学校是否已经取消重点班（或者尖子班）来进行测度。数据结果显示，大多数被访者认同学校已经取消了重点班，在校内优质教育资源已经趋于均等。

表 5-20 岳麓区教师、家长、学生对学校班级管理的评价

评价主体	非常不同意	不同意	中立	同意	非常同意
教师	0%	23.53%	11.76%	52.94%	11.76%

续表

评价主体	非常不同意	不同意	中立	同意	非常同意
家长	2.13%	6.09%	13.85%	58.45%	19.48%
学生	8.14%	8.02%	19.97%	20.48%	43.38%

表5-21为岳麓区教师对学校教师工资收入大致相同的评价。数据结果显示，大多数被访者认同学校之间教师的工资差异已经消失，但仍有17.64%的被访者对此并不认同。

表5-21　岳麓区教师对学校教师工资收入大致相同的评价

评价主体	非常不同意	不同意	中立	同意	非常同意
教师	11.76%	5.88%	17.65%	47.06%	17.65%

B 教育实施结果

表5-22为岳麓区教师、家长、学生对教育实施结果的评价。教育实施结果主要通过各个学校之间的升学率是否相同进行测度。数据结果显示，大多数被访者认同学校之间的升学率已经不存在差异了。其中，家长认同的比例最高，其次为教师，学生认同比例最低。

表5-22　岳麓区教师、家长、学生对教育实施结果均衡的评价

评价主体	非常不同意	不同意	中立	同意	非常同意
教师	0%	23.53%	23.53%	29.41%	23.53%
家长	1.98%	6.56%	19.85%	54.05%	17.56%
学生	7.91%	10.71%	32.27%	23.09%	26.02%

（4）义务教育均衡其他政策的评价

A 教师流动与校长轮换政策

表5-23为岳麓区教师对优秀教师流动、校长轮换政策的评价。调查结果显示，绝大多数教师对优秀教师应该在各个学校中流动和校长应该在各个学校进行轮换的政策表示认同。其中，对校长轮换政策认同度高于教师的流动政策。

表 5-23 岳麓区教师对优秀教师流动、校长轮换政策的评价

评价对象	非常不同意	不同意	中立	同意	非常同意
优秀教师流动	0%	5.88%	17.65%	41.18%	35.29%
校长轮换	0%	0%	17.65%	47.06%	35.29%

此外，在访谈中也发现教师群体对于教师到各个学校流动、校长在各个学校轮换的政策呈两极分化的态度。一方面，有被访者支持这两个政策，认为这可以促进优质教育资源的流动，各个学校可以取长补短，共同发展；另一方面，也有部分被访者表示反对，认为这会影响学校的长期、稳定发展，也会影响教师家庭的稳定性。而受访的岳麓区政府相关工作人员则大多对教师流动、校长轮换制度表示支持，认为这是真正解决优质教育不均衡问题的关键所在。

B 租售同权政策

表 5-24 为岳麓区教师、家长对租售同权政策的评价。调查结果显示，绝大多数被访者认同租售同权，认同租房者应该享有与买房者孩子同等的受教育权利。

表 5-24 岳麓区教师、家长对租售同权政策的评价

评价主体	非常不同意	不同意	中立	同意	非常同意
教师	0%	0%	5.88%	52.94%	41.18%
家长	3.64%	5.01%	16.24%	47.80%	27.31%

从访谈数据可以发现，对此项政策态度呈现分化，有的认为可以解决更多孩子的入学问题，但是担心政策开放后，更多学生涌入好学校去争夺优质资源；也有人表示反对，认为这会使得学生参差不齐，影响教学开展，同时导致实力偏弱的学校失去生源。

第三节 岳麓区义务教育均衡发展存在的问题

一、城乡教育资源配置差异明显

从数据分析结果来看，岳麓区校际的教育设施配置差异悬殊，生均固定资

产基尼系数达到 0.7 以上；在政策评价调查中被访者对教育设施均衡评价也为最低。

从质性访谈中也发现，由于近年来岳麓区加大农村学校的基础设施建设，使得农村与城市学校基础设施已经基本均衡，但是由于农村学生人数远低于城市，生均教育资源呈现城乡倒挂形势，农村生均占有资源量远高于城市。

此外，从对财政部门工作人员的访谈中了解到，虽然农村投入加大，但是由于城市学校多、名校多，城市学校的投入力度仍然远超农村学校。

二、城区学校生源多且流动性强，局部入学有困难

虽然在数据分析中显示岳麓区适龄儿童入学率达到 100%，但是在对相关人员的访谈中发现，现阶段岳麓区学龄儿童人口众多，且约 30% 为流动儿童。由于流动人口本身流动性较大，这导致每年入学时都很难统计出真实的入学人数，造成名额紧张或者教育资源浪费。

三、优质师资分布欠均衡，教师队伍稳定性差

其一，从数据分析结果可以发现，生均高级职称教师、教师培训比例在校际仍然存在较大的差异。在访谈中也发现，越好的学校教师平均能力越强，素质越高，反之亦然。虽然政策鼓励优秀教师交流、名校校长进行轮换，但在实际工作中，政策还未真正落地。

其二，由于近年来学龄儿童不断增多，学校不断扩建，义务教育阶段的学科门类不断增加，而教师编制由于受上级编制部门的控制，没有形成动态的变迁机制，仍然按照原有的师生比核定，导致大量的教师没有正式编制，属于校聘或者临聘的代课老师，造成了教师流动性的增大，教师队伍的稳定性下降，不利于学校长期稳定的发展。

其三，在调查中发现绝大多数教师对于现有的福利和收入表示不满意，平均月收入仅为 3400 元，明显低于长沙市平均月工资。

第四节　推进岳麓区义务教育均衡发展的建议

一、政府主导、社会协力，统筹城乡教育资源配置

其一，加强政府统筹管理。对教学质量较差、办学条件欠妥的学校，政府

需要对口支援，加大投入；对于生源较少的农村学校进行合并办学；对于生源较多的城市学校追加投入，保证生均教育资源匹配。

其二，鼓励社会参与。切实落实建房先建校的政策，让开发商承担发展教育的社会责任；联合社会机构共建学校，增加社会资金进入义务教育阶段办学校的途径。

二、改善城乡学校生源结构，引导流动儿童有序回流

其一，加强教育均衡理念的宣传，改变农村人口"优质教育在城市"的传统观念。在访谈中发现，大量流动儿童的出现来源于家长、学生对城区学校、名校的执念，他们希望通过在城区上学获得优质的教育资源。一方面，发挥基层政府作用，对家长、学生进行义务教育均衡政策的宣传；另一方面，建立激励机制，鼓励学生回到家乡，就近入学。

其二，改善普通学校的办学条件，加大对其他地区尤其是农村地区学校的财政投入，提高办学条件，提升教师能力素质，优化学校管理体制，从硬件和软件两方面增加吸引力，吸引学生回流，就近入学。

三、优化师资队伍，适度增加教师编制，建立有序流动的激励机制

其一，严格要求教师参与继续教育，加大教师培训经费的投入，提供教师接受继续教育的平等机会，把培训与晋升职称、学校评优挂钩，激发教师、学校进行教师培训的动力。

其二，建立上下级互动的教师编制调整机制，调整现有生师比，根据学科门类，制定合适的生师比，适度扩大教师编制，保持义务教育阶段教师队伍的稳定性。

其三，建立优秀师资、名校长有序流动的机制。一方面，把流动、轮换作为教师晋升职称的必要条件，并考虑对校长进行分级，让其有进一步上升的空间，增加校长轮换的积极性；另一方面，完善教师流动、校长轮换政策的配套政策，解决教师、校长的后顾之忧，如子女的教育问题、家庭住房问题等。

第六章

开福区义务教育均衡发展政策评估子报告

开福区位于长沙市北隅，傍湘江下游东岸，处浏阳河、湘江汇合之东南端。东与长沙县、芙蓉区接界，西与岳麓区毗连，北与望城区相邻，南与天心区相接，地势自东南向西北逐渐倾斜，适处长沙市簸箕形状之口上。土地总面积 188 平方千米，其中城区面积 65 平方千米，耕地面积 3.307 千公顷，总人口 62.16 万人。开福区现拥有小学 54 所，初中 14 所，其中在校小学生共有 40041 人，在校中学生共有 19359 人，教职工 4001 人，专任教师 3788 人。

第一节　开福区义务教育均衡发展政策评估的对象

一、研究范围与对象

本次评估主要围绕教育机会公平、义务教育资源配置均衡、义务教育质量均衡发展和政府政策均衡四方面，利用文献分析、问卷调查、质性访谈的方法，全方位对现阶段开福区义务教育均衡发展状况进行评估。

具体调查根据随机等距抽样的原则，共抽取开福区中小学 7 所、中学 5 所，共 12 所学校进行调研。问卷调查涉及在校学生 650 人、家长 750 人、教职工 15 人，有效问卷学生 581 份，家长 485 份，教师 11 人。访谈在校学生 6 人、家长 6 人、教职工 3 人，学校管理人员 3 人，政府工作人员 4 人。

二、样本描述

本次抽样抽取四至九年级的学生及其家长和班主任老师参加调研。小学男生为 229 人，女生 222 人；中学男生 67 人，女生 55 人。参与调研的学生平均年龄 11 岁，小学生人数高于中学生人数，城市户口的学生比例大于农村户口。符合该区义务教育阶段学生分布的基本情况。本次参加调研的家长男性为 172 人，女性为 332 人，平均年龄 40 岁。参加本次调研的教师全部为女性，平均年龄

33 岁。

分析相关情况后确定四个一级指标：一是体现教育机会公平的均衡指标，二是体现政府职责的义务教育资源配置均衡的指标，三是体现教育发展水平的义务教育质量均衡发展指标，四是体现政府政策均衡的指标。

第二节 开福区义务教育均衡发展的现状

一、开福区义务教育段入学机会均等已经实现

本研究采用国际上通用的"入学率"作为评价指标，衡量城乡间受教育权和教育机会公平的起点公平。根据统计数据，开福区小学和初中的"入学率"均达到 100%，小学和初中辍学率均为 0%。保障进城务工人员随迁子女平等接受义务教育，符合政策条件的进城务工人员随迁子女入学率 100%；提高残疾儿童少年义务教育普及水平，三类残疾儿童入学率达 93% 以上。

二、开福区义务教育资源配置均衡基本形成

1. 义务教育经费均衡状况

从 2014—2016 年开福区小学和初中的义务经费的基尼系数来看，小学和初中的生均教育经费总投入已经达到基本均衡，这与三年来对教育经费投入力度的持续加大有关。师均工资福利支出在小学和中学也基本达到均衡状况，说明教师群体的收入差距不大。在生均专项经费支出的指标上，开福区小学在 2014 年基尼系数超过 0.3，表示差距较大，发展较不均衡；但在 2015 年和 2016 年该项数据持续下降，差距逐渐缩小。说明相关政策起到了针对性效果。具体数据如下表 6-1、表 6-2 所示。

表 6-1 2014—2016 年开福区小学教育经费的基尼系数

年份	生均教育经费总投入	生均专项经费支出	师均工资福利支出
2014	0.042	0.325	0.097
2015	0.025	0.175	0.019

续表

年份	生均教育经费总投入	生均专项经费支出	师均工资福利支出
2016	0.086	0.237	0.097

表6-2 2014—2016年开福区初中教育经费的基尼系数

年份	生均教育经费总投入	生均专项经费支出	师均工资福利支出
2014	0.201	0.430	0.079
2015	0.195	0.449	0.084
2016	0.188	0.351	0.097

2. 教育设施均衡状况

（1）小学教育设施均衡状况

综合分析开福区2014—2016年的小学办学条件基尼系数，可以发现开福区义务教育办学条件总体呈现均衡发展。在各项硬件指标的评估中基尼系数基本接近或小于0.2。其中小学生均图书册数的基尼系数已接近0。但是在看到成绩的同时，我们也发现小学办学条件中，生均固定资产在2014年时为0.61，表示学生之间的差距还是较大，虽然在2015年和2016年这个差距在逐渐缩小到0.5以内，按照国际规定，基尼系数在0.4到0.5之间，表示评估对象之间的差距较大，提示在下一步的工作中应继续注意该项指标的均衡发展问题。教育设施基尼系数见表6-3。

表6-3 2014—2016年开福区在小学阶段教育设施配置的基尼系数

年份	生均教学及辅助用房面积	生均体育运动场馆面积	生均图书册数	生均计算机台数	生均固定资产	生均仪器设备值
2014	0.17	0.20	0.01	0.12	0.61	0.16
2015	0.15	0.19	0.01	0.10	0.48	0.11
2016	0.18	0.17	0.09	0.15	0.43	0.12

（2）初中教育设施均衡状况

从2014—2016年开福区初中教育设施基尼系数的分析中可以发现，大部分指标控制在 0.4 以内，表示教育设施在初中阶段已经达到相对均衡的水平。但是同样生均固定资产这一指标超过 0.4，三年的数值都接近 0.5，这说明在生均固定资产这一指标上，还未达到均衡水平。在下一阶段工作中需要继续加强均衡发展。

表 6-4　2014—2016 年开福区在初中阶段教育设施配置的基尼系数

年份	生均教学及辅助用房面积	生均体育运动场馆面积	生均图书册数	生均计算机台数	生均固定资产	生均仪器设备值
2014	0.32	0.39	0.27	0.33	0.49	0.35
2015	0.26	0.34	0.12	0.09	0.47	0.38
2016	0.28	0.33	0.15	0.20	0.47	0.37

3. 开福区义务教育师资力量均衡状况

（1）开福区小学师资力量均衡状况

从表 6-5 中 2014—2016 年开福区小学师资力量配置的基尼系数来看，小学师资力量配置在大多数指标上实现均衡。值得注意的是，教师培训比例一项指标显示，2014—2016 年间，教师培训比例的基尼系数均接近 0.6，表示该项指标的均衡性较差，各个学校之间的差异较为明显。在今后的工作中，应注重不同学校教师的培训工作均衡。

表 6-5　2014—2016 年开福区小学师资力量配置的基尼系数

年份	生均高学历教师	生均高级职称教师	班师比	教师合格率	教师培训比例
2014	0.15	0.20	0.08	0.09	0.58
2015	0.13	0.22	0.07	0.11	0.59
2016	0.10	0.22	0.07	0.14	0.59

（2）开福区初中师资力量均衡状况

表 6-6 表示 2014—2016 年开福区初中师资力量配置的基尼系数。数据结果显示，初中教师师资力量配置大体均衡，尤其在班师比、教师合格率的指标上基尼系数较低，已实现均衡发展。而在生均高级职称教师的指标上，基尼系数在 0.4 左右，表示各学校间还存在一定的校际差异。另外，在教师培训比例的

指标上，2016年基尼系数较前两年有所反弹，需要对此情况有所注意。

表6-6　2014—2016年开福区初中师资力量配置的基尼系数

年份	生均高学历教师	生均高级职称教师	班师比	教师合格率	教师培训比例
2014	0.13	0.41	0.06	0.04	0.08
2015	0.10	0.38	0.06	0.03	0.07
2016	0.07	0.43	0.05	0.00	0.26

从上述分析可知，开福区在教育资源配置上基本实现均衡。有个别指标尚未达到均衡，需要在今后的工作中继续完善。

三、开福区义务教育质量实现均衡

1. 教育实施过程的均衡状况

（1）开福区小学教育过程实施均衡状况分析

表6-7表示2014—2016年开福区小学教育实施过程的基尼系数。数据结果显示，开福区小学教育实施过程尚未达到完全均衡，主要体现在课程安排上，即在实验课程安排次数上存在较大的校际差异。

表6-7　2014—2016年开福区小学教育实施过程的基尼系数

年份	实验课	每周课时	学生实践参与率	家长会次数
2014	0.55	0.00	0.02	0.28
2015	0.50	0.00	0.01	0.28
2016	0.47	0.00	0.01	0.32

（2）开福区初中教育过程实施均衡状况分析

表6-8表示2014—2016年开福区初中教育实施过程的基尼系数。数据结果显示，教育过程实施总体均衡，各项指标的基尼系数都在良好范围之内。

表 6-8　2014—2016 年开福区初中教育实施过程的基尼系数

年份	实验课	每周课时	学生实践参与率	家长会次数
2014	0.22	0.01	0.02	0.08
2015	0.21	0.01	0.01	0.07
2016	0.18	0.01	0.01	0.04

2. 教育实施结果的均衡状况

进一步分析开福区中小学教育结果均衡状况，根据表 6-9 和表 6-10 显示的 2014—2016 开福区教育实施结果均衡的指标基尼系数可以看出，开福区中小学的义务教育实施结果的各项指标的基尼系数相对均衡，各校的教育结果较为均衡。

表 6-9　2014—2016 年开福区初中阶段教育实施结果的基尼系数

年份	学生体质健康合格率	学段巩固率	学业水平合格率	辍学率
2014	0.31	0.00	0.01	0.00
2015	0.19	0.00	0.01	0.00
2016	0.28	0.01	0.02	0.00

表 6-10　2014—2016 年开福区小学阶段教育实施结果的基尼系数

年份	学生体质健康合格率	学段巩固率	辍学率
2014	0.15	0.04	0.00
2015	0.17	0.00	0.00
2016	0.13	0.19	0.00

从上述分析可以看出，在对开福区中小学义务教育质量的评价中，教育过程基本达到均衡，只是在实验课程开设方面各校之间差异较大。而在教育结果均衡已经实现。

四、开福区义务教育政策形成均衡

1. 均衡发展成为义务教育发展的政策目标

开福区为了落实中央、国务院以及长沙市政府的要求，把均衡发展作为义务教育的战略任务来抓，将均衡发展程度作为评价本区义务教育发展水平的核心标准。严格按照《长沙市"十三五"教育事业发展规划》，均衡配置教师、设备、图书、校舍等资源，推进义务教育公共服务均等化，切实缩小校际差距、城乡差距，推进城乡教育一体化发展，提高教育社会贡献水平。注重区内各校之间的均衡发展，城乡均衡发展以及不同学生群体之间的均衡发展。保障随迁儿童、三残儿童的入学率，开展一系列补贴帮扶政策。

推动推进"三年行动计划"在全区新建、改扩建学校24所，投入资金约24亿元，新增教育用地574.2亩，新增建筑面积39.1万平方米，新增班级584个，新增优质学位28000个。目前已有金湾小学、江湾小学、开福区实验小学等10所学校建成并开学，全方位保障学生入学机会。落实规范招生入学政策。按照长沙市"没有最严，只有更严"的总要求，结合区招生工作联席会议精神，不折不扣地完成2017年规范招生入学工作的各项指标任务。巩固全区起始年级无一例大班额、公办学校无一例择校生局面，逐步消除其他年级大班额。继续执行"一刀切"政策，招生过程中坚决不开口子、继续破除各方观望。研究开发商配建责任与学区划分协调机制。加强招生监督，严格学籍管理，切实保障教育民生。以"高水平、零失误"的标准，组织开好长沙市城区小升初微机派位现场会。

2. 义务教育的经费投入力度加大

逐年加大义务教育经费投入力度。2017年开福区教育投入将达到14亿，用于人员经费（临聘教师的待遇等）、公益经费（书本、学校运转费）、专项经费（特色教育、配套设施、维修、教师培训）。教育经费的增长率超过了财政收入的增长，优先支出教育经费。提高郊区等偏僻地区教师补助，落实乡村学校发展专项经费。

3. 注重师资队伍建设及专业培养

（1）注重引进专业教育人才。通过公开招聘、选调骨干教师、接收免费师范生等形式引进各类人才，在现有编制条件下，加大招聘编外合同制教师力度，充实教师队伍。在教师考录选调、聘用等工作中对教师年龄、性别、专业等方面统筹平衡，对城郊学校和特殊岗位实行定点精准招录，逐步解决教师结构性缺编难题。建立专业特色教师资源库，从省队退役下来的运动员、大专院校专家教授和退休优秀教师等人群中选拔聘任专任教师，满足学校特色发展需要。

（2）推进教师轮岗交流。根据全区教育均衡发展的客观需求和教师职称改革工作的实际情况，进一步完善校长、教师交流和支教制度，构建科学、规范的义务教育学校校长教师交流机制，确保每学年教师交流轮岗的比例不低于符合交流条件教师总数的10%，其中骨干教师交流比例不低于交流总数的20%。严格职称评定条件，根据不同年龄段教师分流要求和学校评定职称的顺序，按自愿申报的原则，统筹安排教师前往"三区"、西藏支教。鼓励校长、教师向城郊学校、新建学校流动，促进师资均衡。

（3）加强教育人才培养。出台加强"三名人才工程"建设工作意见，加强名师工作室的建设，扩大名师数量，提升名师队伍质量。办好农村名师培训工作站，加强农村骨干教师培训。加强校长队伍培训管理，开设"开福校长学习班"，继续开办书记、校长、后备校长、后备行政、团队工作者、班主任培训班，部署推进民办教育管理人员、校本研训负责人培训工作。组织开展青年教师"新蕾杯"、骨干教师"园丁杯"、名优教师"名师课堂"教学竞赛和展示活动，完善教师成长体系。由区少年宫牵头，组建开福区学生艺术团、教师讲解团、特色人才资源库等三个团体。关心教职工工作生活，继续开展教职工趣味运动会等健康文体活动。

4. 注重教学质量的提升

（1）全面提升教育教学质量。牢固树立"学校工作以教育教学为中心，教育教学工作以提升质量为核心"的意识，建立健全教育教学质量校长主抓、教师齐抓共管的思想，强化各学校教育提质的主体责任，各学校定期（每月不少于一次学校班子集体研究）研究和推进教育教学工作，牢牢抓住课堂教学主阵地。

（2）优化德育工作模式。牢固树立"人人皆可成才"的思想，坚持德育为先、能力为重、全面发展的原则，将素质教育的要求、理念和措施贯穿于各级各类教育的全过程，促进学生知识、能力、素质全面提高，努力造就德智体美全面发展的高素质人才。

（3）建立科学的质量观，培养全面发展的人。根据《长沙市开福区中小学教育质量综合评价改革实施方案（试行）》，制定测评工具和评价标准，培训专业队伍，全面实施综合评价改革，科学运用评价结果，形成促进素质教育全面实施的机制。做好全区三至八年级在校学生体育、信息技术等表现性学科抽测工作。完成区域内所有学校多维评价，形成区域中小学教育质量综合评价报告。

5. 运用"名校"集团办学、托管、帮扶等形式提升办学质量

积极开展"名校"集团办学、托管和帮扶等形式提升办学质量，解决均衡发展矛盾。对于入学压力较大的学校建立分校和新校区，提出老校带新校的举措。整合优化教育资源。争取以"每校成名校"为目标，采取"组合拳"的方式，加快农村初中的合作办学，进行教学点的办学改革，分步完成新建学校的集团化办学布局。支持青竹湖湘一外国语学校成立高中部，实行品牌战略拓展扩张；支持湘一立信、湘郡培源实验学校入驻青竹湖，支持金鹰小学与明德中学、创远小学与长沙师范学院附属小学合作办学。在新城开发区域持续引进省、市优质教育资源，助推区域经济发展。

6. 教师、学生、家长对义务教育均衡政策的评价

（1）入学机会均等的评价

A 适龄儿童的入学机会均等评价

表 6-11 为开福区教师、家长以及学生对入学机会均等的评价。数据结果显示，大多数人认为现在已经基本实现了入学机会的均衡。

表 6-11　开福区教师、家长以及学生对入学机会均等的评价

评价主体	非常不同意	不同意	中立	同意	非常同意
教师	0%	9%	0%	33%	58%
家长	4%	5%	10%	54%	27%
学生	5%	5%	30%	30%	30%

B 就近入学

表 6-12 为开福区家长与学生对就近入学的情况评价。数据结果显示，大多数被访者认为开福区已经实现了就近入学。

表 6-12　开福区家长与学生对就近入学的绩效评价

评价主体	非常不同意	不同意	中立	同意	非常同意
家长	4%	8%	4%	52%	32%
学生	7%	11%	18%	25%	39%

以上数据可以看出，受访教师、学生和家长对于适龄儿童入学公平的认可度较高，认为学生能够均衡享受到义务教育的入学机会。

（2）教育资源均等认可程度

A 教育经费配置

表6-13为开福区教师与家长对教育经费配置均衡的绩效评价。数据结果显示，绝大多数家长和教师认为各个学校之间的教育经费投入已经达到基本均衡。

表6-13　开福区教师与家长对学校教育经费配置均衡的评价

评价主体	非常不同意	不同意	中立	同意	非常同意
教师	8%	0%	0%	59%	33%
家长	2%	3%	11%	60%	24%

B 教育设施配置

表6-14为开福区教师、家长、学生对教育设施配置的绩效评价。数据结果显示，大多数教师和家长认为各个学校之间的教育设施配置已经达到基本均衡。但是还有相当比例的学生和教师对此项均衡没有认同。

表6-14　开福区教师、家长、学生对教育设施配置均衡的评价

评价主体	非常不同意	不同意	中立	同意	非常同意
教师	0%	33%	17%	25%	25%
家长	3%	5%	11%	59%	22%
学生	8%	10%	25%	29%	28%

C 师资力量配置

表6-15为开福区教师、家长、学生对各个学校师资力量配置均衡的绩效评价。数据结果显示，大多数被访者认为开福区已经实现了师资力量的均衡。

表6-15　开福区教师、家长、学生对师资力量配置均衡的评价

评价主体	非常不同意	不同意	中立	同意	非常同意
教师	6.24%	5.75%	16.55%	24.34%	47.11%
家长	2.32%	4.66%	13.97%	56.81%	22.25%
学生	0%	16.67%	16.67%	50%	16.67%

从上述分析可以看出，大部分受访者对于开福区义务教育资源配置均衡发展持认可态度。其中对于经费投入和师资力量配置的认可度高于对办学条件均衡的认可度。

（3）教育质量均衡的评价

A 教育实施过程

表6-16为开福区教师、家长、学生对学校班级管理的评价。本部分的学校管理从学校是否已经取消重点班（或者尖子班）来进行测度。数据结果显示，大多数被访者认为学校已经取消了重点班，在校内优质教育资源已经趋于均等的水平。

表6-16　开福区教师、家长、学生对学校班级管理的评价

评价主体	非常不同意	不同意	中立	同意	非常同意
教师	6%	6%	17%	24%	47%
家长	3%	5%	15%	49%	28%
学生	20%	7%	18%	14%	41%

表6-17为开福区教师对学校教师工资收入大致相同的评价。该项评价以教师是否感知到收入差异为测度指标。虽然大部分教师表示收入大致相同，但仍有相当比例的老师未做出肯定认同。

表6-17　开福区教师对学校教师工资收入大致相同的评价

评价主体	非常不同意	不同意	中立	同意	非常同意
教师	0%	16%	17%	42%	25%

B 教育实施结果

表6-18为开福区教师、家长、学生对教育实施结果均衡的评价。教育实施效果均衡主要通过各个学校之间的升学率是否相同进行测度。数据结果显示，大多数被访者认同学校之间的升学率已经不存在差异。但是在学生和教师群体中，对此的认同比家长的要低，尤其教师群体有相当比例的人认为自己学校的升学率还没有达到和其他学校均等的水平。

表6-18　开福区教师、家长、学生对教育实施结果均衡的评价

评价主体	非常不同意	不同意	中立	同意	非常同意
教师	0%	42%	8%	17%	33%
家长	3%	5%	18%	52.94%	20.06%
学生	7%	9%	33%	26%	25%

（4）义务教育均衡其他政策的评价

A 教师流动与校长轮换政策

表6-19为开福区教师对优秀教师流动、校长轮换政策的评价。调查结果显示，绝大多数教师对优秀教师应该在各个学校中流动和校长应该在各个学校进行轮换的政策表示认同。

但是在对该项政策的访谈中，受访者表现出两极的态度，有些老师认为虽然优秀教师和校长的轮换可以带来资源的流动，但是也有可能会损害到教学发展的稳定性和固有周期性，因而需要相应配套政策的支撑，例如，加快发展整体教师队伍的素质，扩大其积极影响，减少其潜在的消极影响。

表6-19　开福区教师对优秀教师流动、校长轮换政策的评价

评价对象	非常不同意	不同意	中立	同意	非常同意
优秀教师流动	0%	0%	9%	58%	33%
校长轮换	9%	0%	8%	33%	50%

B 租售同权政策

表6-20展示了开福区教师、家长对租售同权政策的评价。

表6-20　开福区教师、家长对租售同权政策的评价

评价主体	非常不同意	不同意	中立	同意	非常同意
教师	0%	0%	8%	42%	50%
家长	3%	3%	16%	48%	30%

调查结果显示，绝大多数被访者认同租售同权，认同租房者应该享有与买房者孩子同等的受教育权利。但是在对教师和家长的访谈中，对该项政策的评

价出现了比较两极的态度，有些家长和教师认为租售同权在一定程度上可以促进更多人享受到公平均等的受教育机会；但是另一些受访者却认为该政策不太符合现阶段的社会现实，房屋租售同权会增加已购学区房的业主的心理不平衡以及优质学校的招生压力。

第三节　开福区义务教育均衡发展存在的问题

综合分析调研资料，从家长、教师和政府主管领导的多方面对目前开福区义务教育均衡发展过程中存在的主要问题进行梳理和总结。

在调查过程中，大部分受访人员对于政府义务教育政策总体上是满意和支持的，但也存在如下问题：

一、区域、校际发展不均衡的问题仍然存在

1. 城乡之间学校差异较大，城市办学条件优于乡村；公办学校和私立学校之间生源差异较大，私立学校可自主招生，生源较为优秀。一方面，民办学校的发展会倒逼公办学校的发展加大力度，但是如何使民办学校也能承担相应的社会责任是需要考虑的一个问题。

2. 老城区中学校的一些硬件设施和办学环境需要改进。有些学校建校时间较早，相比新建学校在硬件设施和办学环境上需要改进。

3. 学校办学规模和硬件环境的发展赶不上学校招生人数的上涨。这个问题在住宅小区相对密集的学校中表现更加突出。

4. 不同学校之间的发展差异依然存在，资源配置上还达不到完全均衡，希望在今后的发展中能更加注重不同学校的均衡发展。

5. 校际的均衡问题。新建的学校一开始就是优质教育资源，尤其是中学。老城区的学校由于时间已久，格局、基础设施老旧，比不上新建学校，需要对其进行翻新。对于农村学校（本区的城郊学校），学位富余，生源涌入城区，老城区学生减少，新兴城区的学校学位紧缺。新兴城区的学校的生均基础设施会低于城郊学校，达不到优质水平。新楼盘配套的学校，生源多，需求多，学校规模受限。

二、教师队伍建设亟待发展和提升

1. 教师队伍不稳定是当前义务教育发展中主要存在的问题，主要由于教师

编制配备赶不上学生增长速度，因而需要引进大量的临聘教师，临聘教师在待遇福利方面的欠缺导致教师的流动率很高，影响了教育质量的提升。

2. 目前中小学老师待遇普遍不高，希望能够进一步提升中小学老师的待遇，当前工资待遇和社会经济发展水平不匹配。教师待遇切实提升才能更好地安心教育工作的发展。

3. 城乡之间以及不同学校之间的师资发展应更加均衡，注重对教师队伍整体质量的提升。从人才引进到后期的专业培训，应进一步加大力度。

三、教育质量的评估应更加注重学生的全面发展

当前教育发展过程中虽然提出对教育质量的评价应以学生全面发展和素质发展为核心，但在调查中发现，升学率依然是家长关注的主要问题，家长普遍认为升学和应试压力是阻碍素质教育和教育质量均衡发展的一大因素。

第四节 推进开福区义务教育均衡发展的建议

从调研的情况综合分析，开福区义务教育均衡发展整体推进良好，学生、家长、教师、领导对政策的落地和实施较为满意。虽然在政策推行中还存在一些问题，但是区政府相关主管部门也提出了一些有效的解决对策，收到了一些积极效果，在未来的义务教育均衡发展过程中可以从以下几个方面继续完善：

一、继续加大财政投入，均衡有序发展和建设学校各项软件和硬件设施

开福区近年来对于教育经费的投入持续增加，教育经费的增长率超过了财政收入的增长，优先支出教育经费。今后应继续加大投入力度，并提高对郊区乡村教师的生活专项补助。

对教学质量较差、办学条件欠妥的学校，政府需要对口支援，加大投入；对于生源较少的农村学校进行合并办学，对于生源较多的城市学校追加投入，保证生均教育资源匹配。发动社会各方力量参与到教育发展建设的工作中来，提升企业和民办教育的社会责任度。

二、着力解决教师缺编问题

在编制有限的情况下出台相应政策，提升编外教师的福利待遇。例如，开

福区政府出台推行编外合同制老师招聘，一年工资 8 万元（包含社会保险等），并计划启动优秀编外教师评职称绿色通道的政策规定，为保障编外教师利益，减少教师队伍流失做出了政策尝试。

三、优化整合教育资源，切实解决学生增长和学校成长之间的矛盾

随着城市化进程发展，一些新的住宅区域人口增多，学位需求上涨，需要着力平衡不同学校之间的差异，实施楼盘配套、合作办学、整体分流、优秀骨干师资流动方式加以改善。

四、注重义务教育的内涵发展

当前义务教育均衡发展虽然取得了一定成绩，但在应试教育和升学的压力下，还存在过度重视升学率等问题，阻碍了学生的全面发展，今后应在义务教育阶段推行更多有内涵、有质量的教育内容和课程，促进学生的全面均衡发展。

五、扩大优秀教师的队伍，提升教师整体素质和专业能力

学校发展的根本在于教师人才队伍的壮大，有效提升整个教师队伍的素质，扩大优秀教师的比例，有利于各个学校间的均衡发展。建立优秀师资、名校长有序流动的机制。一方面，把流动、轮换作为教师晋升职称的必要条件，并考虑对校长进行分级，让其有进一步上升的空间，增加校长轮换的积极性；另一方面，完善教师流动、校长轮换政策的配套政策，解决教师、校长的后顾之忧，比如子女的教育问题、家庭住房问题等。

第七章

雨花区义务教育均衡发展政策评估子报告

雨花区地处长沙市区东南部，北连芙蓉区，西接天心区，东邻长沙县，南至株洲市。雨花区处在湖南经济新的"增长极"——长株潭"两型社会"示范区的中心地带，是湖南推进"长株潭一体化"的核心之区，也是湖南参与"泛珠三角"区域经济合作的前沿阵地。2016年，全区实现地区生产总值（GDP）1105.71亿元，居湖南省城区第一位。

雨花区现辖12个街道、1个镇、1个省级工业园区（雨花经济开发区）、1个市级物流产业园区（雨花现代电子商务产业园区），总面积115.23平方千米。2016年，全区常住人口为83.64万人，户籍人口为66.94万人。现有小学78所，初中23所，小学在校学生数为72916人，中学在校学生数为39328人，教职工数为7150人，其中专任教师6424人。

2013年雨花区首批达到了国家规定的义务教育发展基本均衡评估认定标准。2016年全区教育工作总体思路是：贯彻落实区委区政府和上级教育行政部门的决策部署，围绕立德树人根本目标，全面加强教育系统党的建设，全面推进依法治教，全面提高教育质量，全面建设平安校园，努力推动雨花教育朝着更加公平、更高质量、更加和谐的目标前进。

第一节 雨花区义务教育均衡发展政策评估的对象

一、研究范围与对象

本次评估主要聚焦教育机会公平、义务教育资源配置均衡、义务教育质量均衡发展和政府政策均衡四方面，利用文献分析、问卷调查、质性访谈的方法，全方位对现阶段雨花区义务教育均衡发展状况进行评估。

具体评估对象为长沙市雨花区，从雨花区随机抽取14所小学、5所初中，选取处于四至九年级的学生、家长、教师，以及从事义务教育相关工作的学校领导和政府工作人员，进行满意度问卷调查和质性访谈。本次调查共发放问卷数量为在校中小学生 1300 人，家长 1300 人，教职工 25 人；有效问卷为在校学生中小学生 1250 人，家长 1151 人，教职工 25 人；访谈在校学生 6 人，家长 6 人，教职工 6 人，学校管理人员 6 人，政府工作人员 3 人。

二、样本描述

表 7-1 学生样本描述了雨花区被调查中小学生的基本特征，包括性别、年龄、年级和户口状况。

表 7-1　学生样本描述

项目	频数	百分比
性别		
男孩	519	53.45
女孩	452	46.55
样本量	971	100.00
年龄		
均值	10.8	
样本量	1210	
年级		
四年级	152	12.53
五年级	581	47.90
六年级	234	19.29
七年级	48	3.96
八年级	197	16.24
九年级	1	0.08
样本量	1213	100.00
户口		

项目	频数	百分比
农村户口	150	15.46
城市户口	470	48.46
不清楚	350	36.08
样本量	970	100.00

从调查样本分布来看，性别比基本均衡，男孩比例略高于女孩，平均年龄约 11 岁，学生所在年级更多地集中在四到八年级，城市户口的学生比例大于农村户口，这符合雨花区义务教育阶段学生的基本分布。

表 7-2 家长样本描述了被调查家长的基本特征，包括性别、年龄、户口状况、民族以及社会经济地位。

表 7-2 家长样本描述

项目	频数	百分比
性别		
男	393	34.53
女	745	65.47
样本量	1138	100.00
年龄		
均值	44.86	
样本量	1105	
户口所在地		
本地	774	68.50
外地	356	31.50
样本量	1130	100.00

续表

项目	频数	百分比
户口类型		
城市户口	689	60.87
农村户口	443	39.13
样本量	1132	100.00
民族		
汉族	1078	95.15
少数民族	55	4.85
样本量	1133	100.00
受教育程度		
高中及以下	385	33.77
中专	186	16.32
大专	237	20.79
本科	275	24.12
研究生及以上	57	5.00
样本量	1140	100.00
职业类型		
党政机关、党群组织、事业单位负责人	38	3.34
国有或集体企业负责人	37	3.25
私营企业主	118	10.38
专业技术人员	168	14.78
普通公务员、办事人员	86	7.56
个体工商户	144	12.66

续表

项目	频数	百分比
商业服务业人员	130	11.43
技术工人	59	5.19
非技术工人	32	2.81
农林牧渔业生产人员	4	0.35
军人	2	0.18
城乡无业失业半失业者	71	6.24
从未就业的学生	2	0.18
家务劳动	135	11.87
其他	111	9.76
样本量	1137	100.00
月收入		
均值	12582.82	
样本量	1319	

从人口特征分布来看，女性家长比例高出男性家长比例接近一倍；被访者平均年龄约为44.86岁；以本地户口、城市户口为主；绝大多数家长为汉族，仅4.85%的是少数民族。从社会经济地位来看，家长整体社会经济地位较高，数据显示接近一半的家长接受过高等教育，职业分布比较广泛且较为均匀，家庭收入平均为12582.82元。

表7-3教师样本描述了被调查教师的基本特征，包括性别、年龄、民族、受教育程度、专业职称以及所带年级。

表7-3 教师样本描述

项目	频数	百分比
性别		

续表

项目	频数	百分比
男	1	4.00
女	24	96.00
样本量	25	100.00
年龄		
均值	34.36	
样本量	25	
民族		
汉族	24	96.00
少数民族	1	4.00
样本量	25	100.00
受教育程度		
高中及以下	1	4.00
中专	1	4.00
大专	1	4.00
本科	20	80.00
研究生及以上	2	8.00
样本量	25	100.00
专业职称		
正高级	1	4.17
高级	5	20.83
一级	12	50.00
二级	6	25.00

项目	频数	百分比
样本量	24	100.00
所带的年级		
一年级	1	4.00
二年级	0	0.00
三年级	0	0.00
四年级	3	12.00
五年级	11	44.00
六年级	5	20.00
七年级	4	16.00
八年级	1	4.00
九年级	0	0.00
其他	0	0.00
样本量	25	100.00

从被访者特征分布来看，女性教师比例远高于男性教师；被访者平均年龄较年轻，为 34.36 岁；绝大多数为汉族，仅 1 位老师为少数民族；教师受教育程度普遍较高，绝大多数老师为本科及以上学历；被访教师的专业职称集中在一级、二级教师；教师更多分布在五年级、六年级、七年级。

第二节 雨花区义务教育均衡发展的现状

根据长沙市义务教育公共政策的文本，我们拟从适龄儿童少年有学上，区域之间、城乡之间、学校之间办学水平和教育质量的均衡，适龄儿童少年上好学等维度进行概念操作化，并建立科学有效的评估指标体系。

根据简约、量化、可操作性原则，确定四个一级指标：一是体现教育机会公平的均衡指标，二是体现政府职责的义务教育资源配置均衡的指标，三是体现教育发展水平的义务教育质量均衡发展指标，四是体现政府政策均衡的指标。

一、雨花区义务教育段入学机会均等已经实现

雨花区 2014—2016 年《国民经济和社会发展统计公报》显示，现阶段雨花区小学、初中适龄人口入学率均达 100%，小学辍学率和初中辍学率均为 0。

二、雨花区义务教育资源配置均衡基本形成

1. 义务教育经费均衡状况

表 7-4 为 2014—2016 年雨花区在小学阶段教育经费投入的基尼系数。

表 7-4 2014—2016 年雨花区小学教育经费的基尼系数

年份	生均教育经费总投入	生均专项经费支出	师均工资福利支出
2014	0.15	0.54	0.08
2015	0.20	0.64	0.20
2016	0.18	0.52	0.10

根据表 7-4 的统计数据结果，在 2014—2016 年间，代表雨花区在小学阶段教育经费投入的三项指标分别是生均教育经费总投入、生均专项经费支出和师均工资福利支出，其基尼系数均呈现 U 型，表明三年间，2015 年的均衡程度最低，但 2016 年又开始好转。三项指标中，生均专项经费支出的基尼系数均大于0.4 的警戒线，尤其在 2015 年更是超过了 0.6，这说明该指标在校际存在显著差异，由于各学校间建设的时间差异导致拨款的时间差异，故生均专项经费的差异是一个普遍现象。生均教育经费总投入和师均工资福利支出的基尼系数均低于 0.4，说明这两项指标在校际处于均衡状态。

表 7-5 为 2014—2016 年雨花区在初中阶段教育经费投入的基尼系数。

表 7-5 2014—2016 年雨花区初中教育阶段经费的基尼系数

年份	生均教育经费总投入	生均专项经费支出	师均工资福利支出
2014	0.07	0.49	0.03

年份	生均教育经费总投入	生均专项经费支出	师均工资福利支出
2015	0.13	0.45	0.08
2016	0.17	0.49	0.14

根据表7-5数据统计结果，雨花区在2014—2016年间，代表雨花区在初中阶段教育经费投入的三项指标分别是生均教育经费总投入、生均专项经费支出和师均工资福利支出。其中，生均教育经费总投入的基尼系数和师均工资福利支出的基尼系数呈现递增的趋势，说明这两项指标的均衡程度出现了不同程度的降低，但仍远远低于0.4的警戒线，说明该指标在校际处于均衡的状态。对于生均专项经费支出的基尼系数这一指标，2014—2016年均超过了0.4的警戒线，说明该指标校际仍存在较大差异。

2. 教育设施均衡状况

（1）雨花区小学教育设施均衡状况

表7-6表示2014—2016年雨花区在小学阶段教育设施配置的基尼系数。

表7-6　2014—2016年雨花区在小学阶段教育设施配置的基尼系数

年份	生均教学及辅助用房面积	生均体育运动场馆面积	生均图书册数	生均计算机台数	生均固定资产	生均仪器设备值
2014	0.17	0.23	0.06	0.24	0.30	0.21
2015	0.20	0.27	0.08	0.22	0.36	0.26
2016	0.22	0.40	0.11	0.24	0.63	0.25

根据表7-6的统计结果，从2014—2016年，代表雨花区在小学阶段教育设置配置的六项指标分别是生均教学及辅助用房面积、生均体育运动场馆面积、生均图书册数、生均计算机台数、生均固定资产、生均仪器设备值。其基尼系数均出现了不同程度的升高。其中，生均固定资产的基尼系数在2016的增加幅度最大为0.63，已经超出了警戒线0.4的标准，表明其校际的差异较为悬殊，可能由于生均固定资产的计算方式和新建学校和招生规模小之间的矛盾以及数据包括市直学校的原因导致生均固定资产差异大。其余各指标在2014—2016年均低于0.4的警戒线位置，表明校际的差异相对较小。

（2）雨花区初中教育设施均衡状况

表7-7为2014—2016年雨花区在初中阶段教育设施配置的基尼系数。

表7-7　2014—2016年雨花区在初中阶段教育设施配置的基尼系数

年份	生均教学及辅助用房面积	生均体育运动场馆面积	生均图书册数	生均计算机台数	生均固定资产	生均仪器设备值
2014	0.26	0.26	0.26	0.25	0.45	0.32
2015	0.25	0.23	0.26	0.23	0.49	0.32
2016	0.23	0.24	0.29	0.20	0.54	0.39

表7-7的统计结果显示，从2014—2016年，代表雨花区在初中阶段教育设置配置的六项指标分别是生均教学及辅助用房面积、生均体育运动场馆面积、生均图书册数、生均计算机台数、生均固定资产、生均仪器设备值。在2014—2016的三年间，雨花区初中教育设施各项指标的基尼系数有升有降，其中表示生均固定资产均衡程度的基尼系数在2016年为0.54，已超过了警戒线0.4，表明该指标在校际的差异较大，其他指标的基尼系数均低于0.4的警戒线，表明校际比较均衡。

3. 义务教育师资力量均衡状况

（1）雨花区小学师资力量均衡状况

表7-8为2014—2016年雨花区小学师资力量配置的基尼系数。

表7-8　2014—2016年雨花区小学师资力量配置的基尼系数

年份	生均高学历教师	生均高级职称教师	班师比	教师合格率	教师培训比例
2014	0.12	0.19	0.08	0.09	0.36
2015	0.11	0.18	0.08	0.08	0.33
2016	0.15	0.21	0.11	0.13	0.34

根据表7-8的数据统计结果，在2014—2016年，代表雨花区在小学阶段师资力量的五项指标分别是生均高学历教师、生均高级职称教师、班师比、教师合格率、教师培训比例。雨花区小学师资力量配置已实现均衡，各项指标的基尼系数均低于0.4的警戒线。

（2）雨花区初中师资力量均衡状况

表7-9为2014—2016年雨花区初中师资力量配置均衡的基尼系数。

表7-9　2014—2016年雨花区初中师资力量配置均衡的基尼系数

年份	生均高学历教师	生均高级职称教师	班师比	教师合格率	教师培训比例
2014	0.08	0.35	0.06	0.10	0.16
2015	0.07	0.34	0.06	0.10	0.19
2016	0.09	0.36	0.07	0.11	0.11

根据表7-9的数据统计结果，在2014—2016年，代表雨花区在初中阶段师资力量的五项指标分别是生均高学历教师、生均高级职称教师、班师比、教师合格率、教师培训比例。雨花区初中师资力量配置已实现均衡，各项指标的基尼系数均低于0.4的警戒线。

三、雨花区义务教育质量基本实现均衡

1. 教育实施过程的均衡状况

（1）雨花区小学教育实施过程的均衡状况

表7-10表示2014—2016年雨花区小学教育实施过程的基尼系数。

表7-10　2014—2016年雨花区小学教育实施过程的基尼系数

年份	实验课	每周课时	学生实践参与率	家长会次数
2014	0.47	0.36	0.27	0.37
2015	0.44	0.32	0.27	0.33
2016	0.43	0.34	0.27	0.39

表7-10的统计结果显示，在2014—2016年，代表雨花区在小学阶段教育实施过程的四项指标分别是实验课次数、每周课时、学生实践参与率和家长会次数。雨花区小学教育实施过程除了实验课次数这一指标略高于0.4的警戒线之外，其余各项指标均低于0.4，这表明实验课次数在各学校之间还存在一定差异，其余指标在校际已实现均衡。

（2）雨花区初中教育实施过程的均衡状况

表7-11表示2014—2016年雨花区初中教育实施过程的基尼系数。

表7-11 2014—2016年雨花区初中教育实施过程的基尼系数

年份	实验课	每周课时	学生实践参与率	家长会次数
2014	0.11	0.30	0.37	0.64
2015	0.10	0.33	0.36	0.64
2016	0.12	0.33	0.36	0.64

根据表7-11的统计结果，在2014—2016年，代表雨花区在初中阶段教育实施过程的四项指标分别是实验课次数、每周课时、学生实践参与率和家长会次数。在雨花区初中教育实施过程的基尼系数中，除家长会次数的基尼系数在三年间均高于0.4的警戒线，处于0.6附近的绝对不均衡的状况之外，其余各项指标均低于0.4，处于相对均衡的状态。

2.教育实施结果的均衡状况

表7-12表示2014—2016年雨花区小学阶段教育实施结果的基尼系数。

表7-12 2014—2016年雨花区小学阶段教育实施效果的基尼系数

年份	学生体质健康合格率	学段巩固率	辍学率
2014	0.17	0.01	0.00
2015	0.16	0.01	0.00
2016	0.15	0.01	0.00

表7-12的统计结果显示，在2014—2016年，代表雨花区在小学阶段教育实施结果的三项指标分别是学生体质健康合格率、学段巩固率、辍学率。在各项指标的基尼系数中，均低于0.4的警戒线，表明雨花区在小学阶段教育的教育实施结果方面，校际已经不存在差异，已经实现均衡。

表7-13表示2014—2016年雨花区初中阶段教育实施结果的基尼系数。

表7-13　2014—2016 年雨花区初中阶段教育实施效果的基尼系数

年份	学生体质健康合格率	学段巩固率	学业水平合格率	辍学率
2014	0.08	0.00	0.03	0.00
2015	0.07	0.00	0.01	0.00
2016	0.07	0.00	0.00	0.00

表7-13 的统计结果显示，在 2014—2016 年，代表雨花区在初中阶段教育实施结果的四项指标分别是学生体质健康合格率、学段巩固率、学业水平合格率、辍学率。在各项指标的基尼系数中，均远远低于 0.4 的警戒线，表明雨花区在初中教育阶段的教育实施结果方面校际已经不存在差异，已经实现均衡。

四、雨花区义务教育政策实现均衡发展

1. 均衡发展成为义务教育发展的政策目标

在 2014—2016 年的三年时间，雨花区的义务教育均衡状程度已经达到评估要求，多项指标的基尼系数（包括入学机会的均衡、义务教育资源配置的均衡、义务教育过程与效果的均衡）已经远低于 0.4 的警戒线。可见，均衡发展已成为雨花区均衡发展义务教育发展的政策目标。从 2014—2016 年三年间《雨花区教育工作要点》也可看出其立足教育公平，着力提升人民群众教育满意度这一基本的特征。严格执行"公办不择校，择校到民办"政策，依法保障辖区内符合条件的义务教育阶段适龄儿童少年免试就近入学；严格控制初中、小学起始年级班额。做好家庭经济困难学生（幼儿）资助工作，确保帮扶不遗漏、资助不冒领。继续开展节假日公益培训、留守儿童关爱活动，帮助更多孩子健康快乐成长。

2. 义务教育经费投入努力实现全区均衡与重点扶持的统一

在经费的投入方面，雨花区三年间按照"够用、实用、好用"原则，统筹全区教育实施设备的配置与使用，在加快推动学校扩容提质建设的同时，严控奢华配置设备，重点向区域内薄弱学校、跳马地区倾斜，加大了对跳马地区以及城区薄弱学校改造、新建力度，进一步提升学校整体办学条件。推动扩容提质，加快跳马地区学校基础设施提质改造；推进代建项目建设，实现莲湖、鄱阳、和平小学动工建设；推动了东方红小学、素质教育基地、潭白小学、黎托二小建设；促进了城区学校控规落地，做好井圭路小学、周南雨花中学控规用地征用及建设。

3. 优化师资流动，树立社区教育品牌与民办教育提质并行

在优质师资的流动方面，雨花区突出品牌学校示范、中心校引领、校际交流带动，通过名师送教下乡、送课下校、同课异构等举措，扩大优质资源的均衡共享，促进义务教育均衡发展。同时整合社区教育资源，推进社区教育内涵发展，满足市民终身学习需求，打造社区教育品牌。进一步规范办学行为，引导民办教育坚持素质教育方向，走个性化、特色化发展之路，与公办教育互为补充，满足社会多样化的教育需求。

4. 教师、学生、家长对义务教育均衡政策的认同度

（1）入学机会均等的认同度

A 适龄儿童的入学机会均等

表7-14为雨花区教师、家长以及学生对入学机会均等的评价。数据结果显示，绝大多数人认为现在已经基本实现了入学机会的均衡，但是这种认同比例由教师、家长、学生呈现依次递减，教师的认同比例为88%，家长的认同比例为81%，而仅有62.14%的学生对此表示认同。

表7-14　雨花区教师、家长以及学生对入学机会均等的评价

评价主体	非常不同意	不同意	中立	同意	非常同意
教师	4%	2%	6%	41%	47%
家长	3%	5%	11%	54%	27%
学生	6.88%	6.79%	24.19%	29.99%	32.15%

B 就近入学

表7-15为雨花区家长与学生对就近入学的认同度。数据结果显示，大多数被访者认同雨花区已经实现了就近入学，并且家长的认同度（表示同意和非常同意的比例占88%）远高于学生的认同度（表示同意和非常同意的比例约为65%）。

表7-15　雨花区家长与学生对就近入学的评价

评价主体	非常不同意	不同意	中立	同意	非常同意
家长	3%	6%	4%	56%	32%
学生	9%	11%	15%	23%	42%

（2）教育资源均等的认同度

A 教育经费配置

表 7-16 为雨花区教师与家长对学校教育经费配置均衡的评价。数据结果显示，绝大多数教师和家长认同各个学校之间的教育经费投入已经达到基本均衡（表示同意和非常同意的比例教师占 79%，家长占 84%）。

表 7-16　雨花区教师与家长对学校教育经费配置均衡的评价

评价主体	非常不同意	不同意	中立	同意	非常同意
教师	2%	6%	13%	51%	28%
家长	2%	2%	12%	63%	21%

B 教育设施配置

表 7-17 为雨花区教师、家长、学生对教育设施配置的认同度。数据结果显示，绝大多数家长（认同比例 78.91%）认同各个学校之间的教育设施配置已经达到基本均衡，而教师和学生对于该问题的认同度却相对偏低（认同比例分别为 56% 和 59%）。

表 7-17　雨花区教师、家长、学生对教育设施配置均衡的评价

评价主体	非常不同意	不同意	中立	同意	非常同意
教师	4%	21%	19%	36%	20%
家长	2.19%	6.02%	12.88%	59.91%	19%
学生	7%	11%	23%	28%	31%

C 师资力量配置

表 7-18 为雨花区教师、家长、学生对校际师资力量均衡的认同度。

表 7-18　雨花区教师、家长、学生对师资力量配置均衡的评价

评价主体	非常不同意	不同意	中立	同意	非常同意
教师	4.58%	16.24%	16.24%	37.56%	25.38%
家长	1.83%	5.5%	12.17%	60.29%	20.3%
学生	5.60%	6.77%	15.43%	22.03%	50.17%

根据表 7-18 的数据统计结果，大多数被访者认同雨花区已经实现了师资力量的均衡，并且家长对此的认同度最高，认同比例为 80.59%，而教师的认同度为 62.94% 和学生的认同度为 72.2%。

由以上对雨花区教育资源配置均衡认同度的分析可知，大多数被访者认同雨花区的教育资源配置已经处于基本均衡状态，但是还有部分被访者并不认同。从教育经费配置、教育设施配置和师资力量配置的比较来看，教育经费配置均衡认可度最高，其次为师资力量配置均衡，而教育设施配置均衡认可度最低。

（3）教育质量均衡的认同度

A 教育实施过程

表 7-19 为雨花区教师、家长、学生对学校班级管理的评价。本部分的学校管理从学校是否已经取消重点班（或者尖子班）来进行测度。

表 7-19　雨花区教师、家长、学生对学校班级管理的评价

评价主体	非常不同意	不同意	中立	同意	非常同意
教师	0%	8%	24%	20%	48%
家长	3.08%	4.5%	12.33%	55.8%	24.29%
学生	17.11%	6.04%	15.47%	15.14%	46.24%

根据表 7-19 的数据统计结果，大多数被访者认同学校已经取消了重点班，在校内优质教育资源已经趋于均等。

表 7-20 为雨花区教师对学校教师收入大致相等的评价。本部分教师对学校管理的评价以教师工资收入的均衡程度作为测度标准。

表 7-20　雨花区教师对学校教师工资收入大致相等的评价

评价主体	非常不同意	不同意	中立	同意	非常同意
教师	4%	0%	16%	28%	52%

根据表 7-20 的数据统计结果，绝大多数被访者认同学校之间教师的工资差异已经消失，但仍有 4% 的被访者对此并不认同。

B 教育实施结果

表 7-21 为雨花区教师、家长、学生对教育实施结果的评价。教育实施结果主要通过各个学校之间的升学率是否均等化进行测度。

表7-21 雨花区教师、家长、学生对教育实施结果均衡的评价

评价主体	非常不同意	不同意	中立	同意	非常同意
教师	4%	28%	24%	8%	36%
家长	2.11%	6.68%	18.5%	55.77%	16.94%
学生	7.11%	7.50%	29.26%	23.64%	32.40%

根据表7-21的数据统计结果，参与调查的绝大多数家长认同学校之间的升学率已经不存在差异了（认同比例为72.71%）。但学生和教师对该问题的认同比例较低，认同比例分别为56.04%和44%。

（4）义务教育均衡其他政策的认同度

A 教师流动与校长轮换政策

表7-22为雨花区教师对优秀教师流动、校长轮换政策的评价。

表7-22 雨花区教师对优秀教师流动、校长轮换政策的评价

评价对象	非常不同意	不同意	中立	同意	非常同意
优秀教师流动	0%	0%	20%	32%	48%
校长轮换	0%	0%	20%	32%	48%

根据表7-22的数据统计结果，绝大多数的教师对优秀教师应该在各个学校中流动和校长应该在各个学校进行轮换的政策表示认同，并且对校长轮流政策认同度与教师流动政策的认同度完全一致。

B 租售同权政策

表7-23为雨花区教师、家长对租售同权政策的评价。

表7-23 雨花区教师、家长对租售同权政策的评价

评价主体	非常不同意	不同意	中立	同意	非常同意
教师	0%	0%	16%	48%	36%
家长	4.03%	5.95%	15.02%	47.62%	27.38%

根据表7-23的数据统计结果，绝大多数被访者认同租售同权，认同租房者应该享有与买房者孩子同等的受教育权利。但从具体的访谈过程发现，虽然大

多数对此项政策表示认同和支持，但同时也对该政策的具体操作过程存在担心，有的教师和家长担心政策开放后，更多学生涌入好学校去争夺优质资源，由此会导致优质学区房价格过快上涨；也有人表示反对，认为会使得学生参差不齐，影响教学开展，同时导致实力偏弱的学校失去生源。

第三节　雨花区义务教育均衡发展存在的问题

一、城区与城乡接合部之间学校差异较大，城市办学条件优于城乡接合部的办学条件

雨花区校际的教育设施配置差异比较悬殊，生均专项经费和生均固定资产均衡程度的基尼系数均大于 0.6，这可能与城区与城乡接合部的教育建设过程有关。结合与教育局工作人员的访谈，可以看出，2015 年 1 月长沙县跳马镇正式挂牌并入雨花区，由于原跳马镇的义务教育基础较为薄弱，与城区的差距较大，加之政府投入需要一定时间的累积，所以，跳马学区的投入与建设仍是雨花区当前推行义务教育均衡政策的重点。

二、推行校长教师交流轮岗制度有实际困难，缺少有效的配套制度与措施

具体表现为以下几个方面：

第一，流出学校担心影响正常的教学秩序。中小学校由于编制限制，教师资源本来就紧张，"一个萝卜一个坑"，好学校担心派出一个优秀教师，不能交换回一个同等水平的教师，会影响本校的教学质量，继而影响自身对生源的吸引力。所以校长的态度往往是优秀教师绝对不放，要晋升的教师尊重本人意愿，只有不太好或不好管的教师才主动推送出去，其结果是这项制度的意义大打折扣。而流入学校也担心交流过来的教师素质不高、工作不安心或不服管理等。

第二，交流教师担心影响自己的生活、工作以及经济利益。新学校一般离家较远，条件较差，每天上下班交通不便，不仅花时间，还没有交通补贴，小孩入园入学接送会比较困难，不能很好地照顾家庭，难以适应新环境，且担心以后回到原学校还能否保留原来的位置，或者获得职务职称的晋升机会等。

三、优质教育资源的总量有待进一步提升，且分布不均

为了让子女获得优质教育，不少外地家长不惜以高昂的教育成本送子女到长沙市内求学，先是高中，继而初中，现已发展到小学，先是城镇，现已发展到了农村。部分家长认为造成这一现象的原因就是优质教育资源的总量不足，不能满足人民群众对高素质、高水准教育的渴求。如何培育和扩大优质教育资源，正确处理享有优质教育资源和促进教育均衡之间的关系，成为当前雨花区义务教育面临的重要问题。

第四节　推进雨花区义务教育均衡发展的建议

一、进一步加大教育投入，优化资源配置

一些城乡接合部的一些偏远学校规模小、起点低、资金缺口大，与老城区学校相比，办学条件存在一定差距。因此，为推进雨花区城乡教育均衡发展，必须加大教育投入，优化资源配置，在经费、项目建设上向薄弱学校倾斜，从硬件上缩小城乡中小学校的办学差距，坚持教育投入优先增长，建立健全教育经费向薄弱学校倾斜的投入机制，为全区中小学校均衡发展提供物质条件。重点向区域内薄弱学校、跳马地区倾斜，进一步提升学校整体办学条件。

二、建立健全交流轮岗的激励保障机制

中小学校长教师交流轮岗作为一种制度，在科学合理、公开规范、积极稳妥、以人为本、促进发展的原则下，完善落实措施，进一步扩大校长教师交流覆盖面，推进全区提升办学水平和人才培养质量。

三、优化教师资源配置，实现教师队伍均衡发展

一是加大推进校长教师轮岗交流，推进名优特教师在区域内学校之间合理流动；加大城区学校、优质学校教师到边远薄弱学校任教力度，推动区域内学校教师岗位结构整体平衡。

二是加大教师补充力度，建立长效用人机制，保障师资需求。

三是提升教师综合素养。进一步修订完善教师队伍建设、考评、考核、监督、奖惩机制，推进师德师风建设常态化、制度化、长效化。创新教师培训管理机制，改革教师培训模式，重点加强区级名师工作室与骨干教师队伍建设，搭建教师成长平台。

四是完善教师激励机制。依法保障教师待遇，增强教师职业吸引力。科学合理设计教师绩效评价体系，进一步完善教师动态薪酬和奖惩制度。加大对优秀教师的表彰奖励力度，多方面切实关心教师身心健康和专业成长，提升教师的幸福指数，增强教师的凝聚力、向心力和职业认同感。

第八章

望城区义务教育均衡发展政策评估子报告

　　望城区地处湘中东北部，湘江下游两岸，是伟大的共产主义战士雷锋的故乡。区域全境已纳入《长沙市城市整体规划（2003—2020）》，属长沙市河西经济发展的火车头。2011年成为长沙市第六个城区。全区现辖白箬铺、靖港、乔口等10个街道，总面积969平方千米，总人口55.49万人。现有小学73所，初中22所。小学生在校人数为15311人，初中生在校人数9609人，义务教育阶段教职工人数为3187人。

　　近年来，在区委、区政府的坚强领导下，全区教育系统秉承教育公平和均衡发展理念，坚持以资源合理配置为抓手，以体制机制建设为保障，着力推进教育高位均衡发展，取得显著成效。采用教育PPP项目，以"政府+社会资本"方式对1所民办学校及6所公办学校打捆进行建设和运营；创新打造"送教下乡"研训一体模式，推进义务教育学校校长、教师交流轮岗；积极推进"一校一品、一校一特"特色学校建设，继续推进优质教育资源扩充共享，缩小城乡教育差距，进一步推进义务教育和谐发展；合理配置师资力量，强化师德师风建设，进一步促进全区教育均衡发展，实现教育强区的战略目标，先后成为国家义务教育发展基本均衡区、湖南省教育强区、国家农村职业教育和成人教育示范区、湖南省推进义务教育学校校长教师交流轮岗试点区、湖南省中小学校责任督学挂牌督导创新区，湖南省平安校园建设先进区。教育督导、校车管理、平安校园建设、教育阳光服务平台建设、教研教改、支教工作等经验在国家、省、市推介。

第一节　望城区义务教育均衡发展政策评估的对象

一、研究范围与对象

　　本次评估主要针对教育机会公平、义务教育资源配置均衡、义务教育质量均衡发展和政府政策均衡四方面，利用文献分析、问卷调查、质性访谈的方法，全方位对现阶段望城区义务教育均衡发展状况进行评估。

具体评估对象为长沙市望城区，从望城区随机抽取 16 所小学、5 所初中，选取处于四至九年级的学生、家长、教师，以及从事义务教育相关工作的学校领导和政府工作人员进行问卷调查和质性访谈。本次调查共发放问卷分布情况：在校中小学生 680 人，家长 680 人，教职工 15 人，有效问卷分布情况：在校中小学生 672 人，家长 163 人，① 教职工 15 人；访谈在校学生 6 人，家长 6 人，教职工 6 人，学校管理人员 3 人，政府工作人员 4 人。

二、样本描述

表 8-1 学生样本描述了被调查中小学生的基本特征，包括性别、年龄、年级和户口状况。

表 8-1　学生样本描述

项目	频数	百分比
性别		
男孩	338	50.52
女孩	331	49.48
样本量	669	100.00
年龄		
均值	11.48	
样本量	656	
年级		
四年级	91	13.60
五年级	139	20.78
六年级	148	22.12

---

① 由于望城区大多为寄宿学校，留守儿童较多，家长问卷与电访的拒访率较高，导致家长卷回收率偏低。

续表

项目	频数	百分比
七年级	54	8.07
八年级	186	27.80
九年级	51	7.62
样本量	669	100.00
户口		
农村户口	288	43.31
城市户口	98	14.74
不清楚	279	41.95
样本量	665	100.00

从调查样本分布来看，性别比基本均衡，男孩比例略高于女孩，平均年龄约11.48岁，小学生人数略多于中学生，农村户口的学生比例大于城市户口，这符合望城区义务教育阶段学生的基本分布。

表8-2家长样本描述了被调查家长的基本特征，包括性别、年龄、户口状况、民族以及社会经济地位。

表8-2 家长样本描述

项目	频数	百分比
性别		
男	69	42.33
女	94	57.67
样本量	163	100.00
年龄		
均值	38.58	

续表

项目	频数	百分比
样本量	156	
户口所在地		
本地	121	75.16
外地	40	24.84
样本量	161	100.00
户口类型		
城市户口	36	22.78
农村户口	122	77.22
样本量	158	100.00
民族		
汉族	154	96.86
少数民族	5	3.14
样本量	159	100.00
受教育程度		
高中及以下	89	55.63
中专	38	23.75
大专	20	12.50
本科	11	6.88
研究生及以上	2	1.24
样本量	160	100.00
职业类型		
党政机关、党群组织、事业单位负责人	3	1.89

续表

项目	频数	百分比
国有或集体企业负责人	2	1.26
私营企业主	7	4.40
专业技术人员	18	11.32
普通公务员、办事人员	8	5.03
个体工商户	15	9.43
商业服务业人员	11	6.92
技术工人	9	5.66
非技术工人	14	8.81
农林牧渔业生产人员	5	3.14
城乡无业失业半失业者	11	6.92
家务劳动	35	22.01
其他	21	13.21
样本量	159	100.00
月收入		
均值	6593.89	
样本量	131	

从人口特征分布来看，女性家长比例略高于男性家长；被访者平均年龄约为38.58岁；以本地户口、农村户口为主；绝大多数家长为汉族，仅3.14%的为少数民族。从社会经济地位来看，家长整体社会经济地位偏低，数据显示一半以上的家长的受教育程度在高中及以下，从事党政机关、党群组织、事业单位负责人，国有或集体企业负责人，私营企业主，专业技术人员，普通公务员，办事人员，个体工商户的家长仅占到33.33%，月收入平均为6593.89元。

表8-3教师样本描述了被调查教师的基本特征，包括性别、年龄、民族、

受教育程度、专业职称、所带年级以及月收入。

表 8-3　教师样本描述

项目	频数	百分比
性别		
男	0	0.00
女	15	100.00
样本量	15	100.00
年龄		
均值	33.93	
样本量	15	
民族		
汉族	13	86.67
少数民族	2	13.33
样本量	15	100.00
受教育程度		
高中及以下	1	6.67
中专	0	0.00
大专	3	20.00
本科	11	73.33
研究生及以上	0	0.00
样本量	15	100.00
专业职称		
正高级	0	0.00
高级	4	36.37

续表

项目	频数	百分比
一级	2	18.18
二级	5	45.45
三级	0	0.00
样本量	11	100.00
所带的年级		
一年级	0	0.00
二年级	0	0.00
三年级	0	0.00
四年级	1	7.14
五年级	4	28.58
六年级	3	21.43
七年级	1	7.14
八年级	4	28.57
九年级	1	7.14
其他	0	0.00
样本量	14	100.00
月收入		
均值	4933.33	
样本量	12	

从被访者特征分布来看,本次访问的教师全部为女性;被访者平均年龄较年轻,约为34岁;绝大多数为汉族,仅2位老师为少数民族;教师的受教育程度趋中,绝大多数老师为大专和本科,还有极少数的教师的受教育程度处于高

中及以下；被访教师的专业职称集中在高级、一级、二级教师；教师涉及四年级至九年级的各个年级，分布较为均匀；教师月均收入为4933.33元。

第二节 望城区义务教育均衡发展的现状

一、望城区义务教育段入学机会均等已经实现

望城区义务教育阶段入学情况

望城区2014—2016年《国民经济和社会发展统计公报》显示，现阶段望城区小学、初中适龄人口入学率均达100%，小学辍学率和初中辍学率均为0%（见表8-4）。

表8-4 望城区入学率

年份	小学入学率	初中入学率	小学辍学率	初中辍学率
2014	100%	100%	0%	0%
2015	100%	100%	0%	0%
2016	100%	100%	0%	0%

数据来源：2014—2016年国民经济和社会发展统计公报。

二、望城区义务教育资源配置均衡已经实现

1. 义务教育经费均衡状况

根据访谈可知，现阶段望城区在教育上投资巨大，每年在教育上拨款高达8亿至9亿。义务教育经费主要用于校园设施的标准化建设、农村学校基础设施建设，保证农村学校和城区学校办学条件相同。此外，在学校公用经费上，全区均按照生均投入，小学生均600元，中学生均800元。故可以推测，现阶段望城区在义务教育经费投入上应该处于较为均衡的状态。

2. 教育设施均衡状况

（1）望城区初中教育设施均衡状况

表8-5表示2014—2016年望城区在初中阶段教育设施配置的基尼系数。数据结果显示，望城区在初中教育设施上处于均衡状态，并且随着时间的推移，教育设施配置的基尼系数总体越来越小，也就意味着初中教育设施越加均衡。

表8-5 2014—2016年望城区在初中阶段教育设施配置的基尼系数

年份	生均教学及辅助用房面积	生均体育运动场馆面积	生均图书册数	生均计算机台数	生均固定资产	生均仪器设备值
2014	0.248	0.293	0.113	0.189	0.249	0.295
2015	0.224	0.191	0.102	0.236	0.242	0.235
2016	0.224	0.210	0.094	0.202	0.256	0.224

（2）望城区小学教育设施均衡状况

表8-6表示2014—2016年望城区在小学阶段教育设施配置的基尼系数。数据结果显示，在2014年、2015年小学生均固定资产还存在着较大的校际差异，但是这个差异在2016年得到缓解，即生均固定资产基尼系数进入合理范畴（低于0.4），至此，望城区小学阶段教育设施配置实现均衡。

表8-6 2014—2016年望城区在小学阶段教育设施配置的基尼系数

年份	生均教学及辅助用房面积	生均体育运动场馆面积	生均图书册数	生均计算机台数	生均固定资产	生均仪器设备值
2014	0.302	0.396	0.161	0.268	0.442	0.305
2015	0.253	0.328	0.147	0.258	0.456	0.275
2016	0.275	0.332	0.105	0.267	0.380	0.282

3. 义务教育师资力量均衡状况

（1）望城区初中师资力量均衡状况

表8-7表示2014—2016年望城区初中师资力量配置的基尼系数。

表8-7 2014—2016年望城区初中师资力量配置的基尼系数

年份	生均高学历教师	生均高级职称教师	班师比	教师合格率	教师培训比例
2014	0.152	0.322	0.099	0.041	0.263
2015	0.123	0.340	0.099	0.039	0.293
2016	0.103	0.260	0.091	0.032	0.229

数据结果显示,望城区在初中师资力量上处于均衡状态,并且 2016 年初中师资力量的基尼系数达到最低,也就意味着初中师资力量处于三年中最为均衡的状态。

(2)望城区小学师资力量均衡状况

表 8-8 表示 2014—2016 年望城区小学师资力量配置的基尼系数。数据结果显示,望城区在小学师资力量上处于均衡状态,并且 2016 年小学师资力量除了班师比以外,其他基尼系数均达到最低,也就意味着小学师资力量接近于最均衡的状态。

表 8-8　2014—2016 年望城区小学师资力量配置的基尼系数

年份	生均高学历教师	生均高级职称教师	班师比	教师合格率	教师培训比例
2014	0.347	0.262	0.132	0.099	0.304
2015	0.327	0.283	0.129	0.069	0.361
2016	0.295	0.261	0.134	0.062	0.267

三、望城区义务教育质量基本实现均衡

1. 教育实施过程的均衡状况

(1)望城区初中教育实施过程的均衡状况

表 8-9 表示 2014—2016 年望城区初中教育实施过程的基尼系数。数据结果显示,望城区初中教育实施过程基本达到均衡,主要体现在每周课程安排、学生实践参与率上,但在实验课程安排次数上校际存在较大差异。

表 8-9　2014—2016 年望城区初中教育实施过程的基尼系数

年份	实验课	每周课时	学生实践参与率	家长会次数
2014	0.412	0.027	0.102	0.347
2015	0.408	0.027	0.139	0.347
2016	0.400	0.027	0.111	0.347

(2)望城区小学教育实施过程的均衡状况

表 8-10 表示 2014—2016 年望城区小学教育实施过程的基尼系数。数据结

果显示，小学教育实施过程基本达到均衡，只在家长会次数上还存在着较大的校际差异。

表 8-10　2014—2016 年望城区小学教育实施过程的基尼系数

年份	实验课	每周课时	学生实践参与率	家长会次数
2014	0.344	0.149	0.138	0.527
2015	0.346	0.149	0.145	0.528
2016	0.391	0.149	0.145	0.514

2. 教育实施结果的均衡状况

表 8-11、表 8-12 分别表示 2014—2016 年望城区初中、小学阶段教育实施结果的基尼系数。数据结果显示，望城区在义务教育阶段的教育实施结果方面校际已经不存在差异，已经实现均衡。

表 8-11　2014—2016 年望城区初中阶段教育实施结果的基尼系数

年份	学生体质健康合格率	学段巩固率	学业水平合格率	辍学率
2014	0.210	0.010	0.141	0.00
2015	0.202	0.014	0.118	0.00
2016	0.191	0.013	0.152	0.00

表 8-12　2014—2016 年望城区小学阶段教育实施结果的基尼系数

年份	学生体质健康合格率	学段巩固率	辍学率
2014	0.200	0.023	0.00
2015	0.175	0.010	0.00
2016	0.182	0.017	0.00

由此可见，现阶段望城区义务教育实施结果已经实现均衡，而实施过程的均衡尚有差距，初中的关键在于实验课程的开设次数，而小学则在于学生的家长会次数。

四、望城区政府义务教育政策实现均衡发展

1. 均衡发展成为义务教育发展的政策目标

望城区为了落实中央、国务院以及长沙市政府的要求，把均衡发展作为义务教育的战略任务来抓，将均衡发展程度作为评价本区义务教育发展水平的核心标准。严格按照《长沙市"十三五"教育事业发展规划》，提出了坚持教育"三优先"原则，即优先教育发展规划、优先教育投入、优先师资保障，紧紧围绕"全市前列、全省领先、全国一流"的发展目标和"依法治教、城乡一体、高位均衡、人民满意"的发展思路，大力实施教育强区战略，全面推进教育现代化。促进义务教育高位均衡发展。

在《长沙市望城区教育局2016年工作总结和2017年工作思路》的报告中提出，要推进城乡义务教育一体化发展。继续深化义务教育学校校长、教师交流轮岗工作，鼓励优秀教师到农村支教。巩固义务教育普及水平，推动均衡发展由办学条件向办学内涵转变，逐步实现优质均衡发展。具体目标：小学、初中适龄人口入学率保持100%，三类残疾儿童入学率不低于91.5%。

2. 运用教育PPP项目，以"政府+社会资本"方式学校捆绑式建设，打造教师研训"3321"模式

（1）以"政府+社会资本"方式对1所民办学校及6所公办学校打捆进行建设和运营。为充分发挥优质教育资源得辐射、示范和带动作用，加快全区义务教育优质化、均衡化进程。通过建立绩效评价体系对托管办学效果进行实时考核。要力求实效，通过一体化管理和捆绑式评价体系进一步缩小校际差距，齐心协力实现望城教育高位均衡发展，办人民满意的教育。

（2）打造"送教下乡"研训一体模式。实行大教研组制度，构建区、乡镇（区属校）两级研训体系，有效整合现有教学教研资源；通过统一计划、统一备课、统一研训、统一考评，让教师共享教育教学资源，从而解决质量不高、发展不均衡、教师负担过重、教师活力不足、师生择校、研训"两张皮"、课程开设不到位和教师编制不足的问题，全面提高教研队伍的业务水平，促进全区各级各类学校教师的专业成长，全面提高教育教学质量，促进全区义务教育高位均衡发展。

（3）创新推进校长教师交流轮岗工作，实现了学校均衡发展、教师专业发展、学生全面发展。采取保障交流补助、农村教师补贴、评优奖励、教师编制、培训经费、工作经费及住房使用等一系列措施强化师资力量，增加教师队伍活力。通过开展"望城教育奖"表彰庆祝活动强化榜样示范、树立师德典型，着

力加强教育人才队伍建设。全面实施乡村教师支持计划，为乡村学校建设一支"留得住、教得好"的教师队伍。

3. 教师、学生、家长对义务教育均衡政策的绩效评价

（1）入学机会均等的绩效评价

A 适龄儿童的入学机会均等评价

表8-13 为望城区教师、家长以及学生对入学机会均等的绩效评价。

表8-13 望城区教师、家长以及学生对入学机会均等的绩效评价

评价主体	非常不同意	不同意	中立	同意	非常同意
教师	15%	7%	0%	14%	64%
家长	1%	3%	9%	61%	26%
学生	7%	9%	26%	29%	29%

数据结果显示，大多数人认为现在已经基本实现了入学机会的均衡，但是这种认同比例由家长、教师、学生依次递减。其中，87%的家长对望城区的入学机会均等表示认同，78%的教师对望城区的入学机会均等表示认同，而仅有58%的学生对此表示认同。

B 就近入学

表8-14 为望城区家长与学生对就近入学的绩效评价。

表8-14 望城区家长与学生对就近入学的绩效评价

评价主体	非常不同意	不同意	中立	同意	非常同意
家长	3%	4%	9%	60%	24%
学生	14%	18%	20%	24%	24%

数据结果显示，绝大多数家长认为自己的孩子已经实现了就近入学，而学生则并不这么认为，接近一半以上的学生不认可自己已经就近入学。

（2）教育资源均等的绩效评价

A 教育经费配置

表8-15 为望城区教师与家长对教育经费配置均衡的评价。数据结果显示，绝大多数家长和教师认为各个学校之间的教育经费投入已经达到基本均衡。

表 8-15 望城区教师与家长对学校教育经费配置均衡的评价

评价主体	非常不同意	不同意	中立	同意	非常同意
教师	0%	7%	14%	43%	36%
家长	0.68%	1.35%	15.65%	62.59%	19.73%

B 教育设施配置

表 8-16 为望城区教师、家长、学生对教育设施配置的绩效评价。绝大多数教师（占 57.14%）和家长（占 68.03%）对各个学校的设施配置均衡表示认可，认为各个学校已经相差无几；但是学生对此认可度偏低，不到一半的学生表示认可，还有超过四分之一的学生认为自己学校的教学设施比不上其他同类学校。

表 8-16 望城区教师、家长、学生对教育设施配置均衡的评价

评价主体	非常不同意	不同意	中立	同意	非常同意
教师	0%	21.43%	21.43%	35.71%	21.43%
家长	3.4%	5.44%	23.13%	53.74%	14.29%
学生	11.6%	13.59%	28.25%	29.16%	17.40%

C 师资力量配置

表 8-17 为望城区教师、家长、学生对各个学校师资力量均衡的绩效评价。数据结果显示，多数被访者认为望城区已经实现了师资力量的均衡，并且家长对此的评价最高，而教师和学生的评价相对较低。

表 8-17 望城区教师、家长、学生对师资力量配置均衡的评价

评价主体	非常不同意	不同意	中立	同意	非常同意
教师	0%	21.43%	14.29%	35.71%	28.57%
家长	2.72%	7.48%	19.05%	51.70%	19.05%
学生	5.18%	6.10%	26.07%	23.93%	38.72%

从以上分析可知，绝大多数被访者认为望城区的教育资源配置已经处于基

本均衡状态，但是还有部分被访者并不认可，从家长、教师到学生对于教育资源配置的认可度依次降低。从教育经费配置、教育设施配置和师资力量配置的比较来看，教育经费配置均衡认可度最高，其次为师资力量配置均衡，而教育设施配置均衡认可度相对较低。

（3）教育质量均衡的绩效评价

A 教育实施过程

表8-18为望城区教师、家长、学生对学校班级管理的评价。本部分的学校管理从学校是否已经取消重点班（或者尖子班）来进行测度。数据结果显示，大多数家长和教师认同学校已经取消了重点班，在校内优质教育资源已经趋于均等；但是约29.83%的学生对此明确表示不认可，还有23.14%的学生对此表示中立。

表8-18 望城区教师、家长、学生对学校班级管理的评价

评价主体	非常不同意	不同意	中立	同意	非常同意
教师	0%	7.14%	28.57%	31.47%	35.71%
家长	2.72%	8.84%	19.05%	50.62%	17.69%
学生	15.07%	14.76%	23.14%	14.80%	30.44%

表8-19为望城区教师对学校教师工资收入大致相同的评价。数据结果显示，绝大多数被访者认同学校之间教师的工资差异已经消失，但仍有14%的被访者对此并不认同。

表8-19 望城区教师对学校教师工资收入大致相同的评价

评价主体	非常不同意	不同意	中立	同意	非常同意
教师	0%	14%	7%	43%	36%

B 教育实施结果

表8-20为望城区教师、家长和学生对教育实施结果均衡的评价。教育实施结果主要通过各个学校之间的升学率是否相同进行测度。

表8-20 望城区教师、家长和学生对教育实施结果均衡的评价

评价主体	非常不同意	不同意	中立	同意	非常同意
教师	0%	7.15%	28.57%	28.57%	35.71%
家长	3.40%	2.72%	21.09%	57.14%	15.65%
学生	8.87%	9.94%	35.78%	26.76%	18.65%

数据结果显示，绝大多数家长（占72.79%）、教师（占64.28%）认同学校之间的升学率已经不存在差异了，但是学生对此的认可度偏低，18.81%的学生对此明确表示不认可，还有35.78%的学生对此表示中立。

（4）义务教育均衡其他政策的评价

A 教师流动与校长轮换政策

表8-21为望城区教师对优秀教师流动、校长轮换政策的评价。调查结果显示，绝大多数教师对优秀教师应该在各个学校中流动和校长应该在各个学校进行轮换的政策表示认同。其中，对优秀教师流动政策认同度低于校长轮换政策。

表8-21 望城区教师对优秀教师流动、校长轮换政策的评价

评价对象	非常不同意	不同意	中立	同意	非常同意
优秀教师流动	0%	7.14%	14.29%	35.71%	42.86%
校长轮换	0%	7.14%	7.15%	35.71%	50.00%

在访谈中也发现，绝大多数人对这两项政策表示高度认可，一方面，教师流动和校长的轮换能够有助于教师自身的能力的提升；另一方面，能够促进更多学校享受到优质的教学资源，促进学校教学质量的全面提升。但是也有少数被访者表示虽然赞同这项政策，但是真的要去流动和轮换时，还会受到家庭等客观条件的限制。

B 租售同权政策

表8-22为望城区教师、家长对租售同权政策的评价。调查结果显示，绝大多数被访者认同租售同权，认同租房者应该享有与买房者孩子同等的受教育权利。

表8-22 望城区教师、家长对租售同权政策的评价

评价主体	非常不同意	不同意	中立	同意	非常同意
教师	0%	0%	14.29%	35.71%	50%
家长	2.7%	3.38%	8.78%	53.38%	31.76%

在访谈中也发现，绝大多数被访者对该项政策表示认同。一方面这项政策能够促进教育公平，保障弱势群体孩子的入学权利；另一方面符合就近入学的政策，缩小学校的差距。但是也有极少数被访者认为，在这样的政策下，会导致农村家庭条件较好的学生去城区租房，以获得城区学校的上学机会，加剧了农村学校生源流失。

第三节 望城区义务教育均衡发展存在的问题

一、教育质量未完全实现均衡，优质教育分配不均

从政策评价调查结果来看，望城区在教育质量均衡中大多数的学生认可度较低，不论是班级管理还是升学率上，大多数学生对其没有表示认同。从质性访谈中也发现，近年来望城区虽然从硬件和软件上加大对教育的投入，但是从教育效果来看，望城区囿于历史原因，[1] 本区学校教育水平仍落后于长沙其他五区，同时城区学校和农村学校还存在较大差异。这直接导致望城区教育实施结果总体水平偏低。

二、优质师资资源紧缺，师资力量分布不均匀

近年来，望城区政府加大对优秀教师的培养，注重优秀教师、校长交流和轮换制度的建立，但是总体师资力量偏弱。从数据分析结果来看，教师整体的受教育程度较其他五区来说，明显偏低。从质性访谈结果来看：

其一，农村学校教师年龄偏大，学历偏低，培训意识比较淡薄，教工学矛

---

[1] 望城区原为长沙市下属县，自2011年纳入长沙市区，成为长沙第六区，但它仍属农业大区。

盾突出，缺乏参加培训的动力；

其二，教师编制不足，课程改革与现状不匹配，师生比不配套，教师学科专业化程度不够，一个教师要承担多门课程的教学；

其三，农村学校资源有限，发展落后，很难对优质教师形成吸引力，导致优秀教师下乡趋于形式化，造成城乡优质师资力量严重不均衡。

三、家长的择校观念、生源大量外流、家庭教育缺失、留守儿童比重高

从调查结果来看，一方面，很多家长的择校观念依然没有改变，倾向于办学条件好、师资力量较为雄厚、具备一定名气的学校，城区学生往长沙其他五城区名校流动，农村学生往城区学校流动，造成本区优质生源大量外流，区内生源集中于城区，农村学校出现空心化。另一方面，望城区在长沙六区属于唯一的人口净流出区，大量的劳动人口外流，导致本区义务教育阶段的学生中留守儿童比例较高，家庭教育的缺乏导致学生的素质偏低，影响教育质量的提升。

第四节　推进望城区义务教育均衡发展的建议

一、进一步扩大财政投入、完善城乡学校帮扶机制、实现教育资源共享

1. 加大财政经费的投入，一方面，增加教育经费，确保学校有足够的运转经费；另一方面，增加教师专项培训经费，为教师培训提供充裕的经费保障。

2. 完善城乡学校帮扶机制，实现教育的精准扶贫，采用"点对点""以点带面"的方式即名校帮扶普通学校，进而促进教育质量均衡，切实落实大教研组计划，实现五统一管理体制。

3. 加大对农村学校教育信息技术的硬件投入，进行系统整合，实现教育网络资源的共享。为乡村教育创造更多的机会，让师生能从多个方面进行教学交流，实现教育资源共享，教育互补，缩小城乡教育质量的差距，促进义务教育均衡发展。

二、改善农村学校办学条件，优化师资队伍，适度扩大教师编制，建立有序流动的激励机制

1. 加大农村学校财政投入力度，改善农村教师福利待遇，除了统一工资、

津贴以外，对长期在农村工作的教师，提供奖励性补贴。

2. 严格要求教师参与继续教育，加大教师培训经费的投入，把培训与晋升职称、学校评优挂钩，激发教师、学校进行教师培训的动力。

3. 调整现有生师比，根据学科门类，制定合适的生师比，适度扩大教师编制，保持义务教育阶段教师队伍的稳定性。

4. 建立优秀师资、名校长有序流动的机制。一方面，把流动、轮换作为教师晋升职称的必要条件，并考虑对校长进行分级，让其有进一步上升的空间，增加校长轮换的积极性；另一方面，完善教师流动、校长轮换政策的配套政策，解决教师、校长的后顾之忧，比如子女的教育问题、家庭住房问题等。

三、改变家长择校观念，改善学校生源质量，引导流动人口与流动儿童有序回流

1. 加强教育均衡理念的宣传，改变农村人口"优质教育在城市"的传统观念。一方面，发挥基层政府作用，对家长、学生进行义务教育均衡政策的宣传；另一方面，建立激励机制，鼓励学生回到家乡，就近入学。

2. 改善普通学校尤其是农村学校的办学条件，加大对这些学校的财政投入，提升教师能力素质，优化学校管理体制，从硬件和软件两方面增加吸引力，吸引学生回流。

3. 宣传家庭教育的重要性，强化父母的监护责任，确保农村留守儿童得到亲情关爱、家庭温暖和妥善照料；注重学校与家长的交流，实现教育资源的共享，要求家长在家庭教育上发挥作用；大力发展本区特色经济，创造就业岗位，吸引外出人口有序回流。

第九章

长沙县义务教育均衡发展政策评估子报告

长沙县隶属湖南省长沙市，位于长沙市中部，湖南省东部，东接浏阳市，西、南连长沙市城区，北达岳阳市平江县、汨罗市。长沙县总面积 1756 平方千米，下辖 13 个镇 5 个街道，常住人口 94.6 万（2016 年）。

长沙县处于长株潭"两型社会"综合配套改革试验区的核心地带，是全国 18 个改革开放典型地区之一。2016 年，全县实现地区生产总值 1280.3 亿元，人均生产总值达到 13.8 万元，在全国县域经济基本竞争力、中国中小城市综合实力百强排名中，分别跃居第 7 位、第 6 位，获评"2016 中国最具幸福感城市（县级）"。长沙县现有中小学学校 229 所、在校学生 105663 人、教职工 6612 人。

长沙县多年来深入实施"教育强县"战略，不断加大对义务教育的投入，获得了良好的效果。2014 年长沙县以地区分数第一的成绩获评国家义务教育基本均衡县。2015 年长沙县加大义务教育投入，建设"三通两平台"，探索"慕课""微课""翻转课堂"等新型教学模式，教育信息化发展获得省内外的高度评价。2016 年，长沙县新改扩建城区中小学校 10 所，加大解决外来人口就近入学问题力度。2017 年长沙县提出义务教育要做到"校校成优校、师师做良师、生生皆成才"。

第一节 长沙县义务教育均衡发展政策评估的对象

一、研究范围与对象

本次评估所进行的调研涉及长沙县 8 所城乡中学，14 所城乡小学。抽样方法是小学选取四至六年级 1 至 2 个班级学生，初中任意年级随机选取 1 至 2 个班级学生，调研对象包括学生家长、教师，以及从事义务教育相关工作的学校领导和政府工作人员，主要进行问卷调查和质性访谈。

本次调研共发放中小学问卷 950 份，有效 902 份，有效率为 94.9%；发放家长问卷 650 份，有效 627 份，有效率为 96.5%；发放教职工问卷 21 份，有效 21 份，有效率为 100%。访谈在校学生 22 人，家长 8 人，教职工 22 人，学校管理人员 22 人，政府工作人员 4 人。

二、样本描述

表 9-1 学生样本描述了被调查中小学生的基本特征，包括性别、年龄。

表 9-1　学生样本描述

项目	频数	百分比
性别		
男孩	465	51.61
女孩	436	48.39
样本量	901	100.00
年龄		
均值	13.47	
样本量	879	

从调查样本分布来看，性别比基本均衡，男孩比例略高于女孩，平均年龄 13 岁。

表 9-2 家长样本描述了被调查家长的基本特征，包括性别、年龄、户口状况、民族以及社会经济地位。

表 9-2　家长样本描述

项目	频数	百分比
性别		
男	231	37.08
女	392	62.92
样本量	623	100.00
年龄		

续表

项目	频数	百分比
均值	41.95	
样本量	666	
户口所在地		
本地	358	58.31
外地	256	41.69
样本量	614	100.00
户口类型		
城市户口	240	38.83
农村户口	378	61.17
样本量	618	100.00
民族		
汉族	591	96.10
少数民族	24	3.90
样本量	615	100.00
受教育程度		
高中及以下	276	44.52
中专	139	22.42
大专	114	18.39
本科	86	13.87
研究生及以上	5	0.80
样本量	620	100.00
月收入		

续表

项目	频数	百分比
均值	7338.991	
样本量	553	

从人口特征分布来看，女性家长比例高出男性家长比例接近一倍；被访者平均年龄约为42岁；以本地户口、农村户口为主；绝大多数家长为汉族。

表9-3教师样本描述了被调查教师的基本特征，包括性别、年龄、民族、受教育程度、专业职称。

表9-3　教师样本描述

项目	频数	百分比
性别		
男	5	27.78
女	13	72.22
样本量	18	100.00
年龄		
均值	36.33	
样本量	21	
受教育程度		
大专	1	4.76
本科	19	90.48
研究生及以上	1	4.76
样本量	21	100.00
专业职称		
正高级	0	0

项目	频数	百分比
高级	0	0
一级	5	23.81
二级	9	42.86
三级	7	33.33
样本量	21	100.00

从被访者特征分布来看，女性教师比例远高于男性教师；被访者平均年龄较年轻，约为36岁；教师的教育水平普遍较高，绝大多数老师为本科及以上学历；被访教师的专业职称集中在二级、三级教师。

第二节 长沙县义务教育均衡发展的现状

一、长沙县义务教育段入学机会均等已经实现

长沙县2014—2016年《国民经济和社会发展统计公报》显示，现阶段长沙县小学、初中适龄人口入学率均达100%，小学辍学率为0%，初中辍学率为0%，具体见表9-4。这表明长沙县义务教育阶段的入学机会均等已经实现。

表9-4 长沙县入学率

年份	小学入学率	初中入学率	小学辍学率	初中辍学率
2014	100%	100%	0%	0%
2015	100%	100%	0%	0%
2016	100%	100%	0%	0%

数据来源：2014—2016年国民经济和社会发展统计公报。

二、长沙县义务教育资源配置基本均衡

1. 义务教育经费均衡状况

表 9-5 表示 2014—2016 年长沙县在小学阶段教育经费的基尼系数。

表 9-5 2014—2016 年长沙县小学教育经费的基尼系数

年份	生均教育经费总投入	生均专项经费支出	师均工资福利支出
2014	0.38	0.64	0.13
2015	0.37	0.63	0.09
2016	0.33	0.70	0.13

数据结果显示，长沙县在小学阶段的教育经费投入尚未完全实现均衡。具体表现在从 2014—2016 年生均教育经费总投入基尼系数逐年降低，至 2016 年仅为 0.33。师均工资福利支出基尼系数更低，2014—2016 年三年均在 0.1 左右，说明师均工资福利校际差异很小。而小学的生均专项经费支出维持在较高的基尼系数水平，而且有升高的趋势，说明在这项经费支出均衡方面仍有待加强。

表 9-6 表示 2014—2016 年长沙县在初中阶段教育经费的基尼系数。数据结果显示，长沙县初中的生均教育经费总投入基尼系数比小学低，均衡状况比小学更好。初中的生均教育经费总投入同样逐年降低，在 2016 年仅为 0.229。初中的师均工资福利支出基尼系数仅为 0.1 左右，这说明在这两项投入方面已经实现均衡。较为不均衡的情况同样存在于生均专项经费支出方面，基尼系数在 0.55 以上，因此在初中生的生均教育经费投入方面仍要加强。

表 9-6 2014—2016 年长沙县初中教育经费的基尼系数

年份	生均教育经费总投入	生均专项经费支出	师均工资福利支出
2014	0.295	0.579	0.108
2015	0.246	0.552	0.099
2016	0.229	0.559	0.112

2. 义务教育设施均衡状况

长沙县办学条件与办学设施基本实现均衡。表9-7为2014—2016年长沙县在小学阶段教育设施配置的基尼系数。数据结果显示，长沙县随着时间的推移，小学设施均衡部分指标呈现倒U型的发展趋势。从表中可以看出，除了生均固定资产基尼系数超出警戒值，其余指标基本处于均衡范畴。从发展趋势来看，虽然生均固定资产仍然存在较大的校际差异，但是基尼系数值逐年递减。这说明随着长沙县义务教育均衡政策推进，学校之间在生均固定资产上的差距逐渐缩小。

表9-7　2014—2016年长沙县小学阶段教育设施配置的基尼系数

年份	生均教学及辅助用房面积	生均体育运动场馆面积	生均图书册数	生均计算机台数	生均固定资产	生均仪器设备值
2014	0.17	0.14	0.07	0.12	0.59	0.16
2015	0.22	0.26	0.10	0.33	0.51	0.22
2016	0.21	0.27	0.17	0.32	0.45	0.18

表9-8表示2014—2016年长沙县在初中阶段教育设施配置的基尼系数。数据结果显示，在初中阶段绝大多数的教育设施已经实现了均衡，只有生均固定资产、生均仪器设备值还存在着较大校际差异。其中生均固定资产值的基尼系数呈现逐年递减的趋势，而生均仪器设备值的基尼系数则呈现倒U型的发展趋势。值得注意的是，虽然这两个指标基尼系数均高于警戒值，但是截至2016年两个指标的基尼系数均有明显的下降，生均固定资产值从0.70下降到0.58，生均仪器设备值则从0.74下降到0.66。

表9-8　2014—2016年长沙县初中阶段教育设施配置的基尼系数

年份	生均教学及辅助用房面积	生均体育运动场馆面积	生均图书册数	生均计算机台数	生均固定资产	生均仪器设备值
2014	0.32	0.27	0.38	0.28	0.73	0.71
2015	0.32	0.33	0.39	0.41	0.70	0.74
2016	0.27	0.21	0.42	0.31	0.58	0.66

3. 义务教育师资力量均衡状况

表 9-9 表示 2014—2016 年长沙县小学师资力量配置的基尼系数。数据结果显示，长沙县小学师资力量配置已经绝大多数实现均衡，其中班师比三年绝对均衡。基尼系数较高的是生均高级职称教师和教师培训比例，说明需要加强高级职称教师的培养和引进，并增加教师培训的机会。

表 9-9　2014—2016 年长沙县小学师资力量配置的基尼系数

年份	生均高学历教师	生均高级职称教师	班师比	教师合格率	教师培训比例
2014	0.29	0.33	0.18	0.07	0.38
2015	0.30	0.34	0.18	0.14	0.35
2016	0.26	0.33	0.18	0.13	0.34

表 9-10 表示 2014—2016 年长沙县初中师资力量配置的基尼系数。数据结果显示，长沙县初中师资力量配置年际差异较大，大多数差异呈现逐年上升的趋势。因此，初中师资力量的均衡状况不佳，可以作为 2017 年的重点建设项目。

表 9-10　2014—2016 年长沙县初中师资力量配置的基尼系数

年份	生均高学历教师	生均高级职称教师	班师比	教师合格率	教师培训比例
2014	0.22	0.31	0.18	0.14	0.36
2015	0.32	0.41	0.18	0.50	0.42
2016	0.33	0.35	0.17	0.55	0.59

三、长沙县义务教育质量基本实现均衡

1. 教育实施过程的均衡状况

表 9-11 表示 2014—2016 年长沙县小学教育实施过程的基尼系数。数据结果显示，长沙县小学教育实施过程尚未完全实现均衡，其中实验课次数这个指标连续三年都超过了基尼系数的警戒值。

表 9-11 2014—2016 年长沙县小学教育实施过程的基尼系数

年份	实验课	每周课时	学生实践参与率	家长会次数
2014	0.50	0.30	0.14	0.30
2015	0.48	0.34	0.14	0.29
2016	0.49	0.39	0.11	0.28

表 9-12 表示 2014—2016 年长沙县初中教育实施过程的基尼系数。数据结果显示，初中教育实施过程尚未实现均衡，主要表现在实验课次数和学生实践参与率两个指标上。

表 9-12 2014—2016 年长沙县初中教育实施过程的基尼系数

年份	实验课	每周课时	学生实践参与率	家长会次数
2014	0.53	0.03	0.09	0.31
2015	0.50	0.03	0.56	0.33
2016	0.51	0.03	0.58	0.33

2. 教育实施结果的均衡状况

表 9-13、表 9-14 分别表示 2014—2016 年长沙县小学、初中阶段教育实施结果的基尼系数。数据结果显示，长沙县 2014 年至 2016 年小学和初中教育实施结果的各个指标均处于警戒值以下，这表明在教育实施结果方面长沙县义务教育阶段已经实现均衡。

表 9-13 2014—2016 年长沙县小学阶段教育实施结果的基尼系数

年份	学生体质健康合格率	学段巩固率	辍学率
2014	0.15	0.00	0.00
2015	0.15	0.00	0.00
2016	0.20	0.00	0.00

表 9-14 2014—2016 年长沙县初中阶段教育实施结果的基尼系数

年份	学生体质健康合格率	学段巩固率	辍学率
2014	0.15	0.01	0.10
2015	0.09	0.08	0.11
2016	0.12	0.01	0.09

四、长沙县义务教育政策实现均衡发展

1. 均衡发展成为长沙县义务教育发展的政策目标

为了促进义务教育均衡发展，长沙县先后出台了《长沙县县城中小学建设用地布局规划》《长沙县农村中小学布局发展规划（2011—2020）》《长沙县中小学校舍安全工程规划》，这些规划要求高起点、高投入、高标准办学，将学校建成放心工程，以此促进长沙县义务教育的均衡发展。同时，《长沙县教育局2016 年工作要点》中也明确指出，要紧扣"抓县域均衡，办公平教育"和"抓名校建设，办优质教育"两个主题任务来发展义务教育。通过优化布局规划促城乡间义务教育均衡发展，通过改善办学条件促中小学校际均衡。

除在政策中将义务教育均衡发展作为目标外，在政策实施过程中，也不断对本县的义务教育均衡状况进行监督。长沙县将小学、初中义务教育均衡评价作为工作要点，连续几年通过综合差异系数评价义务教育均衡发展状况。2016 年长沙县小学综合差异系数为0.39、初中综合差异系数为0.30，低于"小学0.65、初中0.55"的国家标准。这说明长沙县小学、初中义务教育发展总体基本均衡。

2. 新建学校，发展师资，教育扶贫成为长沙县促进义务教育均衡发展的重要手段

第一，新建学校。自 2013 年开始，长沙县就提出每年投资 4 亿用于学校建设，以此全面促进长沙县义务教育均衡发展。2016 年，长沙县新建中小学 3 所。2017 年，长沙县总投入 12.4 亿元，新建成 10 所学校，包括 8 所小学和 2 所中学，新增 414 个班、19110 个学位，成为全市新建学校数量和新增学位数最多的区县。同时，投入 1.42 亿元加强农村学校建设，完成 56 所义务教育标准化学校建设。2018 年，长沙县计划新建师大附中星沙学校、洋湖中学、天达中学、骏豪小学、天华小学、中南二小、泉星二小、北山镇中心小学等 8 所学校。通过新建学校、改善办学条件来大力促进校际均衡，实现教育资源优质均衡

发展。

第二，发展师资。近几年，长沙县不断加大教师招聘力度，2017年，长沙县将招聘新任教师500余人，定向培养农村教师40人以上。新聘教师优先安排至农村学校任教，力争做到向农村倾斜，优先保证农村师资数量和质量。同时，推动城区优秀教师的支教工作，为农村学校发展注入新鲜血液。此外，为进一步促进城乡义务教育均衡发展，长沙县还新建了一批农村中小学名师工作站，将名师资源辐射至农村学校。大力推进干部任期交流，定期开展中小学管理者和教师的校际交流，将优秀学校的教育、教学和管理工作经验辐射全县，做到让农村孩子也能享受到优质教育资源，发挥中心学校及其他示范学校的带头作用，缩小全县各校之间的教育差距，推动了全县义务教育的均衡发展。

第三，教育扶贫。长沙县通过改善贫困村办学条件，实施结对帮扶来提升贫困村学校教学质量，促进义务教育均衡发展。长沙县对贫困地区的教育资源和政策进行相应倾斜，特别是加强了对省定贫困村驻村学校住宿条件、图书室、实验室、体育场所建设和教学仪器等设备的配置，在硬件方面，力争与城区学校缩小差距。同时，贫困学校都与城区学校进行了结对帮扶，帮扶内容包括教育管理、教学示范、专题研讨、资源共享以及课程建设等，采取教师支教、教师结对子、学生手拉手等方式，达到提高贫困村学校教育教学水平的目的。通过结对互助，实现了学校间的互惠双赢，促进了不同学校之间在办学思想及学校管理水平上的跨越、教学质量上的提高以及师资队伍建设上的突破，从而达到均衡化的目标。

3. 改革招生，就近入学，长沙县义务教育率先实现"租售同权"

长沙县不断深化招生入学改革，着力解决外来务工人员子女入学问题，率先实现"租售同权"招生理念。第一，小学招生方面。长沙县实行"相对就近，适当调剂"原则进行招生。科学合理划分每所小学的学区范围，即使是无户无房的外来务工人员子女同样也可以通过缴纳社保的方式就近入学。在对学校管理人员的访谈中了解到，招生过程中学校招生老师都会指导外来务工人员子女如何入学，以此保证符合条件的报名学生都能就近入学。第二，初中招生方面，为均衡教育资源，城区星沙中学、松雅湖中学、百熙实验学校初中部、特立中学、泉塘中学、梨江中学等六所初中学校原则上实行单校划片和多校划片及相对就近入学调剂相结合的原则进行招生，以此保证小升初的公平公正，均衡教育资源。

4. 教师、学生、家长对义务教育均衡政策的评价

（1）入学机会均等的绩效评价

A 适龄儿童的入学机会均等评价

表 9-15 为长沙县教师、家长以及学生对入学机会均等的绩效评价。数据结果显示，绝大多数人认为现在已经基本实现了入学机会的均衡，但是这种认同比例由教师、家长、学生依次递减。其中，88%的教师对长沙县的入学机会均等表示认同，85%的家长对长沙县的入学机会均等表示认同，而仅有64%的学生对此表示认同。

表 9-15　长沙县教师、家长以及学生对入学机会均等的评价

评价主体	非常不同意	不同意	中立	同意	非常同意
教师	4%	2%	6%	41%	47%
家长	3%	3%	9%	57%	28%
学生	7%	4%	25%	35%	29%

B 就近入学

就近入学是衡量入学机会均衡的重要指标，从家长和学生对就近入学的评价来看，绝大多数被访者认为长沙县已经实现了就近入学，并且家长的认可度（表示同意和非常同意的比例占89%）远高于学生（表示同意和非常同意的比例约为53%）（见表9-16）。

表 9-16　长沙县家长与学生对就近入学的评价

评价主体	非常不同意	不同意	中立	同意	非常同意
家长	2%	3%	6%	57%	32%
学生	9.57%	15.13%	22.14%	25.14%	28.03%

（2）教育资源均等的绩效评价

A 教育经费配置

表 9-17 为长沙县教师与家长对教育经费投入的绩效评价。数据结果显示，教师认为教育经费投入达到均衡的约占79%，家长认同率更是达到了88%，说明绝大多数家长和教师认为各个学校之间的教育经费投入已经达到均衡。

表 9-17   长沙县教师与家长对学校教育经费配置均衡的评价

评价主体	非常不同意	不同意	中立	同意	非常同意
教师	2.03%	6.09%	13.20%	51.27%	27.41%
家长	2.17%	1.17%	8.18%	61.77%	26.71%

B 教育设施配置

表 9-18 为长沙县教师、家长和学生对教育设施配置均衡的评价。数据结果显示，绝大多数教师、家长和学生认为各个学校之间的教育设施配置已经达到基本均衡，并且家长认可比例是三个群体中最高，认同率达到 85%，其次为学生，认同率为 66%，最后为教师，认同率约为 56%。

表 9-18   长沙县教师、家长和学生对教育设施配置均衡的评价

评价主体	非常不同意	不同意	中立	同意	非常同意
教师	3.55%	21.32%	19.29%	36.04%	19.80%
家长	1.83%	2.82%	9.97%	61.29%	24.09%
学生	4.58%	6.03%	23.33%	35.94%	30.13%

C 师资力量配置

表 9-19 为长沙县教师、家长、学生对各个学校师资力量均衡的绩效评价。数据结果显示，绝大多数被访者认为长沙县已经实现了师资力量的均衡，并且教师对此评价最高，认同率约为 84%，其次是家长，认同率约为 79%，最后是学生，认同率约为 63%。

表 9-19   长沙县教师、家长、学生对师资力量配置均衡的评价

评价主体	非常不同意	不同意	中立	同意	非常同意
教师	1.67%	2.67%	12%	58.67%	25%
家长	4.45%	3.56%	13.25%	31.63%	47.10%
学生	4.57%	16.24%	16.24%	37.56%	25.38%

（3）教育质量均衡的绩效评价

表9-20为长沙县教师、家长、学生对学校班级管理的评价。本部分的学校管理从学校是否已经取消重点班（或者尖子班）来进行测度。由表9-20可知，非常同意和同意已经取消了重点班的教师约占79.5%，家长约占41%，学生约占63.45%，表明长沙县大多数学校已经取消了重点班，校内的优质资源得到了均衡的分配。

表9-20　长沙县教师、家长、学生对学校班级管理的评价

评价主体	非常不同意	不同意	中立	同意	非常同意
教师	2.33%	5%	13.17%	50.50%	29%
家长	6.14%	8.37%	44.42%	22.66%	18.42%
学生	2.54%	11.17%	22.84%	31.47%	31.98%

（4）教育均衡其他政策的评价

A 教师流动与校长轮换政策

表9-21为长沙县教师对优秀教师流动、校长轮换政策的评价。调查结果显示，绝大多数教师对优秀教师应该在各个学校中流动和校长应该在各个学校进行轮换的政策表示认同，认同率分别约为86%和76%，对优秀教师轮换的认同程度高于校长轮换。

表9-21　长沙县教师对优秀教师流动、校长轮换政策的评价

评价对象	非常不同意	不同意	中立	同意	非常同意
优秀教师流动	1.52%	4.06%	8.64%	41.62%	44.16%
校长轮换	3.55%	4.57%	16.24%	38.58%	37.06%

B 租售同权政策

表9-22为长沙县教师、家长对租售同权政策的评价。调查结果显示，绝大多数被访者认同租售同权，其中教师的认同率为85.81%，家长的认同率为85.79%。家长和教师共同认为租房者应该享有与买房者同等的受教育权利。

表 9-22　长沙县教师、家长对租售同权政策的评价

评价主体	非常不同意	不同意	中立	同意	非常同意
教师	2.34%	2.34%	9.53%	50.58%	35.23%
家长	4.06%	2.03%	8.12%	44.67%	41.12%

第三节　长沙县义务教育均衡发展存在的问题

一、城乡间义务教育资源配置差异仍然存在

由上述数据分析结果可知，长沙县义务教育生均专项经费支出（基尼系数在 0.6 左右）和生均固定资产（基尼系数在 0.5 左右）两项义务教育资源配置均衡指标校际差异较大。通过政策评价问卷调查数据也发现，家长、学生和教师对义务教育设施均衡评价并不高，其中教师仅有 56% 认同义务教育设施实现了均衡。在质性访谈中发现，虽然农村学校的教育设施与城区学校之间缩小了差距，但差距仍然存在。主要原因在于：

其一，虽然长沙县对农村教育设施投入一定程度倾斜，但因为生源向城区集中，所以城区投入力度还是大于农村；

其二，长沙县农村生源不断向城区聚拢，导致农村生均占有的教育资源量高于城区，出现倒挂现象，导致生均固定资产存在较大的校际差异。

二、师资力量不足，教师队伍稳定性差

数据分析显示，长沙县义务教育师资力量均衡的各项指标基尼系数都在警戒值 0.4 以下，一定程度上说明师资力量配置均衡状况良好。但在质性访谈中发现，其一，长沙县农村中小学师资力量明显不足，课程设置与师资力量不匹配，很多课程缺乏专职教师，教师学科专业化程度不够，比如多数农村学校的信息技术、体育、艺术等规定课程没有专职教师，只能由班主任或其他教师兼上；其二，教师编制不足，校聘教师的比重偏高，这导致教师流动性增大；其三，农村社会经济发展落后，学校位置偏远，交通不便，很难对优秀教师、年轻教师形成吸引力。

三、生源向城区集中，生源分配城乡不均衡

随着长沙县城镇化进程的加快以及大型企业的加速发展，城镇居民和外来务工人员人数都在不断增加，由于农村学校相对薄弱，致使外来生源和农村生源主要向城区集中，而城区学校规模有限，最终导致城区义务教育学位资源紧张。从访谈中了解到城区近一半学生都来自外来务工家庭或者农村家庭。虽然长沙县在 2017 年新建多所中小学，但仍未能满足日益增长的生源需求，仍需要缓解部分中小学生源"爆棚"现象。

第四节　推进长沙县义务教育均衡发展的建议

一、政府主导、引入社会资本，继续扩大农村教育经费的投入

1. 进一步加大政府财政投入，对教学质量较差、办学条件欠妥的学校，政府需要对口支援，加大投入。

2. 吸引社会资本，成立教育集团，实现教育优质均衡发展。发挥典型学校（如盼盼小学、金鹰小学）的带头和引领作用，在全县范围内继续探索集团办学，为社会资金进入义务教育阶段办学提供途径。

3. 扩大农村教育经费的投入，教育经费继续向农村地区倾斜，以改善农村学校的办学条件，缩短城乡学校的差距。

二、建立校际帮扶机制，适量增加教师编制，提高农村教师待遇

1. 采取"强校带弱校""大校带小校"办法，促进薄弱学校办学水平提升，缩小校际差距。一方面，把帮扶学校与名校的绩效评价挂钩，进行统一管理、统一评价；另一方面，建立城区优秀教师、名校长定期到农村交流的机制。把流动、轮换作为教师晋升职称的必要条件，增加教师、校长流动的积极性。

2. 调整现有生师比，根据学科门类，制定合适的生师比，适度扩大教师编制，保持义务教育阶段教师队伍的稳定性。

3. 提高农村教师待遇，除了统一工资、津贴以外，对长期在农村工作的教师，提供奖励性补贴。

三、改变传统择校观念，改善农村学校办学条件，促进学生就近入学

1. 发挥基层政府作用，对家长、学生进行义务教育均衡政策的宣传，改变农村人口"优质教育在城市"的传统观念。

2. 改善普通学校尤其是农村学校的办学条件，提高办学条件，提升教师能力素质，优化学校管理体制，从硬件和软件两方面增加吸引力，吸引学生回流。

3. 建立激励机制，鼓励学生回到家乡，就近入学，比如对农村就近入学的学生提供适度的助学奖金。

第十章

浏阳市义务教育均衡发展政策评估子报告

浏阳市地处湘东，辖 32 个乡镇（街道），总面积 5007 平方千米，人口 149 万。现全市拥有普通小学 297 所（含教学点），教职员工 3960 人，本年招生 18013 人，在校学生 103303 人，毕业 15968 人；普通初中 52 所，教职员工 3036 人，本年招生 15942 人，在校学生 45450 人，毕业 13659 人。

2016 年，在浏阳市委、市政府的正确领导下，全市教育工作者开拓进取，扎实推进教育基本现代化建设，成效显著，实现了"十三五"浏阳教育发展的良好开局。高考质量连续九年稳居长沙四县（市区）第一名。"择校热""大班额""招生改革""标准化学校建设"等民生热点难点问题实现重大突破，争取省级教育资金 1.03 亿元。社区教育、群文阅读、质量监测、学校改薄共 4 项工作获国家奖励或推介，阳光服务、档案管理、教师培训、安全工作、乡村教师支持、素质教育、课堂改革共 7 项工作获省级奖励或推介，另有 28 项工作获长沙市级表彰奖励。

第一节 浏阳市义务教育均衡发展政策评估的对象

一、研究范围与对象

本次评估主要针对教育机会公平、义务教育资源配置均衡、义务教育质量均衡和政府政策均衡四方面，利用文献分析、问卷调查、质性访谈的方法，全方位对现阶段浏阳市义务教育均衡发展状况进行评估。

具体评估对象为长沙市下辖的浏阳市，从浏阳市随机抽取 20 所小学、10 所初中，选取处于四至九年级的学生、家长、教师，以及从事义务教育相关工作的学校领导和政府工作人员，进行问卷调查和质性访谈。本次调查共发放问卷为在校中小学生 1070 人，家长 1070 人，教职工 54 人；有效问卷为在校学生中小学生 883 人，家长 696 人，教职工 54 人；访谈在校学生 6 人，家长 6 人，教职工 4 人，学校管理人员 3 人，政府工作人员 5 人。

二、样本描述

表10-1学生样本描述了被调查中小学生的基本特征，包括性别、年龄、年级和户口状况。

表 10-1　学生样本描述

项目	频数	百分比
性别		
男孩	375	42.81
女孩	501	57.19
样本量	876	100.00
年龄		
均值	11.44	
样本量	846	
年级		
四年级	125	14.27
五年级	228	26.03
六年级	194	22.15
七年级	107	12.21
八年级	125	14.27
九年级	97	11.07
样本量	876	100.00
户口		
农村户口	546	62.40
城市户口	116	13.26

续表

项目	频数	百分比
不清楚	213	24.34
样本量	875	100.00

从调查样本分布来看，性别比基本均衡，女孩比例高于男孩比例，平均年龄约 11 岁，小学生（四、五、六年级）人数高于初中生（七、八、九年级）人数，农村户口的学生比例远高于城市户口，这符合浏阳市作为农村教育县义务教育阶段学生的基本分布。

表 10-2 家长样本描述了被调查家长的基本特征，包括性别、年龄、户口状况、民族以及社会经济地位等。

表 10-2 家长样本描述

项目	频数	百分比
性别		
男	216	31.53
女	469	68.47
样本量	685	100.00
年龄		
均值	38.51	
样本量	439	
户口所在地		
本地	539	79.38
外地	140	20.62
样本量	679	100.00
户口类型		
城市户口	188	27.45

续表

项目	频数	百分比
农村户口	497	72.55
样本量	685	100.00
民族		
汉族	672	98.53
少数民族	10	1.47
样本量	682	100.00
受教育程度		
高中及以下	439	64.84
中专	102	15.07
大专	62	9.16
本科	62	9.16
研究生及以上	12	1.77
样本量	677	100.00
职业类型		
党政机关、党群组织、事业单位负责人	9	1.43
国有或集体企业负责人	25	3.97
私营企业主	25	3.97
专业技术人员	38	6.04
普通公务员、办事人员	42	6.68
个体工商户	46	7.31
商业服务业人员	58	9.22
技术工人	72	11.45

续表

项目	频数	百分比
非技术工人	58	9.22
农林牧渔业生产人员	13	2.07
军人	3	0.48
城乡无业失业半失业者	32	5.09
从未就业的学生	1	0.16
家务劳动	149	23.69
其他	58	9.22
样本量	629	100.00
月收入		
均值	9577.87	
样本量	555	

从人口特征分布来看，女性家长比例高出男性家长比例接近一倍；被访者平均年龄约为 39 岁；以本地户口、农村户口为主；绝大多数家长为汉族，仅 1.47%的为少数民族。从社会经济地位来看，家长整体社会经济地位不是特别高，数据显示超过一半的家长受教育程度在高中和高中以下，家长的职业分布比较分散，多数从属劳务性工作如家务劳动、商业服务业人员、非技术工人等，家庭收入平均为 9577.87 元。

表 10-3 教师样本统计表描述了被调查教师的基本特征，包括性别、年龄、民族、受教育程度、专业职称以及所带年级。

表 10-3 教师样本描述

项目	频数	百分比
性别		
男	14	25.93
女	40	74.07

续表

项目	频数	百分比
样本量	54	100.00
年龄		
均值	40.74	
样本量	54	
民族		
汉族	54	100.00
少数民族	0	0.00
样本量	54	100.00
受教育程度		
高中及以下	0	0.00
中专	4	7.41
大专	10	18.52
本科	38	70.37
研究生及以上	2	3.70
样本量	54	100.00
专业职称		
正高级	0	0.00
高级	12	22.22
一级	30	55.56
二级	10	18.52
三级	2	3.70
样本量	52	100.00
所带的年级		
一年级	0	0.00

项目	频数	百分比
二年级	0	0.00
三年级	0	0.00
四年级	11	21.15
五年级	6	11.54
六年级	15	28.85
七年级	8	15.38
八年级	2	3.85
九年级	8	15.38
其他	2	3.85
样本量	54	100.00

从被访者特征分布来看，女性教师比例远高于男性教师；被访者平均年龄较大，约为41岁；全部教师为汉族；教师的教育水平普遍较高，基本受过高等教育，绝大多数老师为本科及以上学历；被访教师的专业职称集中在一级、二级教师，有超过二成的高级职称；教师涉及四年级至九年级的各个年级，分布较为均匀。

第二节　浏阳市义务教育均衡发展的现状

一、浏阳市义务教育段入学机会均等已经实现

浏阳市2014—2016年《国民经济和社会发展统计公报》显示，现阶段浏阳市小学、初中适龄人口入学率均达100%，小学辍学率和初中辍学率均为0%（表10-4）。

表 10-4　浏阳市入学率

年份	小学入学率	初中入学率	小学辍学率	初中辍学率
2014	100%	100%	0%	0%
2015	100%	100%	0%	0%
2016	100%	100%	0%	0%

数据来源：2014—2016 年国民经济和社会发展统计公报。

二、浏阳市义务教育资源配置均衡基本形成

1. 义务教育经费均衡状况

表 10-5 表示 2014—2016 年浏阳市在初中阶段教育经费的基尼系数。

表 10-5　2014—2016 年浏阳市初中教育经费的基尼系数

年份	生均教育经费总投入	生均专项经费支出	师均工资福利支出
2014	0.21	0.51	0.14
2015	0.45	0.62	0.39
2016	0.42	0.56	0.41

　　数据结果显示，浏阳市在初中阶段教育经费仍存在总体不均衡问题。在 2015 年时生均教育经费总投入、生均专项经费支出、师均工资福利支出这三项还存在较大的校际差异，而到了 2016 年三项基尼系数虽有所降低，但是仍处在一个差距较大的标准范围内，其中生均专项经费支出基尼系数约为 0.56，处在 0.5~0.6 之间，经费支出不均衡问题在三项指标中最为严重。结合访谈，可以了解到目前浏阳市虽在教育领域投入不断加大，几乎占据财政投入的一半左右，但是在三项的经费投入中，均衡问题并没有得实质性的改善，应在这方面引起更高的重视。

　　表 10-6 表示 2014—2016 年浏阳市在小学阶段教育经费的基尼系数。

表 10-6　2014—2016 年浏阳市小学教育经费的基尼系数

年份	生均教育经费总投入	生均专项经费支出	师均工资福利支出
2014	0.15	0.37	0.09

续表

年份	生均教育经费总投入	生均专项经费支出	师均工资福利支出
2015	0.14	0.41	0.06
2016	0.14	0.36	0.06

数据结果显示，浏阳市在小学阶段教育事业经费部分实现均衡。其中生均教育经费总投入与师均工资福利支出在2014年和2015年都有较好的成绩，并且到2016年为止一直有良好的发展，始终保持在合理的范围内，尤其是师均工资福利支出基本均衡。而生均专项经费支出，与之前相比有所改善，但在校际仍然存在相对较大的差异。

2. 教育设施均衡状况

（1）浏阳市初中教育设施均衡状况

表10-7表示2014—2016年浏阳市在初中阶段教育设施配置的基尼系数。

表10-7 2014—2016年浏阳市在初中阶段教育设施配置的基尼系数

年份	生均教学及辅助用房面积	生均体育运动场馆面积	生均图书册数	生均计算机台数	生均固定资产	生均仪器设备值
2014	0.27	0.16	0.09	0.20	0.27	0.05
2015	0.28	0.33	0.15	0.22	0.40	0.14
2016	0.26	0.25	0.16	0.19	0.40	0.17

数据结果显示，初中生均教学及辅助用房面积、生均体育运动场馆面积、生均计算机台数与生均固定资产这四项指标随着时间的推移，呈现倒U型发展趋势。2015年达最大值，2016年与2015年相比教育设施校际差异有所改善，并都保持在合理的范围内，但其中生均固定资产较为突出，虽有所改善，在校际的差异仍有很大问题。而其余两项指标随着时间基尼系数逐渐升高，仍处于良好的发展趋势。

（2）浏阳市小学教育设施均衡状况

表10-8表示2014—2016年浏阳市在小学阶段教育设施配置的基尼系数。

表 10-8　2014—2016 年浏阳市在小学阶段教育设施配置的基尼系数

年份	生均教学及辅助用房面积	生均体育运动场馆面积	生均图书册数	生均计算机台数	生均固定资产	生均仪器设备值
2014	0.28	0.01	0.01	0.29	0.52	0.02
2015	0.30	0.15	0.21	0.32	0.52	0.16
2016	0.27	0.22	0.20	0.32	0.50	0.19

数据结果显示，在小学阶段绝大多数的教育设施基尼系数在基本合理的范围内。其中有两项指标比较突出。第一是生均仪器设备值基尼系数小于 0.2，基本已经实现了均衡。第二是生均固定资产基尼系数已经达到了 0.5 以上，说明还存在着巨大的校际差异，这个差异在 2016 年并没有得到很大的缓解。

3. 义务教育师资力量均衡状况

（1）浏阳市初中师资力量均衡状况

表 10-9 表示 2014—2016 年浏阳市初中师资力量配置的基尼系数。

表 10-9　2014—2016 年浏阳市初中师资力量配置的基尼系数

年份	生均高学历教师	生均高级职称教师	班师比	教师合格率	教师培训比例
2014	0.13	0.28	0.11	0.17	0.31
2015	0.13	0.26	0.11	0.15	0.28
2016	0.13	0.27	0.10	0.13	0.28

数据结果显示，浏阳市初中师资基尼系数基本保持在 0.3 以下，说明师资力量配置已经绝大多数实现均衡。其中两项生均高级职称教师和教师培训比例与其他几项相比，改善不明显，仍然需要平衡师资力量和培训比例的分配。

（2）浏阳市小学师资力量均衡状况

表 10-10 表示 2014—2016 年浏阳市小学师资力量配置的基尼系数。数据结果显示，浏阳小学师资力量配置基本已实现均衡，但在教师培训比例上，虽在 2015 年有所缩小，但存在较大校际差异，其次 2016 年生均高级职称教师和生均高学历教师的校际差异增大。另一方面，教师合格率一直保持着合理的发展，基本已实现均衡。

表 10-10 2014—2016 年浏阳市小学师资力量配置的基尼系数

年份	生均高学历教师	生均高级职称教师	班师比	教师合格率	教师培训比例
2014	0.24	0.20	0.26	0.09	0.48
2015	0.24	0.22	0.30	0.08	0.34
2016	0.26	0.26	0.20	0.07	0.38

由此以上分析可知，浏阳市义务教育在资源配置上基本形成均衡态势，其中以教育经费均衡差异最大，其次为教育设施配置均衡，而师资力量均衡则是发展最为均衡的一项。

三、浏阳市义务教育质量基本实现均衡

1. 教育实施过程的均衡状况

（1）浏阳市初中教育实施过程的均衡状况

表 10-11 表示 2014—2016 年浏阳市初中教育实施过程的基尼系数。数据结果显示，浏阳市初中教育实施过程尚未达到完全均衡，主要体现在课程安排上，其中实验课程安排次数基尼系数超过 0.8，存在较大的校际差异。

表 10-11 2014—2016 年浏阳市初中教育实施过程的基尼系数

年份	实验课	每周课时	学生实践参与率	家长会次数
2014	0.81	0.00	0.16	0.21
2015	0.82	0.00	0.16	0.21
2016	0.83	0.00	0.15	0.21

（2）浏阳市小学教育实施过程的均衡状况

表 10-12 表示 2014—2016 年浏阳市小学教育实施过程的基尼系数。数据结果显示，小学教育实施过程基本实现均衡，但在实验课安排上不均衡问题尤为严重。

表 10-12 2014—2016 年浏阳市小学教育实施过程的基尼系数

年份	实验课	每周课时	学生实践参与率	家长会次数
2014	0.47	0.05	0.33	0.35

续表

年份	实验课	每周课时	学生实践参与率	家长会次数
2015	0.46	0.05	0.32	0.34
2016	0.49	0.05	0.31	0.34

2. 教育实施结果的均衡状况

表 10-13、表 10-14 分别表示 2014—2016 年浏阳市初中、小学阶段教育实施结果的基尼系数。数据结果显示,浏阳市在义务教育阶段教育实施结果方面已经不存在校际差异,已经实现均衡。

表 10-13　2014—2016 年浏阳市初中阶段教育实施结果的基尼系数

年份	学生体质健康合格率	学段巩固率	学业水平合格率	辍学率
2014	0.21	0.00	0.08	0.00
2015	0.20	0.00	0.07	0.00
2016	0.18	0.00	0.06	0.00

表 10-14　2014—2016 年浏阳市小学阶段教育实施结果的基尼系数

年份	学生体质健康合格率	学段巩固率	辍学率
2014	0.19	0.00	0.00
2015	0.19	0.00	0.00
2016	0.18	0.00	0.00

四、浏阳市义务教育政策实现均衡

1. 均衡发展成为义务教育发展的政策目标

近年来,浏阳市委、市政府为充分贯彻中央、国务院以及长沙市政府的义务教育均衡化要求,始终把教育放在优先发展的战略地位,把均衡发展理念作为政府发展义务教育的指导思想,不断加大公共财政对教育的投入,优化教育资源配置,扩大优质教育资源总量,全面提高教育教学质量,有效推进义务教育的均衡发展。

（1）坚持教育优先，强化教育责任

近年来，浏阳市充分认识到推进义务教育均衡发展的重要意义，坚持把"科教优先"作为市域经济发展的重要战略之一，把教育均衡发展摆在重中之重的位置。一是坚持教育优先。印发了《关于推进义务教育均衡发展的若干意见》，把义务教育均衡发展纳入刚性管理，强化了各级领导重视教育的意识，促进教育全面、协调发展。二是建设教育强市。2007 年召开全市教育工作会议，率先在全省提出建设教育强市的目标。2009 年召开推进教育强市工作会议，全面推动了教育强乡镇（街道）的建设工作。积极推进农村义务教育经费管理体制改革，义务教育阶段"普九"债务已全部偿还，按国家规定完成了义务教育阶段教师的绩效工资发放，建立健全了科学规范、高效快捷的资金拨付制度，确保资金及时足额到位。同时，该市社会各界捐资助学、捐款建校，自 2012 年底市委、市政府发出捐资助学、改善偏远山区办学条件的倡议以来，全市各界积极响应，掀起了一股捐资助学的热潮，为 15 所山区薄弱学校办实事、解难题。

（2）改善办学条件，夯实教育基础

近年来，浏阳市坚持"三个推进"，全面开展学校建设，有力促进了城乡教育的均衡发展。一是全面推进合格学校建设。制定了《浏阳市义务教育阶段合格学校建设规划》，明确了相关部门的责任，并层层签订目标责任状。从 2013 年起，计划用三年时间，完成 213 所学校的改造任务。二是努力推进重点工程建设。以重点工程为抓手，不断完善学校办学条件。三是积极推进"信息强教"战略。浏阳市积极实施现代化教育工程，不断完善学校教育教学设施。

（3）注重队伍建设，深化教育内涵

教师是教育事业的第一资源，要实现教育均衡发展，教师队伍的建设至关重要。一是建立人才引进机制。2016--2017 年，浏阳市新招聘（引进）教师749 人，其中从北京师范大学等部属师范院校引进 60 人（2016 年 43 人，2017 年 17 人）。同时，建设教师周转房，实施山区教师津补贴制度和奖励制度，确保山区教师引得进、教得好、留得住。二是推行在岗全员培训。每年安排 400 万元教师培训经费，落实教师培训工作。完善入职培训、岗位培训、高级培训、骨干研修、校本研修等系列培训模式。三是搭建专业成长平台。有效实施"新世纪教师读书工程""名师、骨干教师培养工程""小学校长培养工程"等，积极培育干部和教师。同时，不断创新人事管理机制，努力建立科学的教师调配交流机制。

（4）建立调配机制，促进生源均衡

生源质量不均衡是导致教学质量不均衡的一个重要原因。浏阳市坚持义务教育阶段"免试入学、就近入学"的原则，下发了专门文件严肃招生纪律，规范招生秩序，帮助条件相对较差的初中留住较好生源，提升教育水平，择校现象得到有效遏制。

2. 教师、学生、家长对义务教育均衡政策的绩效评价

（1）入学机会均等的绩效评价

A 适龄儿童的入学机会均等评价

表 10-15 为浏阳市教师、家长以及学生对入学机会均等的绩效评价。

表 10-15　浏阳市教师、家长以及学生对入学机会均等的绩效评价

评价主体	非常不同意	不同意	中立	同意	非常同意
教师	8%	2%	11%	33%	46%
家长	4%	4%	8%	51%	33%
学生	6%	5%	21%	32%	36%

数据结果显示，绝大多数人认为现在已经基本实现了入学机会的均衡，教师、家长的认同比例基本相等，其中，家长对入学机会均等表示认同比值最高，为 84%，79% 的教师对浏阳市的入学机会均等表示认同，68% 的学生对此表示认同。

B 就近入学

表 10-16 为浏阳市家长与学生对就近入学的绩效评价。数据结果显示，大多数被访者认为浏阳市基本实现了就近入学，家长持认同态度的比例为 78%，学生为 53%。家长远高于学生。

表 10-16　浏阳市家长与学生对就近入学的绩效评价

评价主体	非常不同意	不同意	中立	同意	非常同意
家长	6%	7%	9%	52%	26%
学生	9%	17%	21%	26%	27%

（2）教育资源均等的绩效评价

A 教育经费配置

表 10-17 分别为浏阳市教师与家长对教育经费经费配置的绩效评价。数据

结果显示，绝大多数家长和教师认为各个学校之间的教育经费投入已经达到基本均衡。

表 10-17 浏阳市教师与家长对学校教育经费配置均衡的评价

评价主体	非常不同意	不同意	中立	同意	非常同意
教师	4%	7%	24%	50%	15%
家长	3%	4%	12%	54%	27%

B 教育设施配置

表 10-18 为浏阳市教师、家长、学生对教育设施配置的绩效评价。数据结果表明，绝对多数家长认为学校之间的教育资源配置基本实现了均衡发展。而只有超过半数的学生认同这一说法，而赞同这一说法的教师仅有 46%。

表 10-18 浏阳市教师、家长、学生对教育设施配置均衡的评价

评价主体	非常不同意	不同意	中立	同意	非常同意
教师	11%	26%	17%	42%	4%
家长	2.12%	5.45%	14.39%	58.94%	19.09%
学生	9%	10%	28%	28%	25%

C 师资力量配置

表 10-19 为浏阳市教师、家长、学生对各个学校师资力量均衡的绩效评价。数据结果显示，大多数被访者认为浏阳市已经实现了师资力量的均衡，并且家长和学生对此的评价比较高，而教师的评价相对较低。

表 10-19 浏阳市教师、家长、学生对师资力量配置均衡的评价

评价主体	非常不同意	不同意	中立	同意	非常同意
教师	14.81%	14.81%	14.81%	37.04%	18.52%
家长	3.22%	5.21%	15.18%	48.47%	27.91%
学生	4.56%	4.78%	9.57%	21.53%	59.57%

以上数据可知，绝大多数被访者认为浏阳市的教育资源配置已经处于基本均衡状态，但是还有部分被访者并不认可。从入学机会、教育资源配置和师资力量配置的比较来看，入学机会均衡认可度最高，其次为师资力量配置均衡，而教育资源配置均衡认可度最低。

（3）教育质量均衡的绩效评价

A 教育实施过程

表 10-20 为浏阳市教师、家长、学生对学校班级管理的评价。本部分的学校管理从学校是否已经取消重点班（或者尖子班）来进行测度。数据结果显示，大多家长和教师认同学校已经取消了重点班，在校内优质教育资源已经趋于均等。但学生对于是否已经取消重点班仍存在疑问。

表 10-20　浏阳市教师、家长、学生对学校班级管理的评价

评价主体	非常不同意	不同意	中立	同意	非常同意
教师	3.7%	14.81%	14.81%	33.33%	33.33%
家长	5.08%	10.62%	17.38%	38.31%	28.62%
学生	24.97%	12.2%	16.65%	11.52%	34.66%

表 10-21 为浏阳市教师对学校教师工资收入满意的评价。数据结果显示，在调查的教师中间对自己的收入满意度基本呈正态分布的状况，43%的教师认为自己的收入一般，将近46%的教师对自己的收入满意，其中只有少数非常满意，剩余11%的人表示不满意。

表 10-21　浏阳市教师对学校工资收入满意度的评价

评价主体	非常不同意	不同意	一般	同意	非常同意
教师	0%	11.11%	42.59%	40.74%	5.56%

B 教育实施结果

表 10-22 为浏阳市教师、家长、学生对教育实施结果的评价。

表 10-22　浏阳市教师、家长、学生对教育实施结果均衡的评价

评价主体	非常不同意	不同意	中立	同意	非常同意
教师	3.70%	27.78%	25.93%	31.48%	11.11%

续表

评价主体	非常不同意	不同意	中立	同意	非常同意
家长	2.91%	7.67%	15.03%	46.47%	27.91%
学生	4.90%	8.10%	38.65%	21.21%	27.14%

教育实施结果主要通过各个学校之间的升学率是否相同进行测度。数据结果显示，绝大多数被访者认同学校之间的升学率已经不存在差异了。其中，家长认同的比例最高，其次为教师，学生认同比例最低。

（4）义务教育均衡其他政策的评价

A 教师流动与校长轮换政策

表10-23为浏阳市教师对优秀教师流动、校长轮换政策的评价。调查结果显示，绝大多数的教师认同优秀教师和校长是可以在长沙各学校之间无障碍流动和有序轮换的，分别占总数的83.34%和57.41%，其中，对教师的流动政策认同度高于校长轮流政策认同度。结合访谈可以了解到大部分的教师和管理者认同此观点，但同时也认为这种做法可能带来一定的弊端。一方面，这种流动和交换可以在学校之间相互学习，吸取经验，甚至可以引领一个学校的成长。另一方面，短期的交流也会带来一些问题，教师在交流期间要么无法深入，要么无法给学校带来实质性的改变。另外，操作不当还会给交流教师的家庭造成负面影响。

表10-23　浏阳市教师对优秀教师流动、校长轮换政策的评价

评价对象	非常不同意	不同意	中立	同意	非常同意
优秀教师流动	3.70%	7.41%	5.56%	46.30%	37.04%
校长轮换	11.11%	9.26%	22.22%	35.19%	22.22%

B 租售同权政策

表10-24为浏阳市教师、家长对租售同权政策的评价。

表10-24　浏阳市教师、家长对租售同权政策的评价

评价主体	非常不同意	不同意	中立	同意	非常同意
教师	11.11%	7.41%	3.70%	31.48%	46.30%

评价主体	非常不同意	不同意	中立	同意	非常同意
家长	3.07%	4.91%	11.66%	45.71%	34.66%

调查结果显示，绝大多数被访者对租售同权持肯定态度，认同租房者应该享有与买房者孩子同等的受教育权利。但结合访谈了解到，对此政策的态度呈现两极分化的趋势。一方面，支持者认为，租售同权政策让无户无房人群的子女也享有同等教学权利，体现了教育的均衡发展。而另一方面，反对者认为这项政策没有考虑到学校的学位数量，无法完全接受这类人群，造成了学位的紧缺，并且认为学区房在一定程度上就是鼓励择校行为，变相支持不均衡发展。

第三节　浏阳市义务教育均衡发展存在的问题

一、教育资源配置不均衡，城乡差异明显

调研发现，浏阳市的校际教育设施配置差异较为悬殊，尤其是在中小学生均专项经费支出方面。从数据分析结果上来看，2016 年浏阳市初中生均专项经费支出基尼系数达到了 0.56，小学生均专项经费在 2014 年至 2016 年间也呈现持续偏高的状态；在政策评价调查中，37% 的学生家长认为浏阳市现阶段义务教育存在的最大问题也是城乡教育资源配置不均衡。

课题组在对浏阳市教育局和财政局的访谈时也发现，虽然近年来浏阳市政府一直在农村学校基础设施建设方面投入了大量的人力、物力和财力，但囿于城乡之间经济发展的现实差距，农村地区学校的教学设备和师资力量还是总体落后于城区。具体表现在，农村中小学普遍存在专业教师匮乏问题，很多教师需要承担多门课程的教学任务，无法适应时代要求；农村学校对优秀教师和年轻教师的吸引力不够，即便能提供的待遇较高，农村教师队伍依然明显不够稳定。

二、学校在办学过程中缺乏自主性和独立性，影响了义务教育质量的提高

在调研过程中，多名中小学校长均向课题组反映，在我国现行的义务教育管理体制下，政府没有给予学校以足够的人事权和财政独立权，使得学校受编

制所困，很难自主聘用教师，因此只能依靠流动性较大的代课老师来完成教学任务。

三、政府在义务教育工作上的可用财力和教师岗位编制不够，限制了当地义务教育事业的发展

一方面，从浏阳市教育局和财政局方面反映的情况显示，浏阳市作为经济强县和教育强县，政府每年在义务教育事业上投入巨大，仅 2016 年浏阳市就投入了 40 亿元，教育经费已占可用财力的将近一半。然而即便如此，由于浏阳义务教育教学点数量大，建设面广，硬件条件参差不齐，如果按照国务院制定的我国现行义务教育投入标准，浏阳市在义务教育工作上的财政压力比较大。另一方面，由于国家现有的义务教育教师队伍编制政策很难适应当前急速增长的中小学人数发展趋势，导致中小学教师编制的缺口越来越大，难以建设一支稳定、高质量的师资队伍，也很难保证城乡间教师资源的均衡配置。

第四节　推进浏阳市义务教育均衡发展的建议

一、增加义务教育财政投入

继续增加财政在义务教育发展方面投入，注重对薄弱地区的教育的支持，促进城镇和乡村教育差距的缩小，解决硬件和"软件"方面差距较大的现实，实现学校间、城乡间教育资源的均衡，这是浏阳义务教育均衡发展的主要矛盾和主要方面。

二、解决教师待遇、编制与发展难题

对于教师问题，其一要保证教师的福利待遇，增强教师幸福感、获得感，从而提高其责任感。

其二要解决编制问题，适当增加学校的教师编制，建立学校通过政府部门引导的由合适的师生比为基础的体制内教师的补充机制。

其三，通过前两点增加对教师的吸引力，引进新人才、新教师，补充新师资。

其四，落后地区、教育薄弱的学校要积极走出来与教育先进的学校交流，建立合作关系。

三、理顺义务教育管理体制机制

建立一个上级政府支持和统筹、下级政府落实和发挥相对独立性的决策—执行体系，同时畅通学校、教职工、家长、社会其他群体反映问题的渠道。

四、完善促进义务教育均衡发展的监督机制

对促进义务教育均衡发展的一系列政策的实施和落实要有一定的监督机制，除了政府的监督外，应进一步促进社会组织对义务教育均衡发展的监督和评价，如更广泛地引入第三方评估机制，这样才能更为及时和准确地找到问题，有效提升义务教育质量。

第十一章

宁乡市义务教育均衡发展政策评估子报告

宁乡，是省会近郊县和副中心城市，地处长株潭城市群和环洞庭湖生态经济圈的接合部，是长株潭"两型"社会综合配套改革试验区重要组团。现辖29个乡镇（街道），1个国家级经济开发区，1个省级经济开发区。截至2016年年底，全市总面积2912.09平方千米，户籍总人口126.56万人。全市现有中小学311所，其中小学181所，小学教学点59个，九年一贯制学校11所，十二年一贯制学校1所，初级中学58所，完全中学1所。在校学生数117453人，其中小学在校学生数77050人，中学生在校学生数40403人，教职工数7644人。

2013年宁乡县通过全国义务教育基本均衡发展县督导评估。2014年荣膺湖南教育强县。在"十二五"期间，先后被认定为湖南省基础教育改革综合试点县、全国学前教育改革试点县、湖南省家长学校建设试点县、湖南省教育信息化建设试点县。

第一节　宁乡市义务教育均衡发展政策评估的对象

一、研究范围与对象

本次评估主要针对教育机会公平、义务教育资源配置均衡、义务教育质量均衡发展和政府政策均衡四方面，利用文献分析、问卷调查、质性访谈的方法，全方位对现阶段宁乡市义务教育均衡发展状况进行评估。

评估共涉中小学21所（具体抽样学校见表11-1），其中小学11所，中学10所。其中学生问卷发放840份，回收有效问卷822份，问卷回收有效率97.86%。家长问卷发放420份，回收有效问卷408份，问卷回收有效率97.14%。教师卷发放21份，回收有效问卷21份，问卷回收有效率100%。访谈在校学生6人，家长6人，教职工6人，学校管理人员3人，政府工作人员5人。

表 11-1 宁乡抽样学校

学校类型	学校名称		
小学	流沙河镇中心完全小学	城郊乡三联学校	白马桥乡滨江小学
	玉潭镇大街岭小学	老粮仓镇中心完全小学	横市镇中心小学
	道林镇中心完全小学	金海实验小学	百灵鸟小学
	白马桥乡中心小学	玉潭镇中心小学	
中学	玉潭镇城北初级中学	菁华铺桃林桥初级中学	巷子口初级中学
	沩滨初级中学	龙田镇龙田初级中学	白马桥乡白马桥中学
	横市镇横市初级中学	城郊乡城郊九年制学校	老粮仓镇唐市初级中学
	花明楼初级中学		

二、样本描述

表 11-2 学生样本描述了被调查学生的基本特征，包括性别、年龄、户口状况和年级。

表 11-2 学生样本描述

项目	频数	百分比
性别		
男孩	422	52.03
女孩	389	47.97
样本量	811	100.00
年龄		
均值	11.96	
样本量	809	
户口		
农村户口	504	62.30
城市户口	92	11.37

项目	频数	百分比
不清楚	213	26.33
样本量	809	100.00
年级		
四年级	138	16.93
五年级	115	14.11
六年级	181	22.21
七年级	141	17.30
八年级	42	5.15
九年级	198	24.30
样本量	815	100.00

从调查样本分布来看，性别比基本均衡，男孩比例略高于女孩，平均年龄约为 12 岁，小学生人数高于中学生人数，农村户口的学生比例大于城市户口比例，近四分之一（26.33%）的学生不清楚自己户口的状况。

表 11-3 家长样本描述了被调查家长的基本特征，包括性别、年龄、户口类型和受教育程度、职业类型、收入情况等。

表 11-3　家长样本描述

项目	频数	百分比
性别		
男	147	36.93
女	251	63.07
样本量	398	100.00
年龄		

续表

项目	频数	百分比
均值	40.98	
样本量	326	
户口所在地		
本地	338	87.79
外地	47	12.21
样本量	385	100.00
户口类型		
城市户口	301	77.38
农村户口	88	22.62
样本量	389	100.00
民族		
汉族	375	96.40
少数民族	14	3.60
样本量	389	100.00
受教育程度		
高中及以下	276	71.69
中专	44	11.43
大专	27	7.01
本科	2	0.52
研究生及以上	36	9.35
样本量	385	100.00
职业类型		

项目	频数	百分比
党政机关、党群组织、事业单位负责人	13	3.75
国有或集体企业负责人	4	1.15
私营企业主	15	4.32
专业技术人员	33	9.51
普通公务员、办事人员	13	3.75
个体工商户	25	7.20
商业服务业人员	19	5.48
技术工人	32	9.22
非技术工人	16	4.61
农林牧渔业生产人员	6	1.73
军人	1	0.29
城乡无业失业半失业者	30	8.65
从未就业的学生	0	0
家务劳动	113	32.56
其他	27	7.78
样本量	347	100.00
月收入		
均值	6136.83	
样本量	300	

从人口特征分布来看，女性家长比例明显高于男性家长；以城市本地户口、城市户口为主。主要为汉族。从受教育程度来看，家长的受教育程度偏低，数据显示超过七成（71.69%）的家长的受教育程度在高中及以下，职业类型也以

非技术性的、体力劳动性的工作为主,月收入平均为6136.83元。

表11-4教师样本描述了被调查教师的基本特征,包括性别、年龄、民族、受教育程度、职称以及所带年级。

表 11-4 教师样本描述

项目	频数	百分比
性别		
男	3	14.29
女	18	85.71
样本量	21	100.00
年龄		
均值	35.5	
样本量	20	
民族		
汉族	20	95.24
少数民族	1	4.76
样本量	21	100.00
受教育程度		
高中及以下	0	0
中专	1	4.76
大专	5	23.81
本科	15	71.43
研究生及以上	0	0
样本量	21	100.00
专业职称		

项目	频数	百分比
正高级	0	0
高级	3	15.79
一级	9	47.37
二级	4	21.05
三级	3	15.79
样本量	19	100.00
所带的年级		
一年级	1	4.76
二年级	0	0
三年级	0	0
四年级	3	14.29
五年级	4	19.04
六年级	4	19.04
七年级	3	14.29
八年级	1	4.76
九年级	5	23.81
其他	0	0
样本量	21	100.00
月收入		
均值	3376.43	
样本量	21	

从被访者特征分布来看，本次访问的教师女性比例远高于男性；被访者平均年龄较年轻，为 35.5 岁；绝大多数为汉族；教师的受教育程度较高，超过七成（71.43%）教师的学历为本科及以上；被访教师的专业职称集中在高级、一级、二级、三级教师；教师主要分布在四年级至九年级的各个年级，分布较为均匀；教师月收入为 3376.43 元。

第二节　宁乡市义务教育均衡发展现状

一、义务教育段入学机会均等已基本实现

根据宁乡市 2016 年国民经济和社会发展统计公报显示，适龄儿童入学率达到 100%，九年义务教育完成率 100%，小学升学率 100%。区域内学生入学率、城乡学生入学率和男女入学率零差异。义务教育阶段随迁子女入学率和留守儿童入学率得到全部保障。"三残"儿童入学率保持在 99% 的高水平位置。"就近入学率"如果以百分制计算，仅为 63.20（具体各段所占百分比如表 11-5 所示），远未达到优秀水平。但进一步观察表示"不太同意"或者"完全不同意"学校离家较近的 98 个样本发现，其主要分布在离宁乡最远的偏远乡镇学校："流沙河镇中心完全小学"（12 个样本）、"老粮仓镇中心完全小学"（17 个样本）、"龙田镇九年制义务学校"（10 个样本）和"巷子口镇九年制义务学校"（15 个样本），① 以及宁乡的三所民办小学，分别是"金海实小"（18 个样本）、"百灵鸟小学"（11 个样本）和"玉潭小学"（6 个样本）。② 因此，综合来看以国际上通用的"入学率"作为评价指标来衡量，宁乡城乡间受教育权和教育机会公平基本实现了起点公平。

---

① 这些偏远乡镇学校由于自身客观地理原因，在完全实现就近入学方面确实存在实际困难，因此他们都为离家相对较远的学生提供在校住宿选择。

② 宁乡选取样本时间民办小学 7 所，此次调查涉及其中的 3 所。由于这些学校是全面面向所有愿意来校就读的学生开放，且提供学生住宿，因此有很多追求高水平教学的父母或在外地务工的父母自愿选择舍近求远来此求学，这不属于义务教育均衡发展中的可控因素，特此说明。

表 11-5 宁乡家长对就近入学的绩效评价

评价主体	完全不同意	不太同意	同意	比较同意	十分同意
家长	9.1%	18%	9.7%	43.1%	20.1%

二、宁乡市义务教育资源配置实现基本均衡

在调研过程中发现宁乡市的义务教育得到了发展,但是还存在一些薄弱的环节和薄弱的项目,义务教育在资源配置方面还没有完全实现均衡发展的目标。

1. 教育设施均衡状况

(1) 宁乡市初中教育设施均衡状况

表 11-6 表示 2014—2016 年宁乡在初中阶段教育设施配置的基尼系数。

表 11-6 2014—2016 年宁乡初中阶段教育设施配置的基尼系数

年份	生均教学及辅助用房面积	生均体育运动场馆面积	生均图书册数	生均计算机台数	生均固定资产	生均仪器设备值
2014	0.19	0.28	0.11	0.23	0.57	0.49
2015	0.15	0.26	0.11	0.24	0.45	0.33
2016	0.16	0.27	0.13	0.25	0.42	0.29

数据结果显示,宁乡在义务教育初中阶段的设施配置除了生均固定资产外基本已实现均衡发展,生均固定资产虽然在三年间的发展比较快,但在校际的差距还是比较大,基尼系数三年均超过 0.4 的警戒线。而生均仪器设备值在虽然在 2014 年的基尼系数接近 0.5,但是在 2015 和 2016 年发展迅速,基尼系数均在 0.4 以下。

(2) 宁乡市小学教育设施均衡状况

表 11-7 表示 2014—2016 年宁乡在小学阶段教育设施配置的基尼系数。

表 11-7 2014—2016 年宁乡在小学阶段教育设施配置的基尼系数

年份	生均教学及辅助用房面积	生均体育运动场馆面积	生均图书册数	生均计算机台数	生均固定资产	生均仪器设备值
2014	0.19	0.21	0.09	0.27	0.41	0.22
2015	0.21	0.23	0.14	0.29	0.40	0.24

续表

年份	生均教学及辅助用房面积	生均体育运动场馆面积	生均图书册数	生均计算机台数	生均固定资产	生均仪器设备值
2016	0.22	0.24	0.16	0.30	0.37	0.25

数据结果显示，宁乡义务教育小学阶段在教育设施配置上已基本实现均衡，只是生均固定资产在2014年的基尼系数超过0.4，但在接下来的两年内降到0.4及以下。

2. 义务教育师资力量均衡状况

（1）宁乡市初中师资力量均衡状况

表11-8表示2014—2016年宁乡初中师资力量配置的基尼系数。

表11-8 2014—2016年宁乡市初中师资力量配置的基尼系数

年份	生均高学历教师	生均高级职称教师	班师比	教师合格率	教师培训比例
2014	0.13	0.30	0.10	0.04	0.21
2015	0.14	0.30	0.10	0.05	0.22
2016	0.14	0.38	0.12	0.06	0.20

数据结果显示，宁乡在义务教育初中阶段的师资力量配置已经基本达到均衡，但是生均高级职称教师的基尼系数虽然在0.4的警戒线以下，但是2016年校际的差距在拉大。

表11-9表示2014—2016年宁乡小学师资力量配置的基尼系数。

表11-9 2014—2016年宁乡小学师资力量配置的基尼系数

年份	生均高学历教师	生均高级职称教师	班师比	教师合格率	教师培训比例
2014	0.34	0.24	0.22	0.05	0.50
2015	0.31	0.25	0.19	0.06	0.49
2016	0.29	0.25	0.19	0.05	0.55

数据结果显示，宁乡小学师资力量配置各项指标中除了教师培训比例外均

达到均衡发展目标。教师培训比例在校际的差距达到了差距较大的程度，并且差距在逐渐扩大。

综合上述分析，宁乡义务教育均衡发展在资源配置方面取得了一定的成绩，各方面基本呈现均衡或向均衡发展的态势，总体而言均衡的程度师资配置优于教育设施配置。小学和初中有自己的发展特点，与小学相比初中的教师培训比例在校际更为的均衡，而小学比初中在生均固定资产和生均仪器设备值方面更能显示出均衡态势。同时也能看出，近年来宁乡初中阶段有关生均固定资产、生均仪器设备方面的综合差异系数缩小较为明显，均衡发展进步较快。

三、宁乡市义务教育资源质量实现基本均衡

1. 教育实施过程的均衡状况

（1）宁乡市初中教育实施过程的均衡状况

表 11-10 表示 2014—2016 年宁乡初中教育实施过程的基尼系数。

数据结果显示，宁乡中学教育实施过程除了实验课次数基本实现了均衡发展的目标，实验课次数在校际的差距三年间基尼系数均超过 0.6。

表 11-10　2014—2016 年宁乡初中教育实施过程的基尼系数

年份	实验课	每周课时	学生实践参与率	家长会次数
2014	0.68	0.01	0.17	0.20
2015	0.65	0.01	0.15	0.26
2016	0.67	0.01	0.12	0.26

（2）宁乡市小学的教育实施过程的均衡状况

表 11-11 表示 2014—2016 年宁乡小学教育实施过程的基尼系数。

数据结果显示，宁乡在小学教育的实施过程中实验课次数和家长会次数在校际的差距比较大，其中实验课次数的基尼系数超过 0.7，差距悬殊，家长会次数也超过 0.4。其他两项均实现了基本均衡。

表 11-11　2014—2016 年宁乡小学教育实施过程的基尼系数

年份	实验课	每周课时	学生实践参与率	家长会次数
2014	0.78	0.02	0.31	0.41

续表

年份	实验课	每周课时	学生实践参与率	家长会次数
2015	0.77	0.02	0.29	0.44
2016	0.75	0.02	0.30	0.41

2. 教育实施结果的均衡状况

表 11-12、表 11-13 分别表示 2014—2016 年宁乡初中、小学教育实施结果的基尼系数。数据结果显示，宁乡在义务教育阶段的教育实施结果的校际已经不存在差异，实现均衡。只不过是与初中相比，小学生体质健康合格的差距相对较大。

表 11-12　2014—2016 年宁乡初中阶段教育实施结果的基尼系数

年份	学生体质健康合格率	学段巩固率	学业水平合格率	辍学率
2014	0.05	0.01	0.05	0.00
2015	0.04	0.01	0.05	0.00
2016	0.04	0.01	0.04	0.00

表 11-13　2014—2016 年宁乡小学阶段教育实施结果的基尼系数

年份	学生体质健康合格率	学段巩固率	辍学率
2014	0.24	0.04	0.00
2015	0.27	0.05	0.00
2016	0.22	0.05	0.00

综上所述，宁乡义务教育阶段的教育实施结果已达到了均衡发展的目标，而教育实施过程的均衡尚未实现。教育效果在义务教育阶段的均衡发展状况主要表现为实验课程的开设次数在校际存在差距，而与初中相比，小学家长会次数的差距更为明显。

四、宁乡市义务教育政策已实现均衡

1. 均衡发展成为义务教育发展的政策目标

近年来，宁乡市市委、市政府为充分贯彻中央、国务院以及长沙市政府的义务教育均衡化要求，始终把教育放在优先发展的战略地位，把均衡发展理念作为政府发展义务教育的指导思想，不断加大公共财政对教育的投入，优化教育资源配置，扩大优质教育资源总量，全面提高教育教学质量，有效推进了义务教育的均衡发展。

2013 宁乡教育局下发《关于组建义务教育均衡发展联合体的意见》，推动教育均衡发展的乡镇域内联合体、城区教育联合体、课改联合体、"三扶两促"联合体和特色校联合体五大教育联合体立体覆盖各类教育，促进义务教育均衡发展。于同年又提出五个"坚定不移"推动义务教育跨越式发展，即要坚定不移地把提升教育教学质量当作学校的永恒追求，牢固树立改革的创新意识，扎实抓好质量的基础工作，切实加强高效课堂建设；要坚定不移地把打造名师团队当作质量建设的坚实后盾，要把师德建设放在突出位置，着力夯实名师团队基础，努力建设名师团队；要坚定不移地把培养全面发展的学生当作办学的第一目标，要在教育手段上做理性思考，切实抓好心理健康教育，健全完善家庭、学校、社会三位一体的联动机制；要坚定不移地把教育信息化作为教育发展最出彩的工作来抓，切实加强教育技术装备的管理，大力加强教育信息化建设；要坚定不移地走特色创建这一学校发展的必由之路，更新办学理念，迅速启动特色创建，朝着特色学校目标奋力前行。2014 年宁乡被国务院教育督导委员会授予"全国义务教育基本均衡县"。

2016 年为贯彻落实《国家中长期教育改革和发展规划纲要》《湖南省教育综合改革方案（2016—2020）》精神，打造现代教育强县，确立了宁乡教育事业十三五发展规划，确立了建立与县域社会经济同步发展的教育保障机制，构建高位均衡发展的公平教育体系的定位和全面实现高位均衡发展的目标。

2. 教师、学生、家长对义务教育均衡政策的绩效评价

（1）入学机会均等的绩效评价

A 适龄儿童的入学机会均等评价

表 11-14 为教师、家长以及学生对入学机会均等的评价。

根据数据结果可知，大多数的被访者对入学机会的均衡发展持认同态度，同时也应看到教师的认同度最高，超过八成（80.96%），其次为家长超过七成（71.86%），认同度最低的是学生，但是也超过了六成（60.33%）。结合在调查

过程中的经历，这可能与学生对此问题的关注度、理解问题的能力以及参照群体的范围有关。

表11-14　宁乡教师、家长以及学生对入学机会均等的评价

评价主体	非常不同意	不同意	中立	同意	非常同意
教师	4.76%	4.76%	9.52%	42.86%	38.10%
家长	4.37%	6.83%	16.94%	49.73%	22.13%
学生	7.63%	9.26%	22.78%	32.67%	27.66%

B 就近入学

表11-15为宁乡家长与学生对就近入学的绩效评价。数据结果显示，大多数的家长（63.26%）认为宁乡已经实现了就近入学，而只有45.02%的学生认同此观点，这可能与宁乡域内城乡发展的差别和学生的认知能力有较大关系。

表11-15　宁乡家长与学生对就近入学的评价

评价主体	非常不同意	不同意	中立	同意	非常同意
家长	9.12%	17.96%	9.67%	43.09%	20.17%
学生	15.92%	20.77%	18.28%	22.01%	23.01%

（2）教育资源均等的绩效评价

A 教育经费配置

表11-16为宁乡教师、家长对教育经费配置均衡的评价。

根据数据结果可知，绝对多数的教师和家长认为宁乡义务教育阶段的经费投入已经基本实现了均衡发展的目标。

表11-16　宁乡教师与家长对学校教育经费配置均衡的评价

评价主体	非常不同意	不同意	中立	同意	非常同意
教师	4.76%	4.76%	9.52%	47.62%	33.33%
家长	4.43%	6.09%	14.68%	56.51%	18.28%

B 教育设施配置

表11-17为宁乡教师、家长、学生对教育设施配置的绩效评价。

根据数据可知，在调查的样本近七成（69.53%）的家长对学校的教育设施的基本均衡，但是只有52.38%的教师和57.78%的学生认同这一观点。

表 11-17 宁乡教师、家长、学生对教育设施配置均衡的评价

评价主体	非常不同意	不同意	中立	同意	非常同意
教师	4.76%	23.81%	19.05%	19.05%	33.33%
家长	4.16%	8.03%	18.28%	52.08%	17.45%
学生	8.84%	9.59%	23.79%	31.13%	26.65%

C 师资力量配置

表 11-18 为宁乡教师、家长、学生对各个学校师资力量配置均衡的评价。数据显示，多数的被访者认为宁乡义务教育在师资配置方面已经基本均衡，这种认同度由高到低依次为家长、学生和教师。

表 11-18 宁乡教师、家长、学生对师资力量配置均衡的评价

评价主体	非常不同意	不同意	中立	同意	非常同意
教师	4.75%	14.29%	19.05%	28.57%	33.33%
家长	5%	5.83%	16.94%	54.72%	17.5%
学生	6.97%	5.22%	14.93%	29.6%	43.28%

通过上述分析可以发现多数的被访者认为宁乡义务教育在资源配置上已经基本实现了均衡的目标，但还是有不少被访者持否定态度，其中最为明显的就是教师、学生对教育设施均衡发展的评价。

（3）教育质量均衡的绩效评价

A 教育实施过程

表 11-19 为宁乡教师、家长、学生对学校班级管理的评价。本部分的学校管理从学校是否已经取消重点班（或者尖子班）来进行测度。多数（63.15%）的家长认为学校已经没有了重点班的分别，超过半数（52.38%）的教师认同此观点，但只有43.51%的学生认同这一说法。

表 11-19　宁乡教师、家长、学生对学校班级管理的评价

评价主体	非常不同意	不同意	中立	同意	非常同意
教师	4.76%	28.57%	14.29%	28.57%	23.81%
家长	7.48%	10.25%	19.11%	46.81%	16.34%
学生	18.25%	16.13%	22.13%	17.13%	26.38%

表 11-20 为宁乡教师对学校教师待遇的评价。据数据可知，绝对多数
（80.95%）的教师认为学校之间教师的工资差别已经基本消失，但仍有 14.29%
的被访者不认同此观点。

表 11-20　宁乡教师对学校教师工资收入大致相同的评价

评价主体	非常不同意	不同意	中立	同意	非常同意
教师	0%	14.29%	4.76%	28.57%	52.38%

B 教育实施结果

表 11-21 为宁乡教师、家长、学生对教育实施效果均衡的评价。教育实施
效果主要通过各个学校之间的升学率是否相同进行测度。

据数据可知，绝对多数（65%）的家长认为学校间的升学率基本相同，超
过半数的教师（52.39%）和学生（61.47%）也同意这一观点。相比之下教师
的认同度相对来说比较低。

表 11-21　宁乡教师、家长、学生对教育实施结果均衡的评价

评价主体	非常不同意	不同意	中立	同意	非常同意
教师	0%	23.81%	23.81%	38.10%	14.29%
家长	6.11%	8.06%	20.83%	50%	15%
学生	8.10%	6.23%	24.19%	33.17%	28.30%

（4）义务教育均衡其他政策的评价

A 教师流动与校长轮换政策

表 11-22 为宁乡教师对优秀教师流动、校长轮换政策的评价。根据数据结
果，在教师中间对优秀教师流动和校长轮换的认同度非常之高，超过九成

（90.48%）的教师赞同优秀教师的流动政策，超过八成（80.95%）的教师赞同校长轮换政策。

表 11-22　宁乡教师对优秀教师流动、校长轮换政策的评价

评价对象	非常不同意	不同意	中立	同意	非常同意
优秀教师流动	4.76%	0%	4.76%	38.10%	52.38%
校长轮换	0%	4.76%	14.29%	47.62%	33.33%

B 租售同权政策

表 11-23 为宁乡教师、家长对租售同权政策的评价。据数据结果可以看出大多数的教师和家长表示赞同租售同权政策，其中教师超过了九成（95.24%）。

表 11-23　宁乡教师、家长对租售同权政策的评价

评价主体	非常不同意	不同意	中立	同意	非常同意
教师	0%	0%	4.76%	52.38%	42.86%
家长	6.08%	6.91%	14.36%	45.58%	27.07%

（5）宁乡市义务教育政策已实现均衡

总体来看宁乡义务教育均衡得到了良好的发展，当地政府根据实际情况和中央以及上级政府的精神制定相关的具体政策和发展目标，并得到了贯彻和落实。根据上文问卷调查和个体访谈所得到的数据可以有以下几点的具体发现：

第一，家长和学生的"公平度"感知都不高，相较而言较为认可"入学机会"公平和"教学资源配置"公平，"教学质量"公平感知稍差。此次的义务教育均衡发展的社会认知问卷主要针对两大利益相关群体：学生和家长，考察和了解了与他们紧密相关的 7 个切身问题。调研结果显示，当前家长和学生的公平度感知都有待提升。以百分制计算，两者 7 个方面的认可度都未有超过 80 分的，仅学生有关"你们学生的老师和其他学校的老师一样好"的认可度为 79.40，接近 80，而在此之外，家长有 1 项认可度低于 70，学生有 3 项认可度低于 70。总体而言学生和家长在有关入学公平上的认可度相对较高，其中家长为 75.68，位于七项中的第一名；学生为 72.69，位于七项中的第三名。家长紧随其后认可度较高的是与"教学资源配置"有关的"生均教育经费标准""师资配置"和"办学条件（操场、教室、器材）"，认可度均在 70% 以上，而学生

面对有关"教学质量"公平的"升学率"、"是否取消重点班"等问题，认可度则相对偏低，多在70%以下，具体分布如表11-24所示。

表11-24 宁乡义务教育均衡发展满意度情况表

对象类别	考察内容	综合得分	对象类别	考察内容	综合得分
家长	您小孩和其他的小孩都有相同的入学机会	75.68	学生	你们的老师和其他学校的老师一样好	79.40
	您小孩的学校生均教育经费标准和其他学校一致	75.62		你和周围其他小朋友都上差不多的学校	73.46
	您小孩学校的教师配置和其他同类学校基本相同。	74.78		你们学校升学率和其他学校差不多。	72.69
	您小孩学校和其他同类学校的办学条件大致相同。	74.13		你们学校的操场、教室、器材都和别的学校差不多	71.43
	您小孩学校的升学率和其他同类学校大致相同	71.94		在你们学校已经没有重点班（尖子班或者快班）	67.09
	您家离您小孩所在的学校比较近	70.86		在你们学校读书更容易考上重点（示范）中学	63.45
	您小孩学校已取消重点班	69.45		你家离你们的学校比较近	63.09

第二，学生的学校"友好认可度"高于学校"公平认可度"。此次针对学生开展的义务教育均衡社会认知调查主要涉及初中生（384个有效样本）和小学生（438个有效样本）两个群体，除了对学校公平度（7个方面）展开调查了解外，也考察了其对学校的友好认可度（5个方面）。最终结果显示，学生的学校"友好认可度"普遍高于"公平认可度"，不同于学生学校"公平认可度"的百分制得分均处于80以下，甚至有的70以下，学生学校"友好认可度"的百分制得分均处于85以上，且有两项处于90以上，具体如表11-25所示。

表 11-25 宁乡义务教育均衡发展学生认可情况表

对象类别	考察内容	综合得分	对象类别	考察内容	综合得分
公平度认可度	你们的老师和其他学校的老师一样好	79.40	友好度认可度	无被其他学生或校外青少年欺负经历	92.12
	你和周围其他小朋友都上差不多的学校	73.46		觉得老师对你友好	91.57
	你们学校升学率和其他学校差不多	72.69		觉得同学对你友好	87.95
	你们学校的操场、教室、器材都和别的学校差不多	71.43		你喜欢上学	86.13
	在你们学校已经没有重点班（尖子班或者快班）	67.09		老师上课的内容你都能懂	85.13
	你们学校更容易考上重点中学	63.45			
	你家离你们的学校比较近	63.09			

第三，家长普遍支持开展义务教育均衡发展改革，并认为学生及家长是改革最大受益者，但对政府在其中发挥的作用仍存抵触。本次调查就义务教育均衡发展改革的社会认知进行了专题了解：发现 73.4% 的家长明确表示支持开展义务教育均衡发展改革，明确表示不赞成开展义务教育均衡发展改革的仅占受访者的 3.8%。并且多达 57.31% 的受访家长认为此项改革的最大受益者是学生，17.61% 的受访家长认为此项改革的最大受益者是学生家长，而认为最大受益者是政府官员、学校和教职工的分别仅有 11.34%、7.46% 和 4.18%。那么有关义务教育均衡发展改革最大的阻力来自哪里这一问题，调查结果显示：接近一半（49.69%）的受访家长认为阻力主要来自"政府"，仅有 20.37% 的受访家长认为阻力主要来自"学生家长"，这表明在现有改革下学生家长仍对政府所起的作用和所做的行为有所顾虑。具体如表 11-26 所示。

表 11-26 宁乡义务教育均衡发展学生家长认可度

评价主体	非常不赞成改革	不赞成改革	态度中立	赞成改革	非常赞成改革
家长	2.6%	1.2%	22.8%	52.3%	21.1%

第四，家长大多认为城乡发展不平衡是当前义务教育均衡发展的主要瓶颈，

并认为客观社会因素与政府资源分配是当前存在的主要问题。本次调查还就义务教育均衡发展现状和存在的主要问题了解了学生家长的所思所想，具体调查结果显示在"校际发展不平衡""城乡之间发展不平衡""城区之间发展不平衡"和"不同背景家庭子女受教育不平等"的四个不平衡之中，认为城乡之间教育发展不平衡最为严重（36.5%），其后是不同背景家庭子女受教育不平等（23%），认为校际发展不平衡的有 21.4%，认为城区之间发展不平衡的有 19.1%。那么学生家长认为造成义务教育发展不均衡的主要原因是什么呢？分别有 59.2% 的受访家长认为"经济社会发展不平衡"，53.99% 的受访家长认为"公共教育资源分配不公"是目前存在的主要问题。其后占受访者 42.33% 的人认为"教育财政与管理体制制约"、26.69% 认为存在"应试教育的影响"、25.15% 认为存在"政府不重视和投入不足"、16.87% 认为存在"办学条件差"、15.34% 认为存在"教师待遇低"的影响，具体如表 11-27 所示。

表 11-27 宁乡学生家长认为现阶段义务教育均衡发展存在的问题

评价主体	校际发展 不平衡	城乡发展 不平衡	城区发展 不平衡	不同家庭接受教育 不公平
家长	21.4%	36.5%	19.1%	23%

第三节 宁乡市义务教育均衡发展存在的问题

一、教师队伍尤其是乡村教师队伍稳定性差，师资年龄结构极为不合理

教师在整个教育工作中处于核心地位，是连接学校与学生、落实教学效果的关键桥梁，在义务教育均衡发展效果上极为重要。然而，作为长沙市内五区之外的近郊市，宁乡在义务教育教师队伍建设上面临更为迫切的局面。具体问题又集中在以下几方面：一是教师工作难以长久。当前为了建设高水平义务教育，宁乡近年来面向全国招聘优秀高学历人才，取得了明显成效，五年引进了1700 多名中小学教师，各校高学历教师的基尼系数也有了明显减小。然而当前摆在宁乡市有关部门面前更大的问题却是如何在完成招聘后有效地留住人才，在访谈中地处宁乡最西部的龙田镇九年制义务学校校长不无惆怅地向调研组表示：去年在宁乡的统一组织下，该校共招聘了 14 名新进教师，结果他们来学校

转了一圈以后，一下走了 10 个。吓走他们的并不是师资待遇，这些年轻教师留下来面临的最大阻力是如何背井离乡在这样一个偏远山村长期开展工作和生活的恐惧。由此造成的结果就是现有师资队伍年龄结构不合理，尤其是偏远农村学校教师年龄普遍偏大，教师年龄拉不开梯度。在岗教师中男教师多为 50 岁以上，女教师多在 45 岁以上。

二、义务教育均衡改革家长作用未能有效发挥，改革合力尚未形成

全国推进义务教育均衡，确保人人都有学上，人人都上好学，不仅事关国家未来，更是惠及千家万户的政策工程。而做好教学工作，也绝不仅仅事关政府和学校，也需要广大家长积极投入到教学工作、改革发展中来。然而现实情况并不理想，由于家长自身素质和闲暇时间等客观原因，当前家长对义务教育均衡发展不甚关心，特别是在广大农村，家长除了知道政府在强力推行九年制义务教育之外，对其他义务教育均衡发展政策并不甚了解。在具体的学校教学过程中，现有家长起到的主要作用仅为"送孩子上学读书，完成九年制义务教育"，仅有部分城区优质学校做到了有效的家校互动，经常与学校班主任、任课教师围绕孩子学习开展沟通交流，积极配合学校的教育教学工作。而关心和支持学校发展，为学校发展献计献策，心忧人民教育的家长更是凤毛麟角。在此之外，由于缺乏有效的沟通互动，不仅家长并未或难以参与到义务教育均衡发展和改革中，甚至很多家长认为政府尤其是基层政府在义务教育均衡中未发挥有效作用，相反，不少家长认为正是政府的不作为和乱作为导致了现有教育的不公平。

三、发展优质教育和实现义务教育均衡之间存在难以调和的矛盾与冲突

义务教育均衡发展不仅仅要确保人人都有学上，还要追求人人都上好学。新时期义务教育均衡发展已从教育均衡转向优质均衡，大家都认同有质量的均衡才是真正的均衡。因此近年来，宁乡作为全国经济百强县（县级市）和传统的优秀教育大县，也致力于发展和培育优质学校教育资源。具体围绕集团化办学，先后形成了"学区联合型""跨区托管型"和"名校合作型"三种运行模式，新建了长郡沩镇中学、大同玉潭小学等优质学校，在带动宁乡教育水平提升方面发挥了重要作用。但与此同时面临的是如何协调这些新建优质学校与传统义务校之间的关系，当前客观存在的事实是新建优质校由于建校起点高，选址合理科学，各校在硬件设施和办学环境都具备明显优势，对新进教师具有极

大的吸引力。而与此对应的事实是传统义务校由于建校时间长、缺乏长远规划和持续投入，普遍存在设备落后、师资不足等问题，增大了整个市（县级市）域内的教学发展不均衡。

第四节　推进宁乡市义务教育均衡发展的建议

一、抓规划，统筹推进宁乡市义务教育均衡发展

义务教育均衡发展事关城乡均衡、校际均衡、城区间均衡、不同家庭间均衡，涉及各方利益的调整，需要适应整体社会经济发展水平，与城镇化发展战略和全国计划生育政策实现有效对接。因此，必须以规划作为统筹全市义务教育发展的抓手，确保教育的起点公平、过程公平和结果公平。在全面掌握全市情况的基础上，广泛听取专家意见、学校意见和家长意见，并根据最新政策和新形式切实做好宁乡市教育事业发展专业规划，以充足的准备应对教育发展中学位的新情况、新需求。按照"城区就近发展小而精，乡村中心镇集中发展大而全"义务校的基本原则，创立优质义务教育标准校原则，创新与民办学校合作方式，多渠道解决当前面临的现实问题。

二、抓投入，确保宁乡市义务教育均衡发展动力

充足的资金支持和保障是确保义务教育均衡发展落到实处，并得到持续发展的前提条件。需要将全市教育事业发展纳入整体经济社会发展规划中，完善义务教育资源配置保障机制，提高资源统配能力。要认真落实国家有关义务教育投入的法律、政策要求，切实保障义务教育经费逐年增长，保障国家有关教育附加、土地出让金等相关投入政策的落实。在资金拨付、项目安排上，要强化宏观调控和资源统配能力，坚持雪中送炭，重点倾斜薄弱学校、农村学校。建立健全政府投入为主，多渠道筹集教育经费的机制，广泛开辟融资渠道，充分调动全社会办教育的积极性；发展壮大教育基金，广泛募集企事业单位和社会各界的资金。

三、抓平台，凝聚宁乡市义务教育均衡发展合力

义务教育均衡发展和改革涉及多方利益，惠及千家万户，非一人、一学校、

一部门或一级政府之力可完成的，需要凝聚各方共识，共同推进义务教育均衡发展与改革。具体而言：一是需要加强社会宣传与舆论引导，搭建家校联系，政校、政社互动平台，及时传达政策要求和听取民生民愿。二是需要加强各部门联系与沟通，将义务教育均衡发展作为全市的基础性工作，建立义务教育均衡发展与改革小组办公室，形成定期协商的沟通渠道与制度。三是加强城乡互动、创新教师交流与培训平台。在统筹城乡教师配置的基础上，建立机制灵活、进出有序的城乡教师交流互动机制，面对异校异地交流培训的家庭等后顾之忧，借用信息化发展，创新教师交流和培训机制。

结　语

义务教育是教育工作的重中之重。推动义务教育均衡发展，是决胜全面建成小康社会的重要基础，是办好人民满意教育的重要体现。

长沙作为湖南省省会，下辖芙蓉、天心、岳麓、开福、雨花、望城 6 区和长沙县、宁乡市、浏阳市 3 县（市），2013 年全市 9 个区县（市）一次性通过了教育部义务教育均衡发展县评估。

为客观、公正、科学、准确地评估长沙市义务教育均衡发展政策实施结果，湖南师范大学国家治理研究所组建第三方评估团队，对长沙市出台的义务教育均衡发展方面重大公共政策实施情况进行评估。在认真分析政策文本基础上，将义务教育均衡发展分为四个方面：一是教育机会公平，二是义务教育资源配置均衡，三是体现教育发展水平的义务教育质量均衡，四是义务教育政策的均衡。利用文献分析、问卷调查、质性访谈的方法，全方位对现阶段长沙市义务教育均衡发展状况进行评估。该团队于 2017 年 9 月至 2017 年 10 月开展了关于"长沙市义务教育均衡发展状况"的调查。其中，问卷调查总样本为 12316 人，小学生 4757 人，初中生 2227 人，家长 5131 人，教师 201 人；质性访谈 224 人，包括学生、家长、教师、学校管理者、教育局和财政局相关政府官员。结果如下：

一、长沙市义务教育均衡发展政策实施的现状

课题组使用长沙市教育平台采集的数据和调研获得的数据，运用基尼系数法，计算与测评义务教育均衡发展程度。结果显示长沙市 2014 年至 2016 年小学义务教育均衡综合基尼系数分别为 0.288、0.292、0.300；初中义务教育均衡综合基尼系数分别为 0.312、0.319、0.325，处于比较均衡、相对合理的区间。表明长沙市已经实现了义务教育均衡发展的目标。具体情况如下：

1. 长沙市义务教育阶段入学机会均衡已经实现。据统计，目前，长沙市义务教育适龄儿童入学率达 100%，高于全国平均水平；符合条件的进城务工人员

随迁子女 100% 在公办学校就读，且同等享受"一费制"全免；全市 4.5 万名留守儿童 100% 入学。可以说，长沙市义务教育阶段教育机会均衡已经实现。

2. 长沙市义务教育资源配置均衡仍有提升的空间。从教育资源配置的数据结果来看，绝大多数测量指标的基尼系数总体上处于较为合理的水平。现阶段校际的差异主要集中在生均专项经费、生均固定资产以及教师培训比例这三个指标上。这与教育行政部门的年度发展规划有关，与教育部门对新老学校、城乡学校进行了分步骤、分批次、有重点的投资改造相关。此外，不同时期的学校建设的成本不同，不同学校对于固定资产的计算不同，也会导致这些差异的产生。

3. 长沙市义务教育质量均衡已基本实现。从教育过程均衡来看，绝大多数测量指标的基尼系数已经处于相对平均的水平，校际呈现一种较为均衡的状态，仅在学科分组实验课程的开设和家校交流机制建设上仍然存在一定的差异。从教育结果均衡来看，测量指标的基尼系数处于合理范围之内。由于无法取得全市小升初分班测试成绩、中考成绩，故只能从家长、学生、教师的主观评价看教育质量，数据显示长沙市义务教育在教育质量上已经基本实现均衡发展。

4. 长沙市义务教育均衡发展的政策均衡已在各县市区形成。从政策目标来看，长沙市已经把均衡发展作为义务教育的战略任务来抓，将均衡发展程度作为评价区（县市）、乡镇义务教育发展水平的核心标准，近年来各个区（县市）更是把目标逐步转向优质义务教育均衡发展。从政策结构来看，现阶段长沙市义务教育得到市政府、各区（县市）政府的主管领导的高度重视，以教育部门为主，财政部门等其他部门为辅，分工协作，把教育作为政府发展的首要任务来抓。从运行机制来看，长沙市各区发挥本地优势建立特色办学体系，运用如对口帮扶、捆绑发展、委托管理、"多校推一"等形式，让名校、强校帮扶薄弱学校，促进校际的均衡发展。从政策绩效评价来看，绝大多数被访者对长沙市义务教育均衡政策取得的效果持肯定态度。

二、长沙市义务教育优质均衡发展面临的主要问题

1. 城乡教育资源配置仍存在一定差距是限制义务教育均衡发展的瓶颈。调查结果显示，虽然标准化学校建设已经基本完成，城乡学校在硬件设施上差距有了很大改善，但是软件差距仍然很明显；我国义务教育经费投入机制是"以县为主"，县域内教育经费投入能力有限；大量农村学生往城区学校流动，城区优质教育资源竞争非常激烈，入学压力大，而一些农村学校出现空心化现象。

2. 师资力量配置是限制义务教育均衡向优质均衡发展的关键点。从数量配

备来看，长沙市农村各区（县市）均出现不同程度的问题，即教师编制不足，课程改革与现状不匹配，师生比不配套，专任教师和教师学科结构性缺口突出，一些学校教师年龄结构偏大。农村学校教师队伍建设相对滞后，由城乡待遇差距与编制、职称政策约束引起的教师流动、流失情况比较严重。农村学校、薄弱学校的资源有限，很难对优秀教师形成吸引力，加上校长、教师交流和激励机制建设未执行到位，造成校际优质师资力量不均衡。

3. 流动儿童、留守儿童成为义务教育均衡建设的重要问题。由于就近入学以及解决外来务工人员子女义务教育等政策的要求，近年来长沙市城区中小学招收的流动儿童占比逐年增多，如岳麓区每年招收流动儿童已经约占总人数的30%。由于流动人口本身流动性较大，这导致每年入学时都很难统计出真实的入学人数，造成学位紧张或者教育资源浪费。学校布局调整不能完全满足入学需求的新变化。此外，大量的农村劳动人口外流，留守儿童的增多，家庭教育的缺失，也影响义务教育质量的提升。

三、推进长沙市义务教育优质均衡发展的建议

1. 加大统筹城乡义务教育均衡发展的力度

（1）完善义务教育资源配置保障机制和能力。在资金拨付、项目安排上，市政府要继续强化宏观调控和资源统配能力，重点倾斜薄弱学校、农村学校；在补齐义务教育学校硬件缺口的同时，市政府要安排专项资金用于教师专业化发展和学校内涵发展，为进一步均衡配置教育资源、提升教育教学质量提供有力保障；加大教育附加征收力度，落实土地出让金收益按比例计提教育资金的政策，确保及时拨付、足额用于教育。

（2）改革优质义务教育资源的供给方式和供给渠道。一方面，要不断创新优质教育资源供给方式，进一步推行学校联盟、集团化办学、学区化管理、对口帮扶、对口支援、乡镇中心学校教师走教等办学模式和手段，建立以强带弱、以高扶低的联盟办学模式，实施共同体捆绑式发展，盘活释放蕴含在优质名校、发达社区当中的教育资源，补强薄弱学校的发展资源和发展机会。另一方面，合理区分基本与非基本公共服务，鼓励社会资本提供个性化、多样化教育服务。鼓励民间投入、实施多元办学体制改革等模式，解决学位不足、编制限制、优质资源缺乏等问题。对民办教育给予关注，不断加大扶持力度；对于企业、部门、高校举办的义务教育学校，应纳入地方政府进行统筹管理，实现区域内义务教育资源均等化。

（3）优化城乡教育一体化发展规划与布局。以满足就近入学需要为基础，

做好科学论证，合理调整好义务教育学校布局。积极应对城镇化进程中出现的城区教育资源紧张的问题，多部门协作，积极解决老城区教育用地和校舍建设问题。要快速提升农村学校和城区周边薄弱学校办学水平，有效缓解中心城区的入学压力。要办好须保留的村小和教学点，保障当地学生就近入学的需求。

2. 构建支持农村师资队伍发展的长效机制

围绕农村师资队伍建设这个核心问题，将优化和稳定农村教师队伍作为一项紧迫的政策任务，设计更加科学有效的制度体系，构建支持农村教师队伍发展的长效机制。

（1）将加强教师队伍建设列为支持农村教育的优先领域。一是精准补充教师。继续深入实施乡村教师支持计划、公费定向师范生培养制度、教师交流制度等，激励、吸引和安排优秀毕业生、骨干教师、紧缺学科教师到农村学校任教，特别要注重加强音、体、美、计算机、英语、综合实践活动等学科教师建设和补充，保障农村学校开齐开足国家规定课程。二是全面提高教师业务水平。采取各种措施拓宽乡村教师尤其是偏远学校教师的受训面，全面提高乡村教师队伍素质。建立乡村教师专业发展支持服务体系，整体提升教师的专业化水平。培养农村学校骨干教师。要进一步加强名师（特级教师）工作站、地方名师工作室等群体建设，发挥名优教师辐射和引领作用。

（2）将改善农村教师生活条件列为今后一段时期的政策重点。现阶段，应该在政府财力许可的范围内，大幅度改善农村教师的生活条件和工作待遇，甚至可以实行农村教师工资高于城市教师的差别待遇政策，鼓励教师到农村发展。

3. 把校长和骨干教师的均衡配置作为建设义务教育优质均衡的重点

（1）落实支教与校长、教师交流规定，鼓励城区优秀校长、教师到农村艰苦地区工作。同时为农村校长、教师到城区优质学校学习和工作提供机会。要进一步加大教师对口支援的力度，鼓励发达地区教师到贫困农村任教，一轮任教时间不低于2年，支教期间应给予这些教师专项补助，使之安心并乐于在异地农村任教。创造条件让农村教师到城区优质学校或发达地区学校交流，使他们在具体实践中迅速成长。

（2）创新编制管理机制，灵活解决教师招聘和退出问题。实行城乡统一的教职工编制标准，建立中小学教师"以县为主、县管校用"管理体制，在各县域内做到义务教育公办教师工资待遇、编制标准、岗位结构比例、招聘调配、考核评价、管理服务"六个统一"，使教师从"学校人"变成"区域人"，为县域内教师的均衡配置打下坚实基础。

（3）建立"县管校用"的义务教育教师管理制度。由县级教育行政部门会同有关部门统一管理教师人事关系和聘任交流，使教师由"学校人"变成"系统人"。实行城乡统一的编制标准，设立机动编制，用于教师交流，为校长教师资源的均衡配置提供制度保障。强化和落实校长教师交流的激励保障机制，会同有关部门，在编制核定、岗位设置、职务（职称）晋升、聘用考核、薪酬待遇、评优评先等方面实行一系列优惠政策，吸引鼓励校长、骨干教师到农村学校、薄弱学校工作或任教。

4. 探索改革以户籍人口为统计口径的义务教育拨款方式

现阶段我国义务教育经费投入机制是"以县为主"，按户籍人口统计拨付教育经费。这一做法对于流入地政府而言意味着：一方面，流动儿童本应享受的义务教育经费并没有因其流动而相应地转移至流入地政府，流入地政府需要额外承担流动儿童的义务教育费用；另一方面，流入地政府解决流动儿童义务教育问题的政策越好，对流动儿童吸引力越强，流入的外来儿童就越多，随之而来的是流入地政府的教育财政压力也就越大。因此，应该尝试改变传统的按户籍人口统计的义务教育经费投入机制，并向上级政府提出这一建议。

5. 谨慎采用租售同权的入学政策

本次调查中，家长、老师从义务教育公平的角度出发，大多赞成租售同权的入学政策，仔细分析访谈内容发现：农村学校的教师担心这一入学政策导致学生流失，城区学校的教师担心这一入学政策导致学位紧张，缺乏可操作性，家长则担心房租上涨。因租售同权的入学政策涉及地区房租、房价、经济发展、义务教育政策等多方面复杂因素，应谨慎对待，建议进行反复论证，不宜盲目跟进。

附录一

调查问卷与访谈提纲

长沙市义务教育均衡发展调查问卷（小学生卷）

问卷编码：☐☐☐☐☐☐☐

调查时间☐☐月 ☐☐日

调查地点：县（区）学校

被访者姓名：（签名）父母联系电话：

被访者家庭住址：县（区）街道

社区门牌号：

调查员姓名：（签名）审核员姓名：（签名）

问卷是否合格（在方格内打"√"）： 合格☐ 不合格 ☐(原因)

亲爱的同学：

你好！为了全面了解和评估长沙市义务教育均衡发展的真实情况，以便为以后制定义务教育均衡发展的相关政策提供可靠的依据，我们特意组织这次调查，希望能够得到你的配合。本次调查所有信息仅供研究参考，不会泄露你的任何信息。

长沙市义务教育均衡发展研究小组

2017 年 9 月

第一部分　个人信息

101 你是男孩还是女孩：1. 男孩 2. 女孩☐

102 你的出生年月：☐☐☐☐年☐☐月 （如果不知道，请填写你☐☐岁）

103 你是几年级：1. 四年级　　　 2. 五年级　　　 3. 六年级☐

104 你的户口是：1. 农村户口　　　 2. 城市户口　　　 3. 不清楚☐

105 从小学一年级到现在，你总共在几个学校上过学？☐

106 你从几年级开始在本校上学？□

1. 一年级　　2. 二年级　　3. 三年级　　4. 四年级　　5. 五年级

6. 六年级

107 你爸爸是做什么的（工作）？

108 你妈妈是做什么的（工作）？

109 现在你跟下面哪些人住在一起？（多选）□□□□□□

1. 爸爸　　2. 妈妈　　3. 爷爷/奶奶　　4. 外公/外婆　　5. 兄弟姐妹

6. 其他（请注明）

110 你爸爸妈妈会参加家长会吗？□

1. 经常　　　　2. 有时　　　　3. 很少　　　　4. 从不

111 你爸爸妈妈过问你的学习或作业吗？□

1. 经常　　　　2. 有时　　　　3. 很少　　　　4. 从不

112 你爱爸爸吗？□

1. 非常爱　　　2. 比较爱　　　3. 一般　　　4. 不太爱　　　5. 一点不爱

113 你爱妈妈吗？□

1. 非常爱　　　2. 比较爱　　　3. 一般　　　4. 不太爱　　　5. 一点不爱

114 你平均每周的零花钱（如果没有就写 0 元，跳到第 201 题）□□□□元

114.1 这些零花钱主要是用于（最多选两个）□□1. 吃饭　　2. 零食

3. 玩具　　4. 文具、书籍　　5. 娱乐、交友　　6. 其他（请注明）＿＿＿

第二部分　态度和观念

201 在最近一段时间里你有下面的感觉吗？请从下面五个答案进行选择：

1. 非常同意　　2. 同意　　3. 既不同意也不反对　　4. 不同意

5. 非常不同意

201.1 最近我觉得自己很孤单	□
201.2 我经常觉得别人看不起我	□
201.3 我觉得没人真正关心、在乎我	□
201.4 我觉得自己的生活一团糟	□
201.5 我能辨别处什么是对，什么是错	□
201.6 我愿意遵守学生日常行为规范	□
201.7 我希望自己成为重要的人	□

202 在过去几周有这样的感觉吗？请从下面四个答案进行选择：

1. 从不　　2. 很少　　3. 有时　　4. 经常

202.1 我喜欢我目前的生活状态	☐
202.2 我的生活进展顺利	☐
202.3 我的生活一切正常	☐
202.4 我想要改变生活中的很多事情	☐
202.5 我希望能过一种不一样的生活	☐
202.6 我过得很好	☐
202.7 我的生活很幸福	☐
202.8 我觉得正在经历的事情还不错	☐
202.9 我拥有我想要的生活	☐
202.10 我的生活比大多数孩子都好	☐

第三部分　学校情况

301 你喜欢上学吗？ ☐

1. 非常喜欢　　2. 比较喜欢　　3. 一般　　4. 不太喜欢

5. 非常不喜欢

302 老师上课的内容你都能懂吗？ ☐

1. 都能懂　　2. 多数能懂　　3. 一半左右能懂　　4. 少数能懂

5. 一点都不懂

303 你觉得老师对你友好吗？ ☐

1. 都很友好　　2. 多数很友好　　3. 一半左右友好　　4. 少数友好

5. 都不友好

304 你觉得同学对你友好吗？ ☐

1. 都很友好　　2. 多数很友好　　3. 一半左右友好　　4. 少数友好

5. 都不友好

305 你有被其他学生或校外青少年欺负（如抢劫、打骂、骚扰等）的经历吗？ ☐

1. 从来没有　　　　2. 有时　　　　3. 经常

306 你同不同意以下的说法？

1. 非常不同意　　2. 不同意　　3. 中立　　4. 同意

5. 非常同意

306.1 你和周围其他小朋友都上差不多的学校	☐
306.2 你家离你们的学校比较近	☐
306.3 你们学校的操场、教室、器材都和别的学校差不多	☐
306.4 你们的老师和其他学校的老师一样好	☐
306.5 你们学校升学率和其他学校差不多	☐
306.6 在你们学校读书更容易考上重点（示范）中学	☐
306.7 在你们学校已经没有重点班（尖子班或者快班）	☐

调查结束，衷心地感谢你的合作！

长沙市义务教育均衡发展调查问卷（家长卷）

问卷编码：☐☐☐☐☐☐☐

调查时间：☐☐月　☐☐日

调查地点：县（区）学校

被访者姓名：（签名）联系电话：

被访者家庭地址：县（区）街道

社区门牌号：

调查员姓名：（签名）审核员姓名：（签名）

问卷是否合格（在方格内打"√"）：　合格☐　不合格 ☐（原因）

尊敬的家长：

您好！为了全面了解和评估长沙市义务教育均衡发展的真实情况，以便为以后制定义务教育均衡发展的相关政策提供可靠的依据，受政府委托我们特意组织这次调查，希望能够得到您的配合。本次调查所有信息仅供研究参考，不会泄露您的任何信息。

长沙市义务教育均衡发展研究小组

2017 年 9 月

第一部分 个人信息

101 您的性别：1. 男 2. 女□

102 您是什么时候出生的（阳历）？□□□□年□□月

103 您的户口所在地是：1. 本地 2. 外地（请注明）□

104 您的户口类型是：1. 城市户口 2. 农村户口□

105 您的民族是：1. 汉族　　2. 少数民族（请注明）□

106 您的受教育程度：□

1. 高中及以下　2. 中专　　3. 大专　　4. 本科　　　5. 研究生及以上

107 您的政治面貌是：□

1. 中共党员（入党时间□□□□年）　　2. 团员　　3. 民主党派

4. 群众

108 您从事的是什么工作？

109 您工作的职业类型是：□

1. 党政机关、党群组织、事业单位负责人

2. 国有或集体企业负责人（如经理、厂长）

3. 私营企业主（雇员 8 人及以上）　　4. 专业技术人员

5. 普通公务员、办事人员

6. 个体工商户（雇员 8 人及以上）　　7. 商业服务业人员

8. 技术工人　　9. 非技术工人　　10. 农林牧渔业生产人员

11. 军人　　12. 城乡无业失业半失业者

13. 从未就业的学生　　14. 家务劳动　　15. 其他（请注明）

110 近半年来，您的平均月收入是□□□□□□元

111 目前在长沙您是否有学区房：1. 有　　2. 没有□

第二部分 家庭信息

201 您是什么时候结婚的（阳历）？□□□□年□□月

202 您配偶的出生年月（阳历）？□□□□年□□月

203 您配偶的户口所在地是：1. 本地　　2. 外地（请注明）□

204 您配偶的户口类型是：1. 城市户口　　2. 农村户口□

205 您配偶的民族是：1. 汉族　　2. 少数民族（请注明）□

206 您配偶的受教育程度：□

1. 高中及以下　　2. 中专　　3. 大专　　4. 本科　　5. 研究生及以上

207 您配偶的政治面貌是：□

1. 中共党员（入党时间□□□□年）　　2. 团员　　3. 民主党派

4. 群众

208 您配偶从事的是什么工作？

209 您配偶工作的职业类型是：□

1. 党政机关、党群组织、事业单位负责人

2. 国有或集体企业负责人（如经理、厂长）

3. 私营企业主（雇员 8 人及以上）　　4. 专业技术人员

5. 普通公务员、办事人员　　6. 个体工商户（雇员 8 人及以上）

7. 商业服务业人员　　8. 技术工人　　9. 非技术工人

10. 农林牧渔业生产人员　　11. 军人　　12. 城乡无业失业半失业者

13. 从未就业的学生　　14. 家务劳动　　15. 其他（请注明）

210 近半年来，您配偶的平均月收入是□□□□□元

211 您有几个孩子（包括收养、自己及配偶前次婚姻的子女；不包括已死亡和抱养出去的子女）？□个

孩次	211.1 出生年月（现孕填 2222）	211.2 性别 1. 男 2. 女	211.3 是否在长沙上学？ 1. 是 2. 否（跳问下个孩子）	211.4 在什么学校？ 1. 小学 2. 初中 3. 九年一贯制学校 4. 其他（如幼儿园、高中、大学等）（跳问下个孩子）	211.5 学校性质？ 1. 寄宿学校 2. 走读学校 3. 走读寄宿混合制学校	211.6 学校类型 1. 民办 2. 公办 3. 政府购买学位的民办学校学位	211.7 学校地理位置 1. 城区 2. 小城镇 3. 山区 4. 丘陵 5. 平原 6. 其他（矿区等）
1	□□□□年 □□月	□	□	□	□	□	□
2	□□□□年 □□月	□	□	□	□	□	□
3	□□□□年 □□月	□	□	□	□	□	□

212 您的父母或者配偶父母是否和您住在一起？□

1. 父母和配偶的父母都和我住在一起　　2. 父母和我住在一起

3. 配偶的父母和我住在一起　　4. 他们都不和我住在一起

第三部分　义务教育均衡发展情况

301 您是否同意以下的表述？

1. 非常不同意 2. 不同意 3. 中立 4. 同意 5. 非常同意

301.1 在长沙您的小孩和其他人的小孩都有相同的入学机会	□
301.2 在长沙您家离您小孩所在的学校比较近（距离 5 千米以内）	□
301.3 在长沙您小孩所在的学校和其他同类学校的办学条件大致相同	□
301.4 在长沙您小孩所在的学校的生均教育经费标准和其他同类学校基本一致	□
301.5 在长沙您小孩所在的学校的教师配置和其他同类学校基本相同	□
301.6 在长沙您小孩所在的学校的升学率和其他同类学校大致相同	□
301.7 在长沙您小孩所在的学校已经取消重点班（尖子班或快班）	□
301.8 在长沙租房者的小孩和买房者的小孩应该拥有同样的就学权利	□

302 您对长沙幼升小的政策（如公示学区、划片招生、注册入学等）满意吗？□

1. 非常不满意　　2. 不满意　　3. 中立　　4. 满意　　5. 非常满意

303 您对长沙小升初的政策（如相对就近、免试入学、指标到校、微机派位）满意吗？□

1. 非常不满意　　2. 不满意　　3. 中立　　4. 满意　　5. 非常满意

304 您认为长沙市义务教育均衡发展存在的主要问题是（可多选）：□□□ □□

1. 校际发展不平衡　　2. 城乡之间发展不平衡　　3. 城区之间发展不平衡

4. 不同背景家庭子女接受教育不平等　　5. 其他（请注明）

305 您认为长沙市义务教育发展不平衡的主要原因是（选最重要的三项）：□□□

1. 经济社会发展不平衡　　2. 教育财政与管理体制的制约

3. 公共教育资源分配不公　　4. 应试教育的影响

5. 政府不重视和投入不足　　6. 教师待遇低

7. 办学条件差　　8. 其他（请注明）

306 您对义务教育均衡发展的改革的态度是：□

1. 非常不赞成　　2. 不赞成　　3. 中立　　4. 赞成　　5. 非常赞成

307 您认为义务教育均衡发展改革最大阻力来自：□

1. 政府官员　　2. 教职工　　3. 学校领导　　4. 学生家长

5. 其他（请注明）

308 您认为义务教育均衡发展的改革最大受益者是：□

1. 政府官员　　2. 教职工　　3. 学校领导　　4. 学生家长　　5. 学生

6. 其他（请注明）

309 您所在的区是怎样推进义务教育均衡发展的？（可多选）：□□□□□
□□

1. 加大布局调整力度　　2. 加快薄弱学校建设　　3. 加大政府投入力度

4. 加强教师队伍建设　　5. 大力改善办学条件　　6. 提高教师经济待遇

7. 加强教育管理　　8. 其他（请注明）

310 您希望政府在哪些方面加大义务教育均衡改革力度（可多选）？□□□
□□□

1. 制定全市统一、城乡一致的义务教育办学标准

2. 加大对贫困地区学校和困难群体子女上学的支持力度

3. 大力提高教师的经济待遇和社会地位

4. 实行义务教育经费省级统筹

5. 切实加强农村留守儿童（城市流动儿童）的教育

6. 其他（请注明）

调查结束，衷心地感谢您的合作！

长沙市义务教育均衡发展调查问卷（教师卷）

问卷编码：☐☐☐☐☐☐

调查时间：☐☐月 ☐☐日

调查地点：县（区）学校

被访者姓名：（签名）联系电话：

调查员姓名：（签名）审核员姓名（签名）：

问卷是否合格（在方格内打"√"）： 合格☐ 不合格☐（原因）

尊敬的校长、教师：

您好！为了全面了解和评估长沙市义务教育均衡发展的真实情况，以便为以后制定义务教育均衡发展的相关政策提供可靠的依据，受政府委托我们特意组织这次调查，希望能够得到您的配合。本次调查所有信息仅供研究参考，不会泄露您的任何信息。

长沙市义务教育均衡发展研究小组

2017 年 9 月

第一部分　个人信息

101 您的性别：1. 男 2. 女☐

102 您是什么时候出生的（阳历）？☐☐☐☐年☐☐月

103 您的民族是：1. 汉族 2. 少数民族（请注明）☐

104 您的受教育程度：☐

1. 高中及以下 2. 中专 3. 大专 4. 本科 5. 研究生及以上

105 您的政治面貌是：☐

1. 中共党员（入党时间☐☐☐☐年） 2. 团员 3. 民主党派

4. 群众

106 您是什么时候开始从事教学工作？☐☐☐☐年☐☐月

107 您的专业职称是：☐

1. 正高级 2. 高级 3. 一级 4. 二级 5. 三级

108 您任教的科目是（可多选）：☐☐☐☐☐☐☐☐☐☐☐

1. 语文 2. 数学 3. 英语 4. 物理 5. 化学 6. 计算机 7. 科学

8. 体育 9. 政治（思想品德） 10. 地理 11. 生物

12. 艺术（美术、音乐）　　13. 历史与社会

14. 综合实践活动　　15. 其他（请注明）

109 您所带的年级：☐

1. 一年级　　2. 二年级　　3. 三年级　　4. 四年级　　5. 五年级

6. 六年级　　7. 七年级　　8. 八年级　　9. 九年级　　10. 其他（请注明）

110 近半年来，您的平均月收入是☐☐☐☐☐元

111 近一年以来您参加过培训吗？☐

1 没有　　2. 有，☐☐☐次

112 近一年以来您去其他学校交流过吗？☐

1. 没有　　2. 有，☐☐☐次

第二部分学校及工作信息

201 您目前所在的学校是：

201.1：1. 小学	2. 初中	3. 九年一贯制学校	☐
201.2：1. 寄宿学校	2. 走读学校	3. 走读寄宿混合制学校	☐
201.3：1. 公办学校	2. 民办学校	3. 政府购买的民办学校学位	☐

202 您目前所在的学校位于：☐

1. 城区　2. 小城镇　3. 山区　4. 丘陵　5. 平原　6. 其他（矿区等）

203 您对自己的工作满意吗？☐

1. 非常不满意　2. 不满意　3. 一般　4. 满意　5. 非常满意

204 您对自己的收入满意吗？☐

1. 非常不满意　2. 不满意　3. 一般　4. 满意　5. 非常满意

205 您对单位给的福利满意吗？☐

1. 非常不满意　2. 不满意　3. 一般　4. 满意　5. 非常满意

第三部分　义务教育均衡发展情况

301 您认为长沙市义务教育均衡发展存在的主要问题是（可多选）：☐☐☐
☐☐

1. 校际发展不平衡　　2. 城乡之间发展不平衡　　3. 城区之间发展不平衡

4. 不同背景家庭子女接受教育不平等　　5. 其他（请注明）

302 您认为长沙市义务教育发展不平衡的主要原因是（选最重要的三项）：□□□

1. 经济社会发展不平衡　　2. 教育财政与管理体制的制约

3. 公共教育资源分配不公　　4. 应试教育的影响

5. 政府不重视和投入不足　　6. 教师待遇低

7. 办学条件差　　8. 其他（请注明）

303 您对义务教育均衡发展的改革的态度是：□

1. 非常不赞成　　2. 不赞成　　3. 中立　　4. 赞成　　　　5. 非常赞成

304 您认为义务教育均衡发展改革最大阻力来自：□

1. 政府官员　　2. 教职工　　3. 学校领导　　4. 学生家长

5. 其他（请注明）

305 您认为义务教育均衡发展的改革最大受益者是：□

1. 政府官员　2. 教职工　3. 学校领导　4. 学生家长　5. 学生

6. 其他（请注明）

306 您所在的区是怎样推进义务教育均衡发展的？（可多选）：□□□□□□

□□

1. 加大布局调整力度　　2. 加快薄弱学校建设　　3. 加大政府投入力度

4. 加强教师队伍建设　　5. 大力改善办学条件　　6. 提高教师经济待遇

7. 加强教育管理　　8. 其他（请注明）

307 您希望政府在哪些方面加大义务教育均衡改革力度（可多选）？□□□

□□□

1. 制定全市统一、城乡一致的义务教育办学标准

2. 加大对贫困地区学校和困难群体子女上学的支持力度

3. 大力提高教师的经济待遇和社会地位

4. 实行义务教育经费省级统筹

5. 切实加强农村留守儿童（城市流动儿童）的教育

6. 其他（请注明）

308 您是否同意以下的表述？

1. 非常不同意　2. 不同意　3. 中立　4. 同意　5. 非常同意

308.1 在长沙适龄儿童都有相同的入学机会	□
308.2 在长沙各个学校的办学条件大致相同	□
308.3 在长沙各个学校的生均教育经费标准基本一致	□

续表

308.1 在长沙适龄儿童都有相同的入学机会	☐
308.4 在长沙各个学校的教师配置基本相同	☐
308.5 优秀教师应该在长沙各个学校之间进行无障碍流动	☐
308.6 学校校长应该在长沙各个学校之间进行有序轮换	☐
308.7 在长沙各个学校的教师工资收入大致相同	☐
308.8 在长沙各个学校的升学率大致相同	☐
308.9 在长沙各个学校都已经取消重点班（尖子班或快班）	☐
308.10 在长沙流动儿童、留守儿童和贫困儿童等弱势群体能够得到补偿	☐
308.11 在长沙教育经费向薄弱学校倾斜	☐
308.11 在长沙租房者的小孩和买房者的小孩应该拥有同样的就学权利	☐

调查结束，衷心地感谢您的合作！

长沙市义务教育均衡发展调查问卷（中学生卷）

问卷编码：☐☐☐☐☐☐☐☐

调查时间：☐☐月 ☐☐日

调查地点：县（区）学校

被访者姓名：（签名）父母联系电话：

被访者家庭住址：县（区）街道

社区门牌号：

调查员姓名：（签名）审核员姓名：（签名）

问卷是否合格（在方格内打"√"）： 合格☐ 不合格☐(原因)

亲爱的同学：

你好！为了全面了解和评估长沙市义务教育均衡发展的真实情况，以便为以后制定义务教育均衡发展的相关政策提供可靠的依据，受政府委托我们特意组织这次调查，希望能够得到你的配合。本次调查所有信息仅供研究参考，不会泄露你的任何信息。

长沙市义务教育均衡发展研究小组

2017 年 9 月

第一部分 个人信息

101 你是男孩还是女孩：1. 男孩 2. 女孩☐

102 你的出生年月：☐☐☐☐年☐☐月（如果不知道，请填写你☐☐岁）

103 你是几年级：1. 七年级 2. 八年级 3. 九年级☐

104 你的户口是：1. 农村户口 2. 城市户口 3. 不清楚☐

105 从小学一年级到现在，你总共在几个学校上过学？☐

106 你从几年级开始在本校上学？☐

1. 七年级 2. 八年级 3. 九年级

107 你爸爸是做什么的（工作）？

108 你妈妈是做什么的（工作）？

109 现在你跟下面哪些人住在一起？（多选）☐☐☐☐☐☐

1. 爸爸 2. 妈妈 3. 爷爷/奶奶 4. 外公/外婆 5. 兄弟姐妹

6. 其他（请注明）

110 你爸爸妈妈会参加家长会吗？☐

1. 经常　　　 2. 有时　　　 3. 很少　　　 4. 从不

111 你爸爸妈妈过问你的学习或作业吗？☐

1. 经常　　　 2. 有时　　　 3. 很少　　　 4. 从不

112 你爱爸爸吗？☐

1. 非常爱　　　 2. 比较爱　　　 3. 一般　　　 4. 不太爱　　　 5. 一点不爱

113 你爱妈妈吗？☐

1. 非常爱　　　 2. 比较爱　　　 3. 一般　　　 4. 不太爱　　　 5. 一点不爱

114 你平均每周的零花钱（如果没有就写 0 元，跳到第 201 题）☐☐☐元

　　114.1 这些零花钱主要是用于（最多选两个）☐☐

　　1. 吃饭　 2. 零食　 3. 玩具　 4. 文具、书籍　 5. 娱乐、交友

　　6. 其他（请注明）_____

第二部分　态度和观念

201 在最近一段时间里你有下面的感觉吗？请从下面五个答案进行选择：

1. 非常同意　　　 2. 同意　　　 3. 既不同意也不反对　　　 4. 不同意

5. 非常不同意

201.1 最近我觉得自己很孤单	☐
201.2 我经常觉得别人看不起我	☐
201.3 我觉得没人真正关心、在乎我	☐
201.4 我觉得自己的生活一团糟	☐
201.5 我能辨别处什么是对，什么是错	☐
201.6 我愿意遵守学生日常行为规范	☐
201.7 我希望自己成为重要的人	☐

202 在过去几周有这样的感觉吗？请从下面四个答案进行选择：

1. 从不　　　 2. 很少　　　 3. 有时　　　 4. 经常

202.1 我喜欢我目前的生活状态	☐
202.2 我的生活进展顺利	☐
202.3 我的生活一切正常	☐

续表

202.1 我喜欢我目前的生活状态	☐
202.4 我想要改变生活中的很多事情	☐
202.5 我希望能过一种不一样的生活	☐
202.6 我过得很好	☐
202.7 我的生活很幸福	☐
202.8 我觉得正在经历的事情还不错	☐
202.9 我拥有我想要的生活	☐
202.10 我的生活比大多数孩子都好	☐

第三部分　学校情况

301 你喜欢上学吗？☐

1. 非常喜欢　　2. 比较喜欢　　3. 一般　　4. 不太喜欢

5. 非常不喜欢

302 老师上课的内容你都能懂吗？☐

1. 都能懂　　2. 多数能懂　　3. 一半左右能懂　　4. 少数能懂

5. 一点都不懂

303 你觉得老师对你友好吗？☐

1. 都很友好　　2. 多数很友好　　3. 一半左右友好　　4. 少数友好

5. 都不友好

304 你觉得同学对你友好吗？☐

1. 都很友好　　2. 多数很友好　　3. 一半左右友好　　4. 少数友好

5. 都不友好

305 你有被其他学生或校外青少年欺负（如抢劫、打骂、骚扰等）的经历吗？☐

1. 从来没有　　2. 有时　　3. 经常

306 你同不同意以下的说法？1. 非常不同意　2. 不同意　3. 中立　4. 同意

5. 非常同意

306.1 你和周围其他朋友都上差不多的学校	☐

续表

306.1 你和周围其他朋友都上差不多的学校	☐
306.2 你家离你们的学校比较近	☐
306.3 你们学校的操场、教室、器材都和别的学校差不多	☐
306.4 你们的老师和其他学校的老师一样好	☐
306.5 你们学校升学率和其他学校差不多	☐
306.6 在你们学校读书更容易考上重点（示范）高中	☐
306.7 在你们学校已经没有重点班（尖子班或者快班）	☐

调查结束，衷心地感谢你的合作！

学校管理人员访谈提纲

调查时间□□月　□□日 被访谈者编号□□□□□

调查地点：

被访者姓名＿＿＿＿＿　（至少写明姓氏）被访者性别＿＿＿＿＿

问题1：了解被访者的基本信息（包括年龄、学历、职位、家庭情况等）。

问题2：您觉得贵校在义务教育阶段存在的主要问题是什么？存在这些问题的主要原因是什么？

问题3：您听说过义务教育均衡发展政策吗？您对该项政策了解多少？您觉得这项政策如何？

问题4：义务教育均衡政策中提出了"校长、优秀教师在各个学校之间轮换"的要求，您觉得怎么样？

问题5：您觉得应该如何推进义务教育均衡发展？您希望政府在哪些方面进一步加大改革力度？

问题6：您认为义务教育怎样才算得上均衡发展？

问题7：您听说过"租售同权"政策吗？你赞成这个政策的实施吗？为什么？

政府工作人员访谈提纲

调查时间□□月 □□日被访谈者编号□□□□□

调查地点：

被访者姓名＿＿＿＿＿＿＿（至少写明姓氏）被访者性别＿＿＿＿＿＿

问题1：了解被访者的基本信息（包括年龄、学历、职位、家庭情况等）。

问题2：长沙市、本区（县）义务教育存在的主要问题是什么？存在这些问题的主要原因是什么？

问题3：长沙市、本区（县）是怎样推进义务教育均衡发展的？

问题4：长沙市、本区（县）在推进义务教育均衡发展过程中碰到的难点是什么？

问题5：你们打算怎样去解决这些难点？

问题6：为了使义务教育能够真正均衡发展，你们希望上级政府在哪些方面进一步加大改革力度？

问题7：您认为义务教育怎样才算得上均衡发展？

学校学生访谈提纲

调查时间□□月 □□日被访谈者编号□□□□□
调查地点：
被访者姓名_____ （至少写明姓氏）被访者性别_____
问题1：了解被访者的基本信息（包括年龄、年级、户口状况等）。

问题2：问被访者父母的基本信息（包括年龄、学历、职位、经济收入等），并问被访者与父母的关系相处如何。

问题3：你觉得你现在上学方便吗？从家里来学校需要花多长的时间？
问题3.1：如果家离得比较远，请追问您家附近有没有学校，为什么不在那里入学？你希望在家附近上学吗？

问题4：你觉得你们学校在教师资源、教育设施、升学率等方面，和其他学校相比，是好一点还是差一点还是差不多？为什么？

问题4.1：如果觉得差一点，请问追问他们是否希望去其他更好的学校上学。

问题4.2：如果觉得好一点，请追问他们是怎么来这个学校上学的（比如是家里买了学区房，还是父母付了择校费等），你是否喜欢在这里上学，如果有机会的话，你更愿意去哪里上学？

家长访谈提纲

调查时间□□月　□□日　　　　　被访谈者编号□□□□□

调查地点：

被访者姓名＿＿＿＿＿＿＿＿（至少写明姓氏）被访者性别＿＿＿＿＿＿＿

问题1：了解被访者的基本信息（包括年龄、学历、职位、家庭情况等）。

问题2：您觉得目前长沙市在义务教育阶段存在的主要问题是什么？存在这些问题的主要原因是什么？

问题3：您的小孩目前所在的学校与长沙市其他同类学校相比，在教学质量、教育设施等方面有没有差别（是好一些还是差一些)？为什么？

问题3.1：如果觉得差一点，请问追问他们是否希望送孩子去更好的学校上学，现在没有送过去的原因是什么？

问题3.2：如果觉得好一点，请追问他们是怎么送孩子来这个学校上学的（比如是买了学区房，还是支付了择校费等)？

问题4：升学政策的态度

问题4.1：如果是4至6年级的学生家长，请问：您对目前长沙幼升小的政策如公示学区、划片招生、注册入学等政策是怎么看的？为什么？

问题4.2：如果是7至9年级的学生家长，请问：对长沙小升初的政策如相对就近、免试入学、指标到校、微机派位等政策是怎么看的？为什么？

问题5：您听说过"租售同权"政策吗？你赞成这个政策的实施吗？为什么？

问题6：您听说过义务教育均衡发展政策吗？您对该项政策了解多少？您觉得这项政策如何？

问题7：您觉得应该如何推进义务教育均衡发展的？您希望政府在哪些方面进一步加大改革力度？

问题8：您认为义务教育怎样才算得上均衡发展？

学校教师访谈提纲

调查时间☐☐月 ☐☐日　　　　　被访谈者编号☐☐☐☐☐

调查地点：

被访者姓名_____（至少写明姓氏）被访者性别_____

问题1：了解被访者的基本信息（包括年龄、学历、专业职称、所带年级等）。

问题2：您觉得贵校在义务教育阶段存在的主要问题是什么？存在这些问题的主要原因是什么？

问题3：您听说过义务教育均衡发展政策吗？您对该项政策了解多少？您觉得这项政策如何？

问题4：义务教育均衡政策中提出了"校长、优秀教师在各个学校之间轮换"的要求，您觉得怎么样？

问题5：您觉得应该如何推进义务教育均衡发展的？您希望政府在哪些方面进一步加大改革力度？

问题6：您认为义务教育怎样才算得上均衡发展？

问题7：您听说过"租售同权"政策吗？你赞成这个政策的实施吗？为什么？

表1 调查队与调查员编码

调查队	编码	调查员	编码	联系方式（略）
李中仁老师队	1	罗霞	1	
		葛亚美	2	
		袁英杰	3	
		蔡佳	4	
		柴倩	5	
		王绪	6	
		张立辉	7	
		田洋	8	
		朱串	9	
何琴老师队	2	蔡润晨	1	
		高进	2	
		李凯	3	
		刘洋	4	
		秦雨桐	5	
		谢传传	6	
		颜乐	7	
		杨倩倩	8	
刘茜老师队	3	曹鑫	1	
		单湘丽	2	
		雷春波	3	
		彭梦瑶	4	
		谭易晨	5	
		唐梅莉	6	
		王莉达	7	
		严晓静	8	

续表

调查队	编码	调查员	编码	联系方式（略）
袁青老师队	4	张育苗	1	
		朱小可	2	
		周游	3	
		易渝昊	4	
		张环玉	5	
郭昫澄老师队	5	李叮可	1	
		孙宜坤	2	
		王林林	3	
		徐蒙翔	4	
成程老师队	6	张鑫	1	
		杨庆凰	2	
		袁梦	3	
		朱欢	4	

表 2　区与学校编码

区	编码	小学	编码	初中	编码
芙蓉区	1	长沙市芙蓉大同古汉城小学	1	长沙市湘一芙蓉第二中学	1
		长沙市芙蓉区育英西垅小学	2	长沙市长郡芙蓉中学	2
		长沙市芙蓉区育才学校	3		
		长沙市芙蓉区马王堆小学	4		
		长沙市芙蓉区育英学校	5		
		长沙市芙蓉区大同第三小学	6		
		长沙市芙蓉区大同小学	7		
		长沙市芙蓉区杉木小学	8		
		长沙市芙蓉区马坡岭小学	9		
		长沙市芙蓉区育英第二小学	10		

续表

区	编码	小学	编码	初中	编码
天心区	2	长沙市天心区天鸿小学	1	长沙市天心区披塘中学	1
		长沙市天心区青园小学	2	长沙市雅礼天心中学	2
		长沙市天心区湘府英才小学	3	长沙市明德天心中学	3
		长沙市天心区桂花坪小学	4	长沙市长征学校	4
		长沙市天心区幼幼小学	5	长沙市天心区明德启南中学	5
		长沙市天心区仰天湖小学	6		
		长沙市天心区红卫小学	7		
岳麓区	3	长沙市岳麓区博才阳光实验小学	1	长郡双语实验中学	1
		长沙市麓谷中心小学	2	湖南师大附中高新实验中学	2
		长沙市实验小学	3	长沙高新区明德麓谷学校	3
		长沙市岳麓区博才金峰小学	4	长沙市一中岳麓中学	4
		长沙市岳麓区德润园小学	5	湖南师大附中博才实验中学	5
		长沙市岳麓区博才梅溪湖小学	6		
		湖南省长沙市岳麓区博才卓越小学	7		
		长沙麓山国际实验小学	8		
		长沙市岳麓区博才咸嘉学校	9		
		长沙市岳麓区枫林绿洲小学	10		
		长沙市岳麓区第一小学	11		
		长沙市岳麓区阳明小学	12		
		长沙市岳麓区高新博才寄宿小学	13		
		长沙市岳麓区含浦镇联丰小学	14		
		长沙市岳麓区博才白鹤小学	15		
		长沙市岳麓区实验小学	16		

续表

区	编码	小学	编码	初中	编码
开福区	4	长沙市开福区新竹第二小学	1	长沙市长雅中学	1
		长沙市开福区东风小学	2	周南实验中学	2
		长沙市开福区马栏山小学	3	长沙市北雅中学	3
		长沙市开福区第一小学	4	长沙市田家炳实验中学	4
		长沙市开福区金鹰小学	5	明德华兴中学	5
		长沙市开福区清水塘北辰小学	6		
		长沙市开福区清水塘第二小学	7		
雨花区	5	长沙市雨花区长塘里小学	1	雅礼实验中学	1
		长沙市雨花区枫树山小学	2	长沙市雨花区明德洞井中学	2
		长沙市雨花区砂子塘泰禹小学	3	长沙市雅礼雨花中学	3
		长沙市雨花区黎郡小学	4	长沙市一中雨花新华都学校	4
		长沙市雨花区砂子塘小学	5	长沙市长郡雨花外国语学校	5
		长沙市雨花区红星第二小学	6		
		长沙市雨花区桂花树小学	7		
		长沙市雨花区天华寄宿制学校	8		
		长沙市雨花区红星小学	9		
		长沙市雨花区砂子塘万境水岸小学	10		
		长沙市雨花区圭白路小学	11		
		长沙市雨花区圭塘小学	12		
		长沙市雨花区井圭路小学	13		
		长沙市雨花区砂子塘新世界小学	14		

续表

区	编码	小学	编码	初中	编码
望城区	6	长沙市望城区星城实验第二小学	1	长沙市望城区桥驿镇桥驿中学	1
		长沙市望城区砂子塘新世博寄宿制小学	2	长沙市望城区向阳中学	2
		长沙市望城区金山桥街道桐林中心小学	3	长沙市望城区白箬铺镇友仁中学	3
		长沙市望城区茶亭镇珠琳小学	4	湖南师大附中星城实验中学	4
		长沙市望城区星城实验小学	5	长沙市望城区大湖中学	5
		长沙市望城区月亮岛街道中岭小学	6	长沙市望城区黄金中学	6
		长沙市望城区靖港镇民丰中心小学	7		
		长沙市望城区高塘岭街道实验小学	8		
		长沙高新区雷锋小学	9		
长沙县	7	长沙县百熙实验学校	1	长沙县福临镇福临中学	1
		长沙县泉塘二小	2	长沙县泉塘中学	2
		长沙县中南小学	3	长沙县星沙镇星沙中学	3
		长沙县星沙镇泉塘小学	4	长沙县黄兴镇黄兴中学	4
		长沙县黄花镇黄龙小学	5	长沙县松雅湖中学	5
		长沙县星沙镇湘龙小学	6	长沙县路口镇麻林中学	6
		长沙县星沙镇金鹰小学	7	长沙县江背镇江背中学	7
		长沙县华润小学	8	长沙县北山镇石常中学	8
		湖南省长沙县黄兴镇双桥小学	9	长沙县黄花镇黄花中学	9
		湖南省长沙县黄兴镇中心小学	10		
		长沙县泉星小学	11		
		长沙县星沙盼盼二小	12		
		长沙县星沙镇东业晨曦小学	13		
		长沙县星沙街道盼盼中心小学	14		

续表

区	编码	小学	编码	初中	编码
宁乡市	8	宁乡市流沙河镇中心完全小学	1	宁乡市玉潭镇城北初级中学	1
		宁乡市回龙铺镇中心完全小学	2	宁乡市沩滨初级中学	2
		宁乡市玉潭镇南郊完全小学	3	宁乡市横市镇横市初级中学	3
		宁乡市玉潭镇大街岭小学	4	宁乡市菁华铺乡桃林桥初级中学	4
		宁乡市道林镇中心完全小学	5	宁乡市龙田镇龙田初级中学	5
		宁乡市城郊乡三联学校	6	宁乡市城郊乡城郊九年制学校	6
		宁乡市老粮仓镇中心完全小学	7	宁乡市巷子口镇巷子口初级中学	7
		宁乡市金海实验小学	8	宁乡市白马桥乡宁乡一中白马桥中学	8
		宁乡市白马桥乡滨江小学	9	宁乡市老粮仓镇唐市初级中学	9
		宁乡市金洲镇中心小学	10	宁乡市花明楼镇花明楼初级中学	10
		宁乡市流沙河镇合兴完全小学	11		
		宁乡市横市镇中心小学	12		
		宁乡市百灵鸟小学	13		
		宁乡市白马桥乡中心小学	14		
		宁乡市玉潭镇中心小学	15		

续表

区	编码	小学	编码	初中	编码
浏阳市	9	浏阳市高坪镇高坪完全小学	1	浏阳市大瑶镇大瑶初级中学	1
		浏阳市金刚镇金刚完全小学	2	浏阳市洞阳镇洞阳初级中学	2
		浏阳市荷花街道金沙路完全小学	3	浏阳市集里街道集里初级中学	3
		浏阳市沿溪镇沿溪完全小学	4	浏阳市金刚镇金刚初级中学	4
		浏阳市大瑶镇大瑶完全小学	5	浏阳市高坪镇高坪初级中学	5
		浏阳市永和镇永和完全小学	6	浏阳市浏阳河中学	6
		浏阳市北盛镇马战完全小学	7	浏阳市文家市镇文家市初级中学	7
		浏阳市社港镇社港完全小学	8	浏阳市关口街道初级中学	8
		浏阳市嗣同路小学	9	浏阳市镇头镇镇头初级中学	9
		浏阳市永安镇丰裕完全小学	10	浏阳市古港镇古港初级中学	10
		浏阳市文家市镇里仁完全小学	11	浏阳市荷花街道荷花初级中学	11
		浏阳市黄泥湾小学	12		
		浏阳市柏加镇柏加完全小学	13		
		浏阳市浏阳河小学	14		
		浏阳市洞阳镇工业园实验完全小学	15		
		浏阳市集里街道禧和岭完全小学	16		
		浏阳市镇头镇田坪完全小学	17		
		浏阳市集里街道奎文实验小学	18		
		浏阳市荷花街道新兴完全小学	19		
		浏阳市澄潭江镇澄市完全小学	20		
		浏阳市古港镇古港完全小学	21		

调查问卷编码原则

一、学生、家长问卷的编码原则（家长编码与学生编码一致）

问卷封面中的被访人编码共 9 位：

被访人编码 ☐☐☐☐☐☐☐☐☐

请按以下原则为每份问卷编码：

在问卷的开头设置有 9 位数的问卷编码，在调查开始前需先填入问卷编码。编码规则如下：

第 1 位区编码：参见编码表

第 2 位学校类型编码：小学为 1，初中为 2

第 3、4 位学校编码：参见编码表

第 5 位调查队编码：参见编码表

第 6 位调查员编码：参见编码表

第 7、8、9 位被访者编码：每个访问员按照自己访问的顺序从 001、002……，025……100、101 依次填写

二、教师问卷的编码原则：

问卷封面中的被访人编码共 7 位：

被访人编码 ☐☐☐☐☐☐☐

请按以下原则为每份问卷编码：

在问卷的开头设置有 7 位数的问卷编码，在调查开始前需先填入问卷编码。编码规则如下：

第 1 位区编码：参见编码表

第 2 位学校类型编码：小学为 1，初中为 2

第 3、4 位学校编码：参见编码表

第 5 位调查队编码：参见编码表

第 6 位调查员编码：参见编码表

第 7 位被访者编码：每个访问员按照自己访问的顺序从 1、2、3……依次填写

访谈编码原则

一、学生、家长、学校管理人员、教师访谈的编码原则

访谈封面中的被访人编码共 5 位：

被访人编码 ☐☐☐☐☐

请按以下原则为每份访谈编码：

在访谈问卷的开头设置有 5 位数的问卷编码。编码规则如下：

第 1 位区编码：参见编码表

第 2 位学校类型编码：小学为 1，初中为 2

第 3 位访问员编码：参见编码表

第 4 位记录员编码：参见编码表

第 5 位被访者编码：每个访问员按照自己访问的顺序从 1、2、3……依次填写

二、政府工作人员访谈的编码原则

访谈封面中的被访人编码共 5 位：

被访人编码 ☐☐☐☐☐

请按以下原则为每份访谈编码：

在访谈问卷的开头设置有 5 位数的问卷编码。编码规则如下：

第 1 位区编码：参见编码表

第 2 位部门类型编码：教育局为 1，财政局为 2

第 3 位访问员编码：参见编码表

第 4 位记录员编码：参见编码表

第 5 位被访者编码：每个访问员按照自己访问的顺序从 1、2、3……依次填写

问卷说明

一、调查总体要求

1. 调查员应向被调查人说明本调查资料仅限于政策研究。

2. 调查员应向被调查人保证本调查资料不用于政策研究之外的任何场合。

3. 调查员应向被调查人保证本调查研究结果中不出现被调查人的姓名。

4. 调查员应向被调查人说明回答是自愿的，可以拒绝回答。

二、问卷的结构说明

本问卷由题头和（三个）调查部分组成。

1. 题头的内容是为了便于调查过程的执行和控制而要求填写的基本信息。

2. 调查的第一部分是询问被调查者的基本信息。

3. 调查的第二部分是询问被调查者的学生卷为心理健康；家长卷为家庭基本信息，教师卷为工作情况。

4. 调查的第三部分是询问被访者对义务教育均衡发展的态度和看法。

三、调查员的工作方式

1. 学生卷以统一发放问卷的形式进行，让学生自填，回收后请检查每一份问卷的是否填完。

2. 教师卷是发放给调查班级的班主任，请其自填。

3. 家长卷则是发放给学生，让学生带回家由父母填写，如果父母不在家的学生，请学生留下父母电话，并告知父母，随后会对其进行电话调查。

4. 问卷回收后，请检查每一份问卷的是否填完，不得遗漏及修改问题，并及时记录被调查人的回答，任何事后补记与编造答案是绝对不允许的。

5. 调查员对调查所获内容应为被调查人保密，应尊重被调查人的隐私权。

6. 调查中应注意问话方式，不要引导被调查人回答问题，语言应通俗化。

四、问卷的填写说明

1. 为了便于在出现填写错误时改正，问卷要求用铅笔填写。

2. 问卷中的各个方格在填写过程中除非是要求跳问，一般不允许出现空白。

● 对于要求填写数字答案的问题（如收入等），如果数字的长度比给出的空格短，请在高位补零；如果被调查者给出一个区间则取平均数，如被调查者回答1000~1200，就填1100。

● 对于多选题，如果有多余的空格，请在答案后面补零。

● 在问卷中，选项"其他（请注明）"是针对在访问过程中出现的不能够判断属于哪个选项或选项中没有被调查者所反映的回答时，请在问题旁边写明适合被调查者的实际情况。

● 如果有些问题方格数量不够，请在前面加上需要的方格数量，但一定要记录下来哪份问卷的哪道题添加了方格，调查结束时，请告知调查指导员。

● 如果被调查者有特殊情况而没有合适的选项时，请将被调查者的实际情况记录在题项旁边。

3. 问卷中要求跳问时，请跳过中间的问题直接到指定的问题继续进行。

4. 在实际调查过程中，被调查者可能会拒绝回答问卷中的某些问题，或者有些问题被调查者不知道应该怎样回答，如被调查者回答"不知道、从没想过这个问题"，如果出现这些问题，请按如下规则处理：

如果该数值的位数为一位，则拒绝回答的编码为"x"，

没想过、不知道、不适用或答不上来的编码为"y"；

如果该数值的位数为两位，则拒绝回答的编码为"xx"，

没想过、不知道、不适用或答不上来的编码为"yy"；

如果该数值的位数大于或等于三位可以依此类推。

五、问卷中一些关键概念的说明

1. 本问卷的提到的"义务教育均衡发展"是指在义务教育阶段，合理配置教育资源，全面提升教师整体素质，缩小学校、城乡、区域间教育发展水平的差距，办好每一所学校，教好每一个学生，也就是使区域内义务教育学校在办学经费投入、硬件设施、师资调配、办学水平和质量等方面大体处于一个相对均衡的状态，与义务教育的公平性、普及性和基础性相适应。

2. 问卷中提到的日期均指阳历。如果被调查人不能提供具体的阳历月份，请按"农历月份+1"来计算公历月份。

3. 问卷中提到的"近半年"指2017年01月份到2017年07月份。

4. 问卷中提到工作情况时，如果被调查者同时做多份工作或者有其他兼职的情况，要求被调查者回答主要工作，其中主要工作是按收入的多少来界定的，

收入较多的那份算其主要工作。

5. 问卷中涉及的年龄均指周岁。请参照"属相、年龄、出生日期对照表"，将年龄填写清楚。

6. 问卷中提到的婚姻同时包括领取结婚证的合法婚姻和被周围的人所认可的事实婚姻。事实婚姻是相对于合法登记的婚姻而言，指没有配偶的男女，未进行结婚登记，便以夫妻关系同居生活，群众也认为是夫妻关系的两性结合。

7. 访谈中提到的"租售同权"，即租房与买房居民享同等待遇，在这里主要是指租房也能跟买房一样享受到子女入学的政策。

六、调查问卷部分问题的具体说明

题头问题的说明

1. 题头的编码请参照"调查问卷的编码原则"。

2. 题头上的时间必须清晰写明月、日，因特殊原因不能一次完成调查的，请在旁边注明原因。

附录二

义务教育均衡发展政策文本

关于构建优质均衡的基本公共教育服务体系的意见

中共中央办公厅　国务院办公厅

为深入贯彻落实党的二十大精神，加快推进国家基本公共服务均等化，构建优质均衡的基本公共教育服务体系，现提出如下意见。

一、总体要求

以习近平新时代中国特色社会主义思想为指导，全面贯彻党的教育方针，坚持以人民为中心，服务国家战略需要，聚焦人民群众所急所需所盼，以公益普惠和优质均衡为基本方向，全面提高基本公共教育服务水平，加快建设教育强国，办好人民满意的教育。

坚持优先保障，在经济社会发展规划、财政资金投入、公共资源配置等方面优先保障基本公共教育服务。坚持政府主责，尽力而为、量力而行、循序渐进、动态调整，不断加大财政投入力度。坚持补齐短板，继续改善办学条件，更加注重内涵发展，推进基本公共教育服务覆盖全民、优质均衡。坚持改革创新，持续深化综合改革，破解体制机制障碍，优化资源配置方式，强化教师关键作用，加强基本公共教育服务标准化、专业化、法治化建设。

到 2027 年，优质均衡的基本公共教育服务体系初步建立，供给总量进一步扩大，供给结构进一步优化，均等化水平明显提高。到 2035 年，义务教育学校办学条件、师资队伍、经费投入、治理体系适应教育强国需要，市（地、州、盟）域义务教育均衡发展水平显著提升，绝大多数县（市、区、旗）域义务教育实现优质均衡，适龄学生享有公平优质的基本公共教育服务，总体水平步入世界前列。

二、全面保障义务教育优质均衡发展

1. 促进区域协调发展。以推进学校建设标准化为重点，加快缩小区域教育差距。继续加大对中西部困难地区支持力度，省级政府要聚焦促进省域内不同地市、县区之间缩小办学条件和水平差距，市级政府要充分发挥区域经济中心作用，资源配置重点向经济欠发达县区倾斜；国家和省级层面建立经济欠发达县区学校办学条件跟踪评估和定期调度机制，督促地方政府加强工作统筹，切实兜住办学条件底线。实施义务教育学校标准化建设工程，完善义务教育学校办学具体标准，建立学校标准化建设台账，加大力度并统筹实施义务教育薄弱环节改善与能力提升、教育强国推进工程等项目，推动义务教育学校校舍建设、安全防范建设、教学仪器装备、数字化基础环境、学校班额、教师配备等办学条件达到规定标准，切实改善学校教学生活和安全保障条件，加强校园文化环境建设。各地区在推进学校建设标准化的同时，可结合实际支持学校适当扩大教室学习活动空间和体育运动场地，为非寄宿制学校提供学生就餐和午休条件。大力推进国家教育数字化战略行动，促进校园有线、无线、物联网三网融合，建设高速校园网络，实现班班通。落实中央关于中小学教职工编制标准和统筹管理相关规定，确保以县为单位实现中小学教职工编制全面达到国家基本标准，依据国家课程方案配齐配足教师，特别是加强思政课、体育、美育、劳动教育和心理健康教育、特殊教育教师配备。各地区制定并实施教师发展提升规划，大力培养造就高素质专业化教师队伍，显著扩大优秀骨干教师总量；发达地区不得从中西部地区、东北地区抢挖优秀校长和教师。

2. 推动城乡整体发展。以推进城乡教育一体化为重点，加快缩小县域内城乡教育差距。适应国家人口发展战略和服务乡村振兴战略、新型城镇化战略，以城带乡、整体推进城乡义务教育发展，切实解决城镇挤、乡村弱问题。建立与常住人口变化相协调的基本公共教育服务供给机制，按实际服务人口规模配置教育资源。各省（自治区、直辖市）要制定城镇义务教育学位配置标准，市、县合理规划并保障足够建设用地，严格落实新建住宅小区配建学校规定，加快城镇学校扩容增位，切实解决人口集中流入地区教育资源供需矛盾。将学生上学路径和校园周边交通环境改造作为城市规划建设重要任务，抓紧改造到位。优先发展乡村教育，健全控辍保学长效机制，加强义务教育巩固情况年度监测，持续提升九年义务教育巩固水平；科学制定城乡学校布局规划，进一步加强寄宿制学校建设，办好必要的乡村小规模学校；全面推进城乡学校共同体建设，健全城乡学校帮扶激励机制，确保乡村学校都有城镇学校对口帮扶；加强国家中小学智慧教育平台建设，构建互联互通、共建共享的数字教育资源平台体系，提供系列化精品化、覆盖德智体美劳全面育人的教育教学资源，创新数字教育资源呈现形式，有效扩大优质教育资源覆盖面，服务农村边远地区提高教育质量。

3. 加快校际均衡发展。以推进师资配置均衡化为重点，加快缩小校际办学质量差距。完善集团化办学和学区制管理办法及运行机制，促进校际管理、教学、教研紧密融合，强化优质带动、优势互补、资源共享，加快实现集团内、学区内校际优质均衡，为县域义务教育优质均衡发展奠定基础。促进新优质学校成长，办好群众"家门口"的学校。实施校长教师有序交流轮岗行动计划，科学推进教师"县管校聘"管理改革，从城市、农村等不同地区的实际出发，完善交流轮岗保障与激励机制，将到乡村学校或办学条件薄弱学校任教 1 年以上作为申报高级职称的必要条件，3 年以上作为选任中小学校长的优先条件，推动优秀校长和骨干教师向乡村学校、办学条件薄弱学校流动；原则上在同一学校连续任教达到一定年限的校长和优秀骨干教师应优先进行交流轮岗，各地区要以县（市、区、旗）为单位，制定校长和优秀骨干教师交流轮岗具体实施方案，加快实现县域内校际师资均衡配置，对培养、输送优秀骨干教师的学校给予奖励支持，对作出突出贡献的校长教师在各级评优表彰工作中予以倾斜，按照国家有关规定予以表彰奖励。积极探索建立新招聘教师在办学水平较高的学校见习培养制度。聚焦新课程、新教材、新方法、新技术，加大"国培计划"实施力度，推动省、市、县、学校开展校长教师全员培训，优化师范生培养方案和课程体系，开展人工智能助推教师队伍建设行动，全面提高校长办学治校能力和教师教育教学水平。支持教师创新教学方式，深入开展精品课遴选工作，大力推广应用优秀教学成果，提高教师数字素养和信息技术应用能力。建设全国基础教育管理服务平台，提升数字化管理水平和管理效能。完善学校管理和义务教育质量评价制度，积极开展县域义务教育优质均衡创建和督导评估认定工作。

4. 保障群体公平发展。以推进教育关爱制度化为重点，加快缩小群体教育差距。全面推进义务教育免试就近入学和公办民办学校同步招生政策，确保不同群体适龄儿童平等接受义务教育。完善灵活就业人员和新就业形态劳动者居住证申领政策，健全以居住证为主要依据的农业转移人口随迁子女入学保障政策，以公办学校为主将随迁子女纳入流入地义务教育保障范围。完善孤儿、事实无人抚养儿童、农村留守儿童、困境儿童精准摸排机制，加强教育保障和关爱保护，优先保障寄宿、交通、营养需求，强化人文关怀和心理疏导；做好特困学生救助供养，保障基本学习、生活需求。加强义务教育阶段特殊教育学校建设和普通学校随班就读工作，健全面向视力、听力、言语、肢体、智力、精神、多重残疾以及其他有特殊需要的儿童的特殊教育服务机制。坚持精准分析学情，全面建立学校学习困难学生帮扶制度，健全面向全体学生的个性化培养机制，优化创新人才培养环境条件。加快学校心理辅导室建设，切实加强学生心理健康教育。完善专门教育保障机制，各省（自治区、直辖市）根据需要建设必要的义务教育阶段专门学校，加强对有严重不良行为未成年学生的教育矫治。

5. 加快民族地区教育发展。全面改善民族地区办学条件，整体提升办学水平。加强民族地区师资队伍建设，强化思想政治素质、国家通用语言文字、学科专业素养、教育教学能力等方面专门培训，加大"特岗计划""国培计划"等项目向民族地区倾斜力度，推进教育人才"组团式"支援工作，引导和支持优秀教师到民族地区学校帮扶任教。将中华民族共同体意识宣传教育纳入学校育人全过程，筑牢各族师生中华民族共同体思想基础。

6. 提高财政保障水平。始终坚持把义务教育作为教育投入的重中之重，切实落实政府责任，逐步提高经费保障水平。坚持义务教育学位主要由公办学校提供。优化教育经费使用结构，加大对教育教学和教师队伍建设投入力度，依法保障教师工资待遇，促进义务教育优质均衡发展。全面落实乡村教师生活补助政策，强化地方主体责任，完善乡村教师生活补助办法，依据困难程度实行差别化补助；加快实施艰苦边远地区乡村学校教师周转宿舍建设，将符合条件的乡村学校教师纳入当地政府住房保障体系。具备条件的地区可以通过政府购买服务方式为学校提供安保、食堂、宿管、医疗卫生保健等方面服务。加强劳动实践、校外活动、研学实践、科普教育基地和家庭教育指导服务中心、家长学校、服务站点建设，健全学校家庭社会协同育人机制。

三、大力提高家庭经济困难学生应助尽助水平

7. 确保家庭经济困难学生资助全覆盖。完善覆盖全学段学生资助体系。建立健全幼儿资助制度，通过减免保教费等方式，切实保障家庭经济困难幼儿接受普惠性学前教育。坚持和完善义务教育"两免一补"政策，为学生免除学杂费、提供免费教科书，为家庭经济困难学生提供生活补助；深入实施农村义务教育学生营养改善计划，为实施地区学生提供营养膳食补助。对符合条件的普通高中家庭经济困难学生提供国家助学金、免除学杂费。对符合条件的中等职业教育在校生提供国家助学金、免除学费。优先将家庭经济困难的残疾儿童纳

入资助范围，对残疾学生特殊学习用品、教育训练、交通费等予以补助。根据经济社会发展水平和国家财政状况，综合考虑物价水平和生活成本等变动情况，完善资助标准动态调整机制，帮助家庭经济困难学生顺利完成学业。

8. 提升学生资助精准化水平。依托政务数据共享交换平台，加强教育与民政、农业农村、残联等部门间数据共享交换，完善家庭经济困难学生认定依据和工作程序，提高家庭经济困难学生认定精准度和异地申请的便利性，不断完善资助资金发放机制，全面落实家庭经济困难学生资助政策，切实做到应助尽助。推动各地区根据所辖地区经济发展水平、财政状况及家庭经济困难学生分布状况，差别化确定资助比例和标准。进一步巩固拓展脱贫攻坚成果，保持学生资助政策总体稳定、有效衔接，对防止返贫动态监测对象子女给予重点关注。加强学生资助政策宣传，确保资助信息公开透明。

四、统筹做好面向学生的其他基本公共服务

9. 加强学生卫生健康服务。加强学校卫生体系和能力建设。建立学生健康档案，逐步实现与学龄前健康档案内容衔接。为学生提供健康教育、健康咨询、健康科普等服务，有针对性地传授适合学生特点和使用需求的健康知识和健康技能。建立学生体质健康状况监测平台，每年发布学生健康素养水平数据。做好学生预防接种、传染病防治和突发公共卫生事件防范知识宣传服务。定期对学校传染病防控开展巡访，指导学校设立卫生宣传栏，对校医、保健教师开展业务培训。定期为学校食堂和供餐、校园周边餐饮场所提供食品安全风险监测、跟踪评价等服务。建立健全学生心理健康问题定期筛查评估、早期识别与干预机制。

10. 丰富公共文化体育服务。充分发挥公共文化体育和科普资源重要育人作用，落实博物馆、纪念馆、公共图书馆、美术馆、文化馆（站）按规定向学生免费开放政策，有条件的公共体育设施、科技馆和各类科普教育基地免费或低收费向学生开放。国家法定节假日和学校寒暑假期间适当延长开放时间，并增设适合学生特点的文化体育和科普活动。创新开展优秀影片进校园活动，保障每名中小学生每学期至少观看 2 次优秀影片。

11. 做好毕业生就业创业服务。加强学校毕业生职业生涯教育和就业创业指导，建设高质量就业服务平台，提供就业创业和劳动用工政策法规咨询，发布人力资源供求、市场工资价位、见习岗位等就业信息，为有需求的应届毕业生提供实习实践和就业帮扶等服务，开展毕业去向登记。对未就业的高校毕业生和中专毕业生、自费出国（境）留学的高校毕业生和因私出国（境）人员提供流动人员人事档案管理服务。对参加职业技能培训并符合条件的毕业生给予职业培训补贴、职业技能鉴定补贴和生活费补贴。

五、认真做好组织实施

加强党的全面领导，各级党委和政府要把构建优质均衡的基本公共教育服务体系作为实现共同富裕的一项重大民生工程，列入党委和政府重要议事日程。强化省级统筹，充分发挥市级政府作用，落实以县为主的管理责任，制定工作实施方案，建立部门协同机制，压实部门责任，形成工作合力，确保各项政策措施落到实处。深化基础教育综合改革实验区建设，强化区域统筹和改革攻坚。同时，进一步加大对普惠性非基本公共教育服务支持力度，完善普惠性学前教育保障机制，提高县域普通高中办学水平，整体提升公共教育服务能力。采取财政补贴、服务性收费或代收费等方式筹措义务教育课后服务经费，丰富优质课后服务资源，强化课后育人功能。各地区各部门要加大政策宣传解读力度，及时总结、广泛宣传典型经验和实施成效，形成全社会关心支持教育的良好氛围。

2023 年 6 月 13 日

长沙市"十三五"教育事业发展规划

为加快推进教育事业发展，满足人民群众日益增长的教育需求，根据《国家中长期教育改革和发展规划纲要》，结合长沙实际，制定本规划。

一、基本思路

（一）指导思想

全面贯彻落实党的教育方针，遵循教育规律，以打造优质、特色、和谐、活力、公平的区域现代教育为目标，以创建儿童友好型城市和学习型城市为引领，以优化结构、提高质量为重点，全面深化教育改革、全面实施依法治教，加快推进教育治理体系和治理能力现代化，努力办好人民满意教育，为推进区域经济社会发展提供更加坚实的人才支撑和智力保障。

（二）基本原则

抓好统筹兼顾。坚持教育发展与区域现代化、国际化、新型城镇化建设和社会主义新农村建设相结合，将教育发展和学校布局融入全市经济社会发展总体规划，优化结构，切实提高办学效益，推动教育与经济社会协调发展。

坚持以人为本。把立德树人作为教育工作的根本要求。坚持以学生为主体，教师为主导，把促进学生健康成长作为学校一切工作的出发点和落脚点。尊重教育规律和学生身心发展规律，促进每个学生主动地、生动活泼地发展，努力培养造就合格公民和高素质人才。

深化改革创新。坚持发展与改革并重，法治与改革同行，总结全市教育领域改革经验，抓好重点领域和关键环节的改革，推进教育治理体系和治理能力现代化，激发教育发展新活力。充分调动全社会力量关心和支持教育，完善社会力量出资兴办教育的体制和政策，不断提高社会资源对教育的投入。

促进公平均衡。坚持把促进公平作为基本教育政策，加快缩小城乡、校际教育发展差距，大力推进教育均衡化、优质化；加大对困难群体扶持力度，依法保障公民平等享有受教育的权利。

提高教育质量。坚持把全面提高教育质量作为教育事业发展的核心，优化资源配置，提升办学水平和人才培养质量，形成地方教育特色，培育在国内外有较大声誉和影响的长沙教育品牌。

（三）主要目标

打造优质教育。教育结构更优，城乡教育更加均衡，公、民办教育共同发展，普职教育齐头并进，各类教育协调发展，教育体系更加健全，教育供给更加丰富。教育质量更优，培育一支师德高尚、业务精湛、结构合理、充满活力的高素质专业化教师队伍。立德树人纵深推进，人才培养理念和培养模式不断创新，学校办学综合实力、学生成长成才能力、社会贡献力、国际竞争力全面提升。

打造特色教育。培养和形成"一区一特色、一校一品牌、人人有特长"的地方基础教育特色品牌。职业教育产教融合深入推进，能有效服务、支撑、提升和引领产业发展。高等教育产教研能力提升，服务区域发展的"智库"作用充分发挥。教育信息化与教育教学和教育管理深度融合。

打造和谐教育。办学条件进一步改善，校园文化建设全面推进，文明校园全面覆盖。素质教育深入实施，中小学生课业负担控制合理，每个学生健康、充分、自由、个性地发展。依法治教全面实现，现代学校制度和现代督导制度全面建立，率先基本实现教育治理结构和治理能力的现代化。教育行业风清气正，校园安全保障有力，实现教育和谐稳定健康发展。

打造活力教育。内部开放共享不断扩大，实现校校协同、城乡一体、科教结合、大中小学及幼儿园有机衔接。教育与社会联系密切，形成家校共育、学校社会协同的良好教育生态。教育对外开放和区域合作的水平提升，实现双向交流、合作共赢。

打造公平教育。惠民政策体系不断健全，普及十五年教育，逐步推进高中阶段教育免费入学，学生入学权益得到充分保障，公办中小学校"择校"问题有效解决，义务教育学校班额有效控制，教育精准扶贫有效推进，农村教育事业发展水平大幅提升，人民群众对教育改革发展成果的获得感不断增强。

"十三五"长沙教育主要发展指标

一级指标	二级指标	2015 年	2020 年
事业发展水平	学前三年教育毛入园率	91.2%	94%
	义务教育巩固率	99.8%	99.8%
	高中阶段毛入学率	95.5%	98%
	高等教育毛入学率	72%	75%

续表

一级指标	二级指标	2015 年	2020 年
教育公平程度	"三残"儿童毛入学率	88.17%	93%
	义务教育阶段随迁子女入学率	100%	100%
	留守儿童入学率	100%	100%
教育教学质量	学生综合素质评价合格率	100%	100%
	初中学业水平合格率	90.6%	91%
	高中学业水平合格率	92.9%	93%
	体育中考合格率	96.2%	96.5%
	艺术中考合格率	—	95%以上
教师队伍建设	中小学教师专业化比例	85%	95%
	职业院校"双师型"教师比例	64.5%	80%
	中小学教师市级以上年培训比例	20%	25%
教育信息化水平	宽带网络"校校通"比例	96.4%	100%
	优质资源"班班通"比例	87.4%	100%
	网络学习空间"人人通"比例	67.6%	100%
教育贡献水平	新增劳动力人均受教育年限	—	15 年
	劳动年龄人口平均受教育年限	—	12 年
教育满意程度	师生和学生家长对学校的满意度	—	80%以上
	社会对教育的满意度	—	80%以上

二、体系建设

(一) 优化惠及全民、协调发展的现代国民教育体系

坚持城乡教育一体化发展，着力推动更高水平的普及教育，惠及全民的公平教育，服务区域的职业教育和高等教育，体系完备的终身教育，建立健全以实现全民学习型社会为指向的现代国民教育体系。

1. 推进学前教育普及普惠

扩充学前教育资源。农村地区重点抓好学前教育资源的进一步扩大。城镇重点落实"划拨用地的小区配套幼儿园产权移交所在地教育行政部门办公办幼儿园或委托举办普惠性民办幼儿园"政策。研究制订公办幼儿园相关标准，继续扩大城乡公办幼儿园和普惠性民办幼儿园的覆盖面，到 2020 年，二者占全市

幼儿园总数的 80%。

完善学前教育发展机制。贯彻落实《3—6 岁儿童学习与发展指南》《幼儿园工作规程》，杜绝学前教育小学化倾向。健全幼儿园动态监管机制，建立完善学前教育机构准入制度。完善政府投入、社会举办者投入、家庭合理分担的投入机制，核定公办幼儿园和普惠性民办幼儿园收费标准，规范收费行为。建立学前教育质量发展管理体系与标准，推动各类幼儿园的师资、班额、玩教具、园舍等逐步达到国家和地方标准。

2. 推进义务教育优质均衡

均衡配置教育资源。各级人民政府依法落实推进义务教育均衡发展的职责，均衡配置教师、设备、图书、校舍等资源，推进义务教育公共服务均等化。建立城乡义务教育一体化发展机制，在财政拨款、学校建设、师资配置等方面向农村倾斜，保障农村教育发展需求。

全面改善办学条件。按照政府为主、开发配套、社会参与的原则，加快城区学校建设步伐，确保教育设施建设与城市扩容提质同步进行。巩固发展合格学校建设成果，全面改造农村薄弱学校，办好必要的教学点，完善学校基本设施和教学仪器装备，义务教育标准化学校达到 98% 以上。

共建共享优质资源。加大教育融合步伐，创新办学机制，完善集团化办学模式，探索学校学区共同体建设，加大对农村学校、薄弱学校、新建学校的帮扶力度，促进学校办学品质快速提升，推进区域教育优质均衡，全面提高教育质量和办学水平，不断扩大优质教育资源覆盖面。到 2020 年，义务教育优质（特色）学校比例达 85% 以上。

3. 推进普通高中特色发展

推进特色高中建设。努力创造宽松的办学环境，赋予学校更多办学自主权，鼓励普通高中学校创造性地实施国家课程，支持学校立足自身传统优势，开发学校特色选修课程，按照特色项目—学校特色—特色学校递进式发展策略，打造一批外语、文艺、科技、体育等不同类别的特色高中。

推进高中特色实验。支持优质高中围绕素质教育，开展基础教育课程改革、人才培养模式创新等方面的现代教育实验，建设一批拔尖创新人才培养基地。探索新型综合高中，推进普通教育与职业教育衔接沟通，鼓励有条件的普通高中根据需要适当增加职业教育的内容，加强普通高中学生职业理想、职业道德和职业技能教育，引导学生树立正确择业观，提升职业生涯规划能力。

4. 加快发展现代职业教育

构建现代职业教育体系。完善政府、企业和社会多元办学格局，加强与国内外职业院校合作办学，构建职业教育与普通教育有效沟通、中职教育和高职教育相互衔接、学历教育与非学历教育并重并举、公办与民办职业教育协调发展的现代职业教育体系。到 2020 年，形成适应转型创新发展需要、与战略性新兴产业发展和园区经济紧密对接、办学水平国内领先的具有长沙特色的现代职业教育体系。

提升职业教育产业服务能力。顺应中国制造 2025 和现代服务业发展的需要，结合长沙产业布局建设一批卓越职业院校。推动政府、学校、行业、企业、科研院所协同互动，建设一批新技术创新应用中心、新产品研发中心、新技能培训中心和技能大师工作室等创新平台。实施产教融合发展创新计划，制定职业教育校企合作促进办法和行业职业教育发展指导意见；大力开展"现代学徒制""预备员工试点"等产教融合模式，鼓励校企双方在专业建设、课程开发、教育教学、实习实训、招生就业、教师队伍建设等方面全过程深度合作，推进课程标准与职业资格标准相融合、理论与实践教学一体化，着力培养适应长沙经济社会发展的技术技能型人才。加强新型职业农民培养，构建面向三农、服务完善的现代职业农民教育网络。

营造职业教育良好发展环境。探索学分互认制度，促进国家职业资格证书和学历证书"双证融通"，搭建起学历教育与职业培训"立交桥"。建立健全学校教育与职业培训并举、全日制与非全日制并重的开放灵活的弹性学制，为学生半工半读、工学交替和分阶段完成学业提供便利。各类职业年培训规模达到 20 万人次。加大对有突出贡献的高技能人才的宣传表彰力度，营造有利于技能型人才成长的良好社会氛围。制定鼓励从业人员学习钻研劳动技能的奖励制度。提高技能型人才的社会地位和待遇。

5. 推进高等教育创新发展

提升高校办学品位。发挥政策指导和资源配置对高校的引导作用，鼓励高校根据长沙经济结构调整需要，合理定位、分类发展，形成各自的办学理念和风格。支持在长高校和市属高校建设一流院校和一流学科；支持长沙商贸旅游技术职业学院建设省卓越职业院校、创建国家优质职业学校；支持长沙职业技术学院、长沙卫生职业学院等创建卓越职业院校；支持以长沙信息技术学校和长沙艺术实验学校为基础筹办幼儿师范高等专科学校。

打造新型高校智库。支持高校优势学科、重点实验室与海内外高水平教育科研机构建立联合研发基地，建立有利于学科交叉、队伍整合和资源共享的科研体制，提升长沙教育和科技竞争力。鼓励高等学校与企业和区县（市）共同建立产学研战略合作联盟、产学研示范园区、技术创新中心等科技创新平台，推进产学研一体化发展,支持高校科技人员创办科技型企业。推动高等学校聚焦长沙改革开放和经济社会发展中的重大战略主题开展研究,提供有价值的咨询和服务。

发挥高校引领作用。发挥驻长高校资源优势,鼓励驻长高校以中小学为基地,参与基础教育领域的教师培养培训和教育科研课题研究,建设开放型教育教学资源信息库,促进知识的传播与应用。发挥高等职业院校的龙头作用,整合区域内职业教育资源,推进职业教育集团化发展,带动职业教育整体水平提高。

6. 推进终身教育多元发展

完善终身教育机制。统筹学习型城市建设,充分发挥省会人才、智力和资源等方面优势,构建学历教育与非学历教育协调发展、职业教育与普通教育相互沟通、职前教育和职后教育有效衔接的"人人皆学、处处能学、时时可学"的学习型社会。创新学习制度,建立不同类型学习成果互认与衔接机制,构建市民终身学习"立交桥"。推动全民阅读,探索建立"学分银行""市民终身学习卡"等终身学习激励推进制度。

拓展终身学习空间。依托长沙广播电视大学推动建设湖南开放大学长沙学院,形成开放的继续教育平台,提供方便、灵活、个性化的学习服务。依托高等学校、职业院校、科研院所、大型企业、对应部门建立专业技术人员继续教育基地,积极为专业技术人员、社区居民、进城务工人员提供形式多样、内容丰富的活动平台和学习空间,推进学习型组织建设。进一步丰富社区教育方式,推进终身教育品质提升,创建100个示范性社区学习中心,开发100门社区教育特色课程。

(二) 完善立德树人、灵活开放的人才培养体系

坚持以立德树人为根本任务,以培养学生核心素养为工作重点,创新人才培养体制机制,建立与教育现代化相适应、富有长沙特色的人才培养体系,全面提高教育质量。

1. 更新人才培养理念

树立全面发展观念。牢固树立"人人皆可成才"的思想,坚持德育为先、能力为重、全面发展的原则,将素质教育的要求、理念和措施贯穿于各级各类教育的全过程,促进学生知识、能力、素质全面提高,努力造就德智体美全面发展的高素质人才。

树立个性发展观念。树立多样化人才理念,尊重个人选择,鼓励个性发展。加强学生兴趣、特长培养,创新教育教学方式,为不同层级的学生提供可供选

择的个性化学习环境，不拘一格培养人才。

树立终身发展观念。高度重视学生核心素养培养，基于学生未来发展，面向全体学生，推进终身学习，从培育和践行社会主义核心价值观、课程开发、社会实践教育等方面着力，培养学生适应终身发展和社会发展需要的必备品格和关键能力。

树立系统培养观念。构建全员育人、全程育人、全方位育人的工作格局，推进大中小学有机衔接，教学、科研、实践紧密结合，学校、家庭、社会密切配合，形成体系开放、机制灵活、渠道互通、选择多样的人才培养体制。

2. 创新人才培养机制

创新德育工作。加强社会主义核心价值体系教育，根据不同学段学生的成长规律和认知能力，将德育目标融入课程，推进德育与智育、体育、美育有机融合，构建大中小学梯次推进、系统衔接的德育课程体系。落实《中小学生守则》《中学生日常行为规范》和《高等学校学生行为准则》，突出抓好爱国主义教育、品行养成教育、优秀传统文化教育、劳动教育、"两型"教育、职业生涯规划教育，培养学生健全人格，提升学生思想道德和文明素养水平。加强学生心理健康教育，建立专兼职结合的心理辅导教师队伍，探索学校与家庭同步实施心理健康教育的方法，培养学生健康心理。深入推进"自主申报、培育品牌、形成长效"三段式德育工作项目化管理模式，推出一批德育特色品牌学校。推进学校、家庭、社区（村组）协同合作，构建纵向衔接、横向融通的德育工作体系，增强德育工作的针对性和实效性。

创新教学方式。落实国家课程标准和课程方案，开齐开足开好课程。支持学校开发校本课程和特色课程，与国家课程和地方课程有序衔接。落实实验教学和社会实践课时，建立校内外结合的实践课程体系，形成学校教育与校外教育有效衔接、学科学习与实践学习有机结合的学生培养机制。尊重教学规律，引导中小学科学有效实施教学活动。尊重学科特点，深入研究、探索符合学科特点的不同学段、不同学科、不同课型的"轻负担、高效率、优质化"教学方式方法。尊重学生差异，坚持因材施教，探索分层教学，丰富高中选修课，鼓励有条件的学校积极探索走班制和小班制，为不同的学生提供可选择的课堂学习任务和课外作业，满足学生个性化的学习需求。尊重学生主体地位，倡导自主、合作、探究学习，改革实验教学，强化综合实践。开展数字化课程环境建设和学习方式变革试验。探索创新拔尖人才培养机制，开展相关试点工作。

创新活动模式。加强校外社会实践基地建设，发挥素质教育综合实践基地和各级少年宫的作用，深入推进图书馆、博物馆、游泳馆（池）等社会实践资源有序向学生免费开放，不断丰富实践活动平台。持续开展各级各类艺术活动，丰富学校文化生活，繁荣校园文化。鼓励支持学校根据自身实际和学生兴趣爱好，不断加强课外活动的开发和管理，大力开展研学旅行、社团活动、志愿服务、公益劳动、社会调查、职业体验等社会综合实践活动，拓展活动空间，为每个学生提供适合的选择机会和发展机会。

3. 提高人才培养质量

全面加强质量管理。探索建立《中小学生学业质量标准》，完善、落实《长沙市中等职业学校学生毕业合格标准》，提高学生学业水平。强化教学常规管理，深化基础教育课程改革，拓展学生全面发展、个性发展空间，着力培养学生社会责任感、创新精神、实践能力。推进阅读教育，培养学生良好的阅读习惯和自主学习能力。推进"阳光体育"，确保学生每天锻炼不少于 1 小时；实施体育、艺术"2+1"项目，力争每位学生在校期间掌握两项体育技能和一项艺术特长。改进美育教学，提高学生审美和人文素养。推进创新创业教育，完善课程体系和激励政策，建立协同育人新机制，把创新创业教育贯穿人才培养全过程，提高创新创业教学质量。加强安全教育，提高学生安全意识和自护自救能力。义务教育阶段坚决禁止学校开办各种名目的重点班、实验班，禁止学校和教师公布学生考试成绩排名；引导家长和社会树立正确的教育观念，建立减轻中小学学生过重课业负担的有效机制。

强化教育科学研究。进一步强化教育科研的先导和引领作用，探索建立重大政策调研咨询机制，围绕教育改革发展的全局性、前瞻性、战略性问题开展专题研究，为宏观决策提供咨询意见和理论支持。加强区域和学校教育特色、办学经验、育人模式研究，培育一批对区域教育发展有重大推动作用的教育科研成果。强化教育科学研究为教育教学创新实践提供专业引领和指导服务的职能，完善校本教研制度，积极探索教育科研、教学研究、教师研修一体化的途径，以教育科研促进教师专业成长、提高教育教学质量。创新教研网络、教研联盟、教研基地学校等教研模式，加强教研人员队伍建设，鼓励支持广大一线教师开展课题研究，培养一批教育科研领军人物，培育一批教育科研成果。

完善质量评价和人才评价制度。建立和完善教育质量监测体系，开展义务教育均衡发展、标准化学校建设和区域教育现代化监测，定期评价全市中小学教育教学质量。改进教育教学评价，按照发展性原则，借鉴"增值"评价和"绿色"发展理念，深入推进普通中小学教育质量综合评价改革，促进不同层面的学校、教师、学生进步、成长。建立学生综合素质档案，做好综合素质评价。建立全市学生体质健康信息数据平台，建立学生体质健康电子档案，形成对市、区县（市）、学校三级学生体质健康监测制度。开展由政府、学校、社会各方面共同参与的教育质量评价活动。推行素质教育督导评估，创建一批素质教育示范学校。改进社会人才评价及选用制度，建立以业绩为重点，由品德、知识、能力等要素构成的各类人才评价指标体系。强化人才选拔使用中对实践能力的考查，克服社会用人单纯追求学历的倾向。

（三）健全依法治教、多元协同的教育治理体系

适应国家治理体系和治理能力建设，以全面依法治教为抓手，以构建政府、学校、社会新型关系为核心，以推进管、办、评分离和放、管、服改革为基本要求，以转变政府职能为突破口，建立系统完备、科学规范、运行有效的制度体系，形成政府宏观管理、学校依法自主办学、社会广泛参与的现代教育治理体系。

1. 加强政府宏观管理

优化教育治理结构。按照管办评分离的总体要求，建立权力边界清晰、权责匹配、相互制约、执行有力、接受监督的公共教育行政权力配置机制，推进政府转变职能、简政放权。完善权力清单、责任清单管理制度，探索负面清单管理制度，依法明确各级教育行政部门行使行政权力的权限与程序。

提高依法行政水平。强化教育行政执法，建立行政执法责任制，加强教育执法队伍建设，规范教育执法行为，加大对教育违法行为的查处力度。加强行政复议工作，完善教师和学生行政申诉制度，做好教育行政救济工作。探索建立教育执法问责机制，加强对重大教育政策、法律法规实施情况的跟踪研究和分析评估，及时发现依法治教新问题，提出依法改进建议。

强化教育督导评估。完善地方政府履行教育职责考核评价体系，推进义务教育优质均衡发展督导评估。全面推进信息化与督导工作深度融合，促进教育督导现代化，创建一批全国中小学校责任督学挂牌督导创新区县（市、区）、义务教育均衡发展示范县（市、区）。依法加强和改进基础教育和职业教育督导工作，推行中小学挂牌督导，拓展高等教育、民办教育、社区教育等方面的督导工作，实施各级各类教育督导年度报告发布制度。完善督学选拔、聘任、培训制度和督学责任区制度，推进督学队伍专业化；建立健全教育督导评估检测的公示、约谈、奖惩、限期整改和复查制度，健全教育督导问责机制。

2. 推进依法自主办学

全面推进章程建设。坚持以学校章程建设为抓手，加强学校法治文化建设，完善学校法人治理结构和自我监督机制，实现"一校一章程"；并以章程为指导蓝本，推进学校各项规章制度的立、改、废、释，推动现代学校制度建设，落

实学校办学主体地位,依法履行管理和服务职责,激发学校依法自主办学活力。

完善学校治理体系。建立健全教职工代表大会制度;大力推进校务公开,建立健全家长委员会制度,全面推行教育阳光服务,保障师生员工、家长对学校重大事项决策的知情权和参与权。

提升依法治校水平。加强依法治校示范校创建工作。贯彻落实《青少年法治教育大纲》,重点抓好对教材、师资、课时、经费、考试的"五落实",提高师生法治意识和素养。推动教师依法执教,尊重和保障师生合法权益。切实规范办学行为,切实治理考试、招生、收费、办班、补课中的违规现象。严格规范教辅材料征订,规范涉教服务机构和教辅市场。

3. 引导社会广泛参与

健全政府、教育行政部门及各级教育机构的信息发布制度。加快培育第三方专业教育评价机构,建立健全客观、专业的评价及反馈机制,推动教育质量接受社会评价、教育成果接受社会检验、教育决策接受社会监督。最大限度吸引社会资源进入教育领域。建立教育法律顾问制度,形成教育行政部门法制机构人员为主体、吸收专家和律师参加的法律顾问队伍。创新教育督导方式,探索政府部门联动督导、购买专业评价服务、开展社情民意调查、跨地区督导合作等工作模式。

(四)构建融合创新、交互共享的智慧教育体系

按照服务全局、融合创新、深度应用、完善机制的原则,稳步推进教育信息化,形成与教育现代化发展目标相适应的教育信息化体系,促进教学方法、管理模式以及教育服务供给方式的变革,大力提升信息化在推进教育公平、提高教育质量、培养现代人才中的效能,推进教育现代化目标实现和人力资源强市建设。

1. 优化数字环境

加强信息化基础建设。建立健全市、区县(市)两级教育信息专业机构,以区县(市)为单位整体推进中小学、职业学校信息化基础建设,全面实现校园宽带网络校校通、优质资源班班通、网络学习空间人人通。建设市、区县(市)、校三级互联互通的长沙教育城域网,推进教育主干网络从 IPv4 到 IPv6 的升级平移,实现市、区县(市)、校三级教育网络高速互联;实现 1000M 光纤进校、100M 光纤到班,100% 教师和初中以上的学生拥有实名网络学习空间,统一出口、统一认证、统一管理,全市中小学实现无线网络全覆盖。加快创建一批国家和省级教育信息化创新与改革示范校及一批教育信息化创新与改革示范区。

推进数字化校园建设。制订中小学校和中等职业学校数字校园建设基本标准。完成全市教育会议高清视频系统升级，逐步将基于计算机网络的信息服务融入学校各个应用服务领域，实现互联和协作。采用政府推动、示范引领、重点支持、分步实施的方式，推进云计算、大数据、物联网、移动互联网等新一代信息技术在数字校园中的创新应用，建设覆盖学校日常运行各个环节的高速有线、无线网络及各种智能信息终端，使信息发布、网络教学、知识共享、管理服务和文化生活服务等数字化、智能化。

2. 共享数字资源

加强优质资源建设。建设适应中小学教材体系、以微课资源为主体的长沙教育云资源平台。针对各类教育需求，整合师生需要的生成性资源，建成与各学科门类相配套、动态更新的数字教育资源体系，重点建设中学数学、物理、化学和小学英语、音乐、美术等学科10000堂优质网络课程及其资源，遴选和开发100个学科工具、应用平台和100套虚拟仿真实训实验系统。

加大资源整合力度。充分利用长沙教育云资源平台，通过多种方式推送优质数字化教学资源。采取汇聚、自建、共建、引进、购买等形式，建成一批能够体现长沙特色的精品数字化课程资源。按照"标准、开放、协作、共建、共享"的要求和"平台+资源+服务"的模式，动态建设市、区县（市）、校三级物理分散、逻辑集中的市级教学资源中心，制定完善数字化教学资源建设标准、规范和质量评价办法。

健全资源共享机制。通过"市场竞争+政府补贴"的机制大力培育数字教育资源服务市场，鼓励企业和其他社会力量开发数字教育资源、提供资源服务，支持使用者按需购买资源与服务，探索在生均公用经费中以"数字资源券"等形式列支购买资源服务费用的机制，将数字教育资源的选择权交给广大师生。

3. 推进智慧教学

促进信息技术与教育教学深度融合。营造信息化教学环境，推动教学理念、方式和内容改革，促进因材施教、个性化培养。探索推进"微课""慕课""云课堂""电子书包"等移动学习、在线学习模式，促进科研成果转化为优质数字教育资源，推进学习评价反馈数字化和网络化；探索实施学生跨校、跨专业选课和课程认证，促进信息技术能灵活、智能地支持以学生为中心的多元化学习方式。倡导学校利用网络空间开展学生综合评价、教学综合分析，鼓励学生使用网络空间开展自主学习，促进教与学的方式变革和管理效率的提升。开发教师、家长、学生互动的信息化平台，形成便捷通畅的家校互动机制。

推进数字服务与全民学习有效对接。依托信息通信基础设施，加强教育资源应用与推广，完善与城市信息化发展相协调、与教育发展规律相适应、满足学习型城市建设需求的数字化教育服务体系。政府、学校和社会共同推进，形成以学习者为中心，融合校内学习与校外学习、学历教育与非学历教育，沟通学校、家庭、社会，提供个性化、开放式服务的数字化学习服务平台。

4. 推进智慧管理

全面推行电子政（校）务。发挥信息化在政府职能转变、教育管理流程再造中的作用，促进简政放权，创新治理方式，提高教育决策、管理和服务水平。整合教育信息资源，建成贯通市、区县市、学校，衔接教育机构，集政务公开、网上办事、公共服务、在线互动等多种功能于一体的长沙教育政务网。以"长沙教育"微博、微信公众号双平台为载体，建成服务广大市民和教育工作者的移动线上服务体系，扩大服务范围，提升服务水平。

全面推进智能管理。利用云计算、大数据等技术，严格执行基础教育管理平台、教育资源管理平台"二级建设、五级应用"模式，按照"核心系统国家建、通用系统地方建、特色系统自己建"的原则，建设具有长沙个性特色的教育管理信息系统，实现对教育质量、招生考试、学生流动、资源配置、教育督导、学生学籍和毕业生就业等状况的智能管理；推动中小学校和中职学校基于云服务的信息化管理，推进高校管理信息系统软件库建设，整体提升学校管理信息化水平。建设网络信息安全与运行维护保障体系，形成可知、可控和可管的网络安全运行保障体系。

三、综合改革

（一）深化办学体制改革

坚持公益性原则，健全政府主导、社会参与、办学主体多元、办学形式多样、充满活力且规范有序、协调发展的办学体制。

创新公办学校办学体制。以"优质、共享、均衡、共进"为主题，深入推进基础教育集团办学，满足人民群众"上好学"的迫切需求。推动公办职业院校依托行业企业办学，鼓励行业企业举办职业院校，支持组建政、校、行、企职业教育联盟，推进职业教育集团发展。探索建立混合所有制学校法人资产结构，鼓励公办学校通过品牌输入、委托管理等方式，支持民办学校发展。依托长沙职教基地，建设中、高职衔接实验区。

支持发展民办教育。全面落实民办教育法律地位，鼓励社会力量以资本、知识、技术、管理等要素参与办学，逐步提高民办教育发展专项资金增长幅度。

有序推进民办学校分类管理。研究和破解民办教育发展过程中的困难和问题。完善民办学校教师管理保障体系，稳定和优化民办学校教师队伍。鼓励支持公办学校、民办学校相互购买管理服务、教学资源、科研成果，实现相互促进、共同提升，兴办一批办学设施先进、管理规范、声誉良好的优质民办学校。健全管理机制，严格市场准入，深化规范社会办学专项治理，引导民办教育规范有序发展。

（二）深化招生考试制度改革

推进义务教育免试就近入学。小学入学坚持"公示学区、划片招生、注册入学"原则，科学划分学区，确保实现划片相对就近入学。初中招生完善单校划片（对口升学）、多校划片和配套入学等方式；多校划片采取"相对就近、免试入学、指标到校、微机派位"的方式进行。

推进中考中招改革。完善学业水平评价方式，普通高中取消择校计划，实行指标生、对口直升生、本校直升生、特长生和推荐生等多样化招生政策，促进普通高中多样化发展；中职招生实行志愿填报和统筹调剂相结合的录取政策。完善中等职业学校"文化素质+职业技能"、单独招生、综合评价招生和技能拔尖人才免试等考试招生办法。

规范招生考试管理。坚持公办不择校、择校到民办的原则，严禁公办学校择校。完善招生公示制度，加强招生监督，严格学籍管理，严控学生非正常流动。严禁义务教育阶段学校举行或变相举行招生考试录取新生、以培训机构成绩作为入学依据或者以招收特长生为名招收择校生。保障符合条件的进城务工人员随迁子女、留守儿童、残疾儿童等特殊群体入学权益。

（三）深化教育人事制度改革

推进教师轮岗交流。探索建立义务教育阶段教师"县管校聘"制度，打破教师交流轮岗的障碍。构建科学、规范的区县（市）义务教育学校校长教师交流机制，确保区域内义务教育城镇学校、优质学校每学年教师交流轮岗的比例不低于符合交流条件教师总数的10%，其中骨干教师交流比例应不低于交流总数的20%。积极探索建立正高教师岗位设置向农村学校、薄弱学校倾斜的机制，逐步提高农村学校中级、高级教师岗位比例，推动区县（市）域内城乡学校教师岗位结构整体平衡。

完善教育干部管理制度。健全教育干部选拔任用、考核评价、管理监督、激励保障等制度，构建科学的选人用人机制，形成能者上、庸者下、劣者汰的用人导向。探索中小学校长职级制度，建立健全校长任职资格制度、任期制度，统筹推进学校之间、岗位之间、机关干部和基层干部之间的合理有序交流。

深化教师管理制度改革。执行城乡统一的教师编制标准，建立健全公办学校（幼儿园）教职工编制定期核定、补充制度，适当向农村边远学校、教学点倾斜；加强编制外合同制教职工的录用和管理，教育行政部门定期会同有关部门合理核定学校空缺编制数，按照"编制到校、经费包干、自主聘用、动态管理"的办法保障空编公办学校的师资需求。对新增的公办学校按师生比核定新增教职工编制数。实施中小学教师资格考试改革和中小学教师资格定期注册制度改革，完善教师考评体系。推进中小学教师职称制度改革，落实国家统一的中小学教师职称制度，实现职称评审与岗位聘用相结合。落实民办学校教师平等法律地位。

（四）深化教育质量综合评价改革

完善发展性评价体系。深入开展素质教育督导评估，借鉴增值评价理念，探索建立符合素质教育要求、具有长沙特色的中小学生综合素质评价体系，促进学校发展、教师进步、学生成长。完善学生成长记录，加强初中综合素质教育评价在高中招生中的应用。完善促进学生全面发展、适应高考招生政策的高中综合素质评价体系。

建立质量诊断改进体系。完善基础教育质量监测标准，研发监测工具，建立健全市、区县（市）、学校三级教育质量监控网络，为实施素质教育、提高人才培养质量创造良好环境。开展职业院校教学诊断与改进工作，完善职业教育质量年度报告制度和第三方评价制度，综合评价职业院校毕业生就业质量、创业成效、用人单位满意度、学生思想道德素质、学生职业生涯持续发展能力和职业院校对区域经济社会发展的贡献率等要素。

（五）深入推进教育对外开放

加强国际教育协作与交流。探索合作办学新机制和新模式，依法支持高校、省级示范性高中、特色学校和职业院校通过多种方式开展国际合作办学，创建中外合作办学品牌项目。鼓励中小学开展多种形式的对外交流，拓展学生国际视野，提高跨文化沟通能力。建立对外合作项目评估机制，引导对外合作办学规范发展。支持开展留学长沙行动，完善外国留学生服务体系，加大政府奖学金资助力度。完善孔子课堂发展机制，加强汉语国际推广。探索与境外高校开展教师互派、学分互认和学位互授联授。加大选派重点课程教师和骨干教师出境培训力度，建设适应教育国际化要求的教师队伍。

推进区域教育合作与交流。建立健全区域教育合作与交流的协调机构、运行机制和责任机制，通过建立教育教学联盟、合作开展教学研究、深化职业院校合作、推进干部教师交流等工作，主要推进"一带一路"内陆城市、长江中游城市群、泛珠三角城市群、长株潭城市群的区域教育合作与交流，形成教育区域化与地区间协调发展机制。充分利用省会资源，探索多种形式，加强教育对口支援。

四、重点工程

（一）实施学校布局优化工程

强化市、区县（市）政府科学统筹配置力度，促进教育资源合理配置。推进教育资源空间布局调整，充分发挥教育对人口分布的引导作用、对城市规划的支撑作用和对区域发展的引领作用。突出抓好学前教育规划布局，确保公、民办幼儿园有序竞争、共同发展，逐年安排新建、改扩建一批公办幼儿园，推进农村大村独立办园，小村灵活办园或建分园，积极研究和妥善处理解决小区配套幼儿园管理遗留问题，确保资源充分利用；城市新区开发和旧区改建时，每4000居民以上住宅区按标准规划配置小学、幼儿园，每8000居民以上住宅区按标准规划配置中学。原则上城区小学服务半径为0.5公里，城区初中服务半径1公里；农村小学服务半径2.5公里，农村初中服务半径3公里，保障学生每天上学单程步行时间一般不超过40分钟，超过服务半径的学校，原则上应提供标准校车服务或寄宿条件。

（二）实施义务教育标准化学校建设工程

出台全市义务教育学校建设标准，全面改造义务教育薄弱学校，推进义务教育学校校舍、师资、实验设备、图书、体育场地、后勤设施全面达标。制定市、区县（市）两级化解义务教育阶段"大班额"行动计划，新建、扩建中小学校120所，重点解决优质学校、城乡接合部学校的结构性大班额问题。力争从2016年起，全市小学、初中起始年级班额控制在50人、55人以内，基本消除义务教育阶段学校起始年级"大班额"；到2020年，小学、初中班额控制在50人、55人以内，消除义务教育阶段学校"大班额"。完成长沙市中小学生科技活动中心和素质教育基地建设。提高寄宿制学校建设标准，加强学生宿舍、食堂建设。制订实验教学、信息技术应用、装备管理等方面的新标准，建设一批学校科学馆。创建省级标准化实验室示范校30个。完全小学以上学校市级标准化实验室合格校创建率达100%。

（三）实施儿童友好型城市创建工程

科学规划中小学布局，优化校区周边设计，改造中小学校、幼儿园周边环境，推进义务教育优质均衡发展，创建一批儿童友好型示范学校和现代教育示范学校,让每个孩子均等享受优质教育。统筹协调相关职能部门,推进儿童友好型综合医院、主题公园、图书馆、剧院、福利院、游乐场、示范社区等系列创建活动,逐步建立覆盖城乡儿童的公共卫生保健制度和服务体系及适度普惠的儿童福利体系和法律保护体系,为儿童提供安全、健康、舒适的城市空间。到 2020 年,率先基本形成创建儿童友好型城市的框架体系和实施规划,不断增强儿童的幸福感、快乐感、自由感和公平感。

（四）实施高中教育扩容提质工程

加大普通高中新、改、扩建力度,全市新建普通高中 8 所,改扩建 12 所以上,确保满足群众对普通高中入学需求以及高中教学改革需求。建好长沙职教园区、河西职教创业园区、香山教育城、星沙职教园区,新建 1 所市级职业学校,支持建好县级职业教育发展中心,扩充中职学位,推进普职分流大体相当,确保高中阶段教育毛入学率达到98%以上。实施普及高中阶段教育改革省级试点,重点探索以推进普通高中多样化发展和"普职融通"为重点任务的办学模式,以加强普通高中综合类、实践类等校本课程建设和建立中职学校专业结构动态调整机制为重点任务的教育教学方式,促进高中教育质量的提升。

（五）实施职业院校产教深度融合工程

立足长沙区域经济社会发展,建成市级以上卓越职业院校 10—15 所;重点支持建设 15 个与长沙现代制造业、现代服务业、现代农业、战略性新兴产业和社会管理、生态文明建设、文化创意及民族文化传承创新紧密相关的市级示范性专业群。支持建设一批校企一体化技术技能创新基地、产学研合作示范基地、生产性公共实习实训基地和工业产业教育示范单位。对接长沙工业支柱产业,以航天学校为主体组建市属龙头工业类职业学校。

（六）实施特殊教育全纳提质工程

推进全纳教育,构建布局合理、学段衔接、普职融通、医教结合、向学前教育与高等教育延伸的特殊教育体系,形成以特教学校为骨干、以随班就读为主体、附设特教班和送教上门等为补充的办学格局。完成国家级特殊教育医教结合改革试点项目。完成市、区县（市）两级特殊教育学校提质改造;新建一所培智类为主的市级综合型特殊教育学校。特殊教育师资队伍日趋优化,教育质量明显提升,适龄三类残疾儿童少年义务教育入学率达到93%以上,其他残疾人受教育机会明显增加,特殊教育事业发展走在全省全国前列。

（七）实施民办教育品质提升工程

以学校文化建设为抓手,全面推进精细化、标准化管理,促进民办学校内涵发展、品质提升。完善民办学校设置标准和审批规程，加强民办学校变更事项管理，建立健全民办学校退出机制，确保民办学校发展质量。完善民办学校法人治理体系，健全民办学校党群组织，落实董事会领导下的校长负责制，激发民办学校的发展活力。分类制定民办学校教学管理和日常管理常规，充实和优化民办学校教师队伍，加强教育行政和业务部门对民办学校的业务指导、教学视导和工作督导。继续倡导民办学校依法办学、诚信经营、优质服务，坚决治理各种非法办学和违规办学行为。

（八）实施卓越教师培养工程

创新教育人才培养开发、选拔使用、评价激励等方面的政策措施。实施"教育人才十百千万培养计划"：建设 10 个名校长工作室、100 个名师工作室（站），实施每年 3000 名优秀教师培养计划（1000 名城市教师挂职锻炼计划、1000 名优秀中青年骨干教师发展计划、1000 名农村学校紧缺学科教师培养计划）和五年 40000 名现代教育技术能手培养计划。支持市属高职院校引进一批高层次人才，中小学校、职业学校引进一批特色专业人才。落实乡村教师支持计划，加强农村教师培养培训，为农村学校培养用得上、留得住的骨干教师。落实未来教育家、青年精英教师、名校长培养等培训项目，为名优特教师成长创造条件。

（九）实施"互联网+教育"工程

推进"互联网+"环境下的教育创新，形成先进、高效、便利的教学服务环境，实现优质数字教育资源共建共享。以教育城域网和网络学习空间建设为载体，大力推进"专递课堂""名师课堂""名校网络课堂"建设，建成 100 个"网络联校单元"、300 所"优质资源班班通示范校"，为所有农村教学点开通专递课堂。推进教育信息化示范建设，建立 50 个网络名师工作室，200 所智慧校园示范校，评选 2000 堂优质课、10000 个微课程。探索"慕课""翻转课堂"等网络教学模式，推动走班制等教学模式创新。推进"众创空间"建设，探索"创客教育"，建设长沙学习网，拓展全社会创新创业空间。开展网络教研。实施中小学教师信息技术提升计划，100%的中小学教师、技术人员、管理人员完成初级培训，100%的专任中小学教师完成中级培训。加快全民信息技术的普及应用，促进全民学习和终身学习。

五、保障措施

（一）加强组织领导

各级党委政府要从全局和战略高度，充分认识教育改革发展的重要意义，定期研究教育工作，及时解决教育改革发展中的重大问题，保证经济社会发展规划优先安排教育发展、财政资金优先保障教育投入、公共资源优先满足教育需求。落实政府部门教育工作职责，按照政府部门分工，重点明确财政、人力资源社会保障、编制、国土资源、规划、建设等部门支持教育工作的总体要求和年度任务。

（二）强化人才保障

完善师德建设机制。完善教师职业道德教育、考核、监督、奖惩机制，落实教师违反职业道德行为惩处规定，将师德教育列为师训工作的必修内容，将师德表现作为考核、聘任（聘用）、评价和教师资格定期注册的首要内容。加大对优秀教师的表彰奖励力度，建立教师荣誉体系，继续开展"感动星城·魅力教师"及"党和人民满意教师"评选，表彰树立一批先进教师典型，鼓励优秀教师安心乐教、终身从教。

推进校长教师专业成长。加强校长队伍建设，落实校长专业标准，增强校长课程领导力，推进校长专心专业治校，培养一批有影响的教育管理专家。严格执行教师专业标准，建设好市、区县（市）两级教师发展中心，促进教师培训机构转型发展，构建研训一体、理实一体的新型教师发展平台。建成全市教师资源中心，建立60个中小学教师研训基地。建立面向教师实际需求的"订单式"培训机制。推进教师队伍建设卓越教师培养工程、新苗工程、助力工程、"双型"工程，每年完成市级以上培训1.5万人次以上。开展星城杯教育教学比武活动，促进教师专业技能水平提高和教学方式创新。

优化教师队伍结构。适当提高教师准入标准，加强教师继续教育，到2020年，各层次教师学历水平提升3个以上的百分点；农村教师专业化达到80%以上，农村中小学校薄弱学科教师按要求基本配齐。调整职业学校教师结构，完善从行业、企业引进或聘请师资机制，职业学校"双师型"教师占专业课和实习课指导教师比例达到80%。制定吸引优秀人才长期从教、终身从教的优惠政策；对部分紧缺或亟须引进的高层次人才，探索试行以岗位任务为导向的协议工资等灵活多样的分配办法。

强化教师待遇保障。提高教师社会地位，不断改善教师的工作、学习和生活条件，关心教师身心健康，增强教师职业吸引力。依法保障教师待遇，落实教师绩效工资制度。完善帮扶机制，加强困难教职工帮扶中心建设，推进精准帮扶。稳定农村教师队伍，制定农村边远地区教师住房保障政策，鼓励有条件的地区建设教师周转房；提高农村边远地区教师津贴补贴标准，探索制订在农村从教30年以上退休后一次性奖励的办法。

（三）落实经费投入

加大经费保障力度。建立健全教育经费投入长效机制。进一步发挥政府投入的主体作用，依法保障教育投入增长，逐步提高各级各类教育的生均经费拨款标准，建立健全以绩效为导向的生均拨款机制，保障生均经费和教师待遇逐步提高。围绕促进公平和提高质量，不断加大各级各类教育经费保障力度，健全和完善家庭经济困难学生资助政策体系，加大对家庭经济困难中小学生（幼儿）的补助力度，逐步实施高中阶段教育免学费制度，加大对优秀学生的奖励力度。积极探索运用政府补贴、政府购买服务、助学贷款、基金奖励、捐资激励等制度，多渠道筹措教育经费。完善教育债务化解控制机制，重点推进高中阶段债务化解。

提高资金使用效益。完善以绩效为导向的教育资金分配机制，建立以强化资金使用效益为核心的教育经费绩效评价体系，将绩效目标管理与教育经费拨付管理有机融合，形成绩效目标、绩效拨款、绩效评价、绩效预算相结合的教育经费绩效管理新机制。改进教育科研经费支配方式，合理调动教育科研人员积极性。改进教育经费统计工作，完善经费监管体系，严格执行国家财政管理法律法规和财经纪律，建立健全教育经费管理规章制度，健全财务会计和资产管理制度，加强预算管理，推动财务信息公开。建立和完善内部审计监督体系，建立以风险为导向的事前介入、事中控制、事后评价的内部审计新模式，提高资金使用效益。建成教育系统内部审计数据库，实现教育系统内部审计全覆盖，防范教育系统财务风险。

（四）改善发展环境

维护和谐稳定。深入开展平安校园创建活动，推进湖南省平安校园创建先进县（市、区）全覆盖。加强全市学校人防、物防、技防建设和安全制度建设，协调有关职能部门强化校车安全管理，完善校园及周边治安综合治理工作机制，推进多部门联合整治机制，确保全市教育大局安全稳定。加强工会团队建设，提高妇工委、老干关协、信访接待工作的服务质量，为教育改革发展提供有力保障。

优化教育行风。加大对资金使用、工程建设、招生招聘、教材教辅、大宗采购等重点领域和重要岗位人员的监管力度，着力纠正群众反映强烈的乱办班、乱补课、乱收费和滥发教辅资料等行业不正之风；严格责任追究，发挥查办案件的警示作用，积极构建符合教育系统特点和规律的惩治和预防腐败体系。

加强舆论宣传。提高教育主动宣传意识，及时回应社会和百姓关注和需求，传播教育正能量，形成教育系统与社会、群众的良性互动，形成尊师重教的良好风尚。

（五）完善工作机制

加强规划的组织与落实。在市委、市政府的统一领导下，建立实施机制，按照《长沙"十三五"教育事业发展规划》的要求，明确责任要求和工作进度。教育行政部门负责规划的组织协调与实施，各有关部门积极配合，完善配套政策，扎实做好责任范围内工作，切实扩大学校办学自主权。完善监督检查机制，把推进教育事业科学发展作为各级政府政绩考核的重要内容，适时组织开展各项政策措施落实情况评估。鼓励支持社会公众通过法定程序和渠道参与规划的实施和监督。

长沙市深化教育领域综合改革实施方案（2016—2020 年）

为深入推动教育领域综合改革，促进教育事业发展，根据《湖南省教育综合改革方案（2015—2020 年）》（湘政发〔2015〕45 号）和《中共长沙市委关于全面深化改革的实施意见》（长发〔2014〕12 号），结合我市实际，制定本实施方案。

一、总体要求

（一）指导思想

全面贯彻党的教育方针，认真贯彻党的十八大和十八届三中、四中、五中全会精神和习近平总书记系列重要讲话精神，以立德树人为根本任务，以推进教育治理体系和治理能力现代化为主线，以破解制约教育科学发展的关键问题和薄弱环节为突破口，以率先基本实现教育现代化为目标，全面深化教育领域综合改革，全面提高育人质量，不断满足经济社会发展和人民群众日益增长的多层次、多样化教育的需求，办好人民满意的教育，为长沙建设国家中心城市、促进区域经济社会发展提供人才支撑和智力保障。

（二）基本原则

1. 坚持统筹兼顾、民生优先。促进各级各类教育协调发展，推进城乡教育、区域教育协调发展，切实解决好群众最关切的重点、热点、难点问题。

2. 坚持改革创新、大胆突破。着力推进办学体制、管理体制改革，激发教育办学活力。创新教育思想理念、方法、手段，提高教育现代化水平。

3. 坚持优质均衡、公正公平。不断扩充优质教育资源，努力让全体学生"有学上""好上学""上好学"。保障特殊群体平等享有接受良好教育的权利。

4. 坚持内涵发展、提高质量。遵循教育规律，提高教育质量，促进学生全面发展。增强教育整体实力，扩大长沙教育影响。

（三）目标任务

1. 教育惠民体系不断健全。教育基本公共服务体系健全，各学龄段学生都能接受良好教育，推进高中阶段教育免费入学，率先普及十五年教育。儿童友好型城市建设体系基本形成。

2. 教育热点难点有效破解。招生考试制度改革与现代人才培养目标相适应。"大班额"得到有效控制。教育人事制度改革全面深化。基本实现教育治理体系现代化。

3. 教育资源配置整体优化。教育设施建设与城市扩容提质同步，全市教育基础设施明显改善。教育资源建设与教育现代化发展相适应，优质教育资源有效拓展。师资水平不断提升，名师、名校长大量涌现。

4. 教育教学质量不断提高。人才培养理念、模式、方法不断优化，学生适应社会发展和终身发展的核心素养培养体系不断完善，每个学生能够得到全面、自由、个性的发展。

5. 教育服务能力逐步增强。教育供给不断优化，教育服务区域经济社会发展能力不断增强，人民群众的教育获得感不断提升。

二、改革重点

（一）深化办学体制机制改革

1. 推进学前教育普及普惠

进一步完善政府主导、社会参与、公办民办并举的办园体制，切实解决"入园难""入园贵"问题，不断满足人民群众对优质学前教育的需求。农村地区进一步扩充学前教育资源；城镇重点落实小区配套幼儿园作为公共教育资源由当地政府统筹安排，或举办公办幼儿园，或通过组织竞标举办普惠性民办幼儿园的政策，研究破解相关遗留问题。加快普惠性民办幼儿园建设，为民众提供收费参照同类公办幼儿园标准、质量稳定的学前教育。贯彻落实《幼儿园教育指导纲要（试行）》《3—6岁儿童学习与发展指南》及第二期学前教育行动计划等要求，加强保教工作指导，提高学前教育质量。

2. 推进基础教育集团化办学

建立和完善城乡教育共同发展机制，开展教育精准扶贫，组织城市学校对口帮扶农村学校，优质学校对口帮扶薄弱学校，提高受援学校的教育质量和办学水平。稳妥推进优质学校集团办学，进一步完善委托管理、捆绑发展等办学模式，探索学校学区共同体建设，创新办学机制，拓展办学领域，扩充办学内涵，不断扩大优质教育资源覆盖面。

3. 促进普通高中多样化发展

支持现代教育实验学校创建，努力建设拔尖创新人才培养基地，推进普通高中创新发展。鼓励支持普通高中学校立足校情，创新办学模式，努力办出特色。鼓励学校积极探索走班制和小班制，优化和丰富课程设置，为学生提供更多选择，促进学生个性发展。普通高中要开好通用技术、综合实践等课程，强化学生动手能力培养。

4. 构建现代职业教育体系

统筹全市职业教育资源，紧密对接产业，合理调整职业教育层次、类别结构，优化全市职业教育整体布局。增强产业服务能力，深化校企合作，推进产教融合创新发展，促进企业和职业院校联合开展"现代学徒制"和"预备员工制"试点。贯通职业教育人才成长的"立交桥"，试行中职、高职专科、应用技术本科贯通培养的体制机制，完善五年一贯制、中高职衔接办学等技术技能型人才培养模式。加强新型职业农民培养，构建面向三农、服务完善的现代职业农民教育网络。

5. 推进高等教育创新发展

全面提高人才培养质量，支持高等院校建设一流院校和一流学科，提升高校办学品位。推进市、校协同创新，搭建院校与企业、政府等共建的产学研一体化合作平台，鼓励高校建立高科技研发基地，把高等院校科技优势转化为区域的产业优势和竞争优势。鼓励驻长高校参与基础教育领域的教师培养培训、教育科研课题研究，探索基础教育与高等教育相衔接的人才培养模式，共同培育创新拔尖型人才。

6. 完善终身教育机制

完善终身教育网络平台，提供方便、灵活、个性化的学习服务；日益健全市、区（县）、乡镇（街道）、村四级培训网络。进一步丰富社区教育方式，提升终身教育品质，重点加强"长沙终身教育学习网"学习课程资源建设，支持开展社区教育实验项目，推进职业教育和社区教育基地建设。建设社区教育品牌，创建示范性社区学习中心，开发社区教育市级特色课程。

7. 提升特殊教育水平

发展残疾儿童学前教育，鼓励有条件的地区举办0—3岁残疾儿童早期干预、早期教育和康复训练机构，在普通幼儿园中开设特教幼儿班。提质改造市县两级特殊教育学校，新建一所培智类为主的市级综合型特殊教育学校。推行"融合教育"，支持特殊教育资源指导中心、特殊教育资源教室建设。加快发展以职业教育为主的残疾人高中阶段教育和高职教育，支持长沙职业技术学院作为全国、全省特殊教育师资培养基地的配套建设；支持特殊教育学校进一步探索发展残疾人中等职业教育。

8. 支持发展民办教育

加强民办教育的统筹、规划和管理工作，出台支持扶持民办教育发展的政策措施，全面落实民办教育法律地位，积极扩充优质民办教育资源。有序推进民办学校分类管理，完善民办学校法人治理结构，规范民办学校财务与资产管理，引导民办教育规范办学、健康发展。完善民办学校教师管理保障体系，稳定和优化民办学校教师队伍。科学设定各级各类民办学校设置标准，严格做好设置审批，提高新建民办学校质量。鼓励支持公办学校、民办学校通过相互购买管理服务、教学资源、科研成果，实现相互促进、共同提升。加大信息公开和舆论引导力度，健全民办教育管理的体制机制，从根本上遏制非法办学和违规办学行为。

（二）推进育人机制改革

1. 完善立德树人长效机制

把社会主义核心价值观和优秀传统文化教育有机融入各级各类学校教育全过程，将核心素养根植于学科，形成各学段纵向衔接、各学科横向融通、课内外深度融合、符合学生认知规律和成长规律的德育课程实施体系。丰富德育载体，拓宽德育渠道，提高德育实效，实现全员育人、全科育人、文化育人、实践育人，全面提高中小学生的道德素养。深入推进"自主申报、培育品牌、形成长效"三段式德育工作项目化管理模式，推出一批德育特色品牌学校。加强学校文化和校外社会实践基地建设，开展主题鲜明、内容丰富、形式多样的主题实践活动，培养学生健全人格。发挥家庭教育重要作用，建立学校与家庭良性互动的教育机制，办好各级各类家长学校。

2. 深化课堂教学改革

实践新课程教学理念，以强化学生核心素养为目标，积极推进教学方式和学习方式的改革，培养学生适应个人终身发展和社会发展需要的必备品格和关键能力。提高学校课程领导力，引导教师将学生核心素养的养成融入课程，开展以学生为中心、以问题解决为导向的教学，提高学生自主探究、合作交流和实践操作的能力。丰富课程内容，根据学生身心特点、爱好特长，多领域开发延伸型、发展型、研究型、创新型等课程，满足学生多样性、差异性需求，培养学生的思维力、创造力。充分利用课外教育资源，组织开展体验类、探究类、服务类等综合实践，激发学生兴趣，促进素养提升。强化教育科研，健全机制，鼓励支持一线教师开展学术研究，促进教师专业成长，提高教育教学质量。

3. 促进学校特色发展

加强学校特色文化建设，引导学校立足校情，树立正确教育理念，确立适合的发展方向。提升学校发展内涵，不断推进特色课程体系建设。深入推进"一区一特色、一校一品牌、人人有特长"，按照特色项目、学校特色、特色学校分步推进的办法，持续打造一批特色学校，形成百花齐放的良好局面。实施卓越职业院校建设计划，打造一批知名职业院校和品牌特色专业。

4. 完善教育评价体系

健全政府、学校、社会多方共同参与的教育质量评价机制。建立和完善基础教育质量监测，开展义务教育均衡发展、标准化学校建设和区域教育现代化监测，定期对全市中小学教育教学进行质量监控。构建基础教育质量综合评价体系，从学校管理、学生成长和教师发展等三个维度评价普通中小学教育质量，从常规管理、办学特色和办学行为等三个维度评价学校，从品德修养、学业水平、身心健康、学习动力和学业负担等五个维度评价学生，从师德修养、专业能力和教学效能等三个维度评价教师，实施"以入口定出口""从起点看变化"的评价机制。构建政府、职业院校、行业企业和第三方机构等多元参与的职业教育人才培养质量监控体系，建立职业院校人才培养质量报告制度，组织开展职业院校人才培养质量星级评估，提升职业教育质量。

5. 扩大教育开放交流

推进教育国际交流。加强各级各类学校以学科、学术、教师、学生为主体的国际交流合作；鼓励中小学开展多种形式的对外交流，拓展学生国际视野，提高跨文化沟通能力，推进国际理解教育；加强汉语推广能力建设，积极选派优秀教师到国（境）外学校从事汉语教学；探索引进国外各类优质教育资源，开展普通高中中外合作办学项目。推进校企合作交流。支持职业院校与国内外知名院校和知名企业合作办学，引进国际先进、成熟适用的职业资格认证体系、人才培养标准等资源。推进区域教育合作与交流。重点推进"一带一路"内陆城市、长江中游城市群、泛珠三角城市群、长株潭城市群的区域教育合作与交流，形成教育区域化与地区间协调发展机制；充分利用省会丰富的教育资源，创新推进省域内教育交流与合作。

（三）深化招生考试制度改革

1. 推进义务教育免试就近入学

小学入学坚持"公示学区、划片招生、注册入学"原则，科学划分学区，确保实现划片相对就近入学。初中招生完善单校划片（对口升学）、多校划片和配套入学等方式；多校划片采取"相对就近、免试入学、指标到校、微机派位"的方式进行。

2. 推进中考中招改革

普通高中实行指标生、对口直升生、本校直升生、特长生和推荐生等多样化招生政策；中职招生实行志愿填报和统筹调剂相结合的录取政策。积极探索制定对接新高考的中考中招实施方案。

3. 推进高考制度改革

根据中央、省相关精神，适应高考改革要求，强化高中学业水平考试。加强与改进学生综合素质评价制度，完善学生成长档案，客观、真实、全面记录学生高中阶段发展状况，为高中学生毕业和升学提供重要参考。

4. 规范招生考试管理

严格控制班额，从 2016 年起，小学、初中起始班额分别控制在 50 人、55 人以内，到 2020 年，全市义务教育大班额现象基本消除。坚持公办不择校、择校到民办的原则，严禁公办中小学校择校。完善招生公示制度，加强招生监督，严格学籍管理，严控学生非正常流动。严禁义务教育阶段学校举行或变相举行招生考试，严禁以培训机构成绩作为入学依据或者以招收特长生为名招收择校生。

（四）推进资源配置改革

1. 全面改善办学条件

优化学校布局。落实省、市有关学校规划建设管理规定，把学校布局规划纳入城镇建设总体规划，预留相应的教育用地。加快城区学校（幼儿园）建设步伐，确保教育设施建设与城市扩容提质同步进行。按照普职规模大体相当的要求完善高中阶段学校布局。农村闲置校园校舍，优先用于学前教育。巩固合格学校建设成果，全面改造农村薄弱学校，办好必要的教学点，完善学校基本设施和教学仪器装备，义务教育标准化学校覆盖率达98%以上。

2. 统筹教师资源配置

全面推进中小学教师职称制度改革，完善符合各类教师职业特点的职务（职称）评聘标准。积极推进中小学教师资格考试和定期注册改革。探索实施中小学教师"县管校聘"改革，推动区域内校长教师交流轮岗的制度化、常态化，确保每学年教师交流的比例不低于符合交流条件教师总数的10%，其中骨干教师交流不低于交流总数的20%。根据省制定的城乡教职工编制标准，采用总量内调剂、加强人员配备等方式，对乡村学校编制适当倾斜，合理配置各学科教师，保障乡村学校开齐开足国家规定课程。进一步完善市直中小学教职工编制动态管理体制和编外合同制教师经费包干机制，有条件的区县（市）可参照制定相关政策并组织实施，加强乡村学校师资力量保障。推进教师专业发展，创新教育人才培训、选拔、聘任、评价激励机制，培育培养一批卓越校长、教师。

3. 共建共享信息资源

构建利用信息化手段扩大优质教育资源覆盖面的有效机制，全面推进全市教育管理、优质教育资源公共服务平台建设，努力形成覆盖城乡各级各类学校的教育信息化体系。推进信息技术与教育教学深度融合，建设适应中小学教材体系、以微课资源为主体的长沙教育云资源平台，促进优质数字化资源与课程教学紧密结合，探索推进"慕课""翻转课堂""电子书包"等智慧教学。以教育城域网和网络学习空间建设为载体，大力推进"专递课堂""名师课堂""网络联校单元"等建设，为所有农村教学点开通专递课堂。

4. 加大经费保障力度

完善教育投入保障机制，依法保障教育投入增长。加大财政教育经费向农村中小学校转移支付力度。制定稳定投入机制，保障乡村教师福利待遇及相关支持政策落实到位。健全资助体系，确保每个适龄少年儿童不因家庭经济困难而辍学、失学。

（五）深化教育治理体系改革

1. 推进政府宏观管理

适应国家行政管理体制改革要求，优化教育治理结构，以推进管、办、评分离和放、管、服改革为基本要求，建立现代教育治理体系。强化依法行政，进一步明确各级各类学校办学权利和义务，依法保障学校充分行使办学自主权，维护好学校教职员工、学生合法利益。加强教育督导评估，依法对各级各类教育实施督导和评估监测，实施督导年度报告发布制度。完善地方政府履行教育职责考核评价体系，推进义务教育优质均衡发展督导评估。

2. 推进依法自主办学

加快推进章程建设，落实学校依据章程自主办学，推动现代学校制度建设。健全校内民主管理和监督机制，完善教职工代表大会制度；大力推进政、校务公开，全面推行教育阳光服务，保障师生员工对学校重大事项决策的知情权和参与权。建立健全家长委员会制度。提升依法治校水平，加强学校法治建设，切实规范办学行为。

3. 引导社会广泛参与

加快培育第三方专业教育评价机构，制定专业机构和社会组织参与教育评价的资质认证标准，支持专业机构和社会组织规范开展教育评价。建立教育法律顾问制度，形成以教育行政部门法制机构人员为主体、吸收专家和律师参加的法律顾问队伍。创新教育督导方式，探索政府部门联动督导、购买专业评价服务、开展社情民意调查、跨地区督导合作等工作模式。

三、保障措施

（一）组织保障

加强各级政府对教育的统筹领导，定期研究解决教育发展和改革中的重大问题，深化相关领域改革，改善教育发展环境，落实教育优先发展的战略地位。加强部门配合与联动，为教育事业开设绿色通道，支持教育事业发展。

（二）政策保障

根据国家政策精神，拓宽经费筹措渠道，保障教育经费投入。根据改革整体需求，制定和完善系列配套政策，形成促进教育综合改革发展的政策保障体系。把推进教育综合改革纳入县级政府教育工作实绩考核的重要内容，各区县（市）要结合本地实际，认真制定推进教育综合改革的工作规划，明确本区域工作推进的时间表和线路图，确保各项目标任务落实到位。

（三）环境保障

鼓励社会各界支持学校建设，积极为教育发展贡献力量。坚持正确导向，加强舆论监督，积极宣传教育发展和改革的成就，积极引导社会和群众科学认识教育、正确理解教育、全力支持教育，营造教育科学发展的良好氛围。

长沙市乡村教师支持计划（2016—2020 年）实施细则

为贯彻落实《国务院办公厅关于印发乡村教师支持计划（2015—2020 年）的通知》（国办发〔2015〕43 号）和《湖南省人民政府办公厅关于印发〈湖南省乡村教师支持计划（2015—2020 年）实施办法〉的通知》（湘政办发〔2015〕114 号）精神，深化我市教育领域综合改革，加强乡村教师队伍建设，推进城乡教育相对均衡发展，特制定本细则。

第一章 总 则

第一条 本细则所指的乡村教师为我市行政区域范围内的农村地区中小学（包括职业高中、普通高中、初中、小学、幼儿园）教师。

第二条 把乡村教师队伍建设摆在突出重要位置，以建设一支数量足够、结构合理、素质优良、甘于奉献、扎根乡村的中小学教师队伍为目标，优化乡村教师队伍结构，提高乡村教师待遇，提升乡村教师能力素质，办好乡村学校，帮助乡村孩子接受公平、有质量的教育，阻止贫困现象代际传递。

（一）力争到 2017 年，使全市乡村学校教师来源保障有力，"县管校聘"管理体制基本建立，教师资源配置改善，教师队伍素质稳步提升，教师待遇明显提升，逐步建立"越往基层、越是艰苦，地位待遇越高"的激励机制。

（二）到 2020 年，使全市乡村学校优质教师得到多渠道补充，乡村教师资源配置得到显著改善，教师队伍整体结构合理，教育教学能力水平稳步提升，教师待遇依法得到有力保障，职业吸引力明显增强，逐步形成"下得去、留得住、教得好"的良好局面，为建设教育强市、实现教育现代化提供坚强有力的师资保障。

第二章 实施原则

第三条 师德为首原则。加强师德教育，进一步增强对中国特色社会主义的理论认同、政治认同、情感认同，自觉践行社会主义核心价值观。

第四条 问题导向原则。深化体制机制改革，构建适应乡村教育发展的乡村教师补充机制、使用机制、交流机制和促进乡村教师成长的培养培训机制。

第五条 按需配置原则。合理规划乡村教师队伍规模，合理配置乡村地区优质教师资源，聚焦乡村教师队伍建设最关键领域、最紧迫任务，多措并举，定向施策，精准发力，标本兼治，不断优化结构、提升质量、提高待遇。

第三章　实施措施

第六条　切实加强师德师风建设，全面提升乡村教师思想政治素质和师德水平。

（一）开展多种形式的师德教育，将师德教育作为乡村教师培训的首要内容，把教师职业理想、职业道德、法治教育、心理健康教育等融入职前培养、准入、职后培训和管理的全过程。

（二）加强政治理论学习的经常性、实效性、针对性、创新性。

（三）切实加强乡村中小学校党建工作，规范党组织设置，选优配强党组织书记，配备必要的党务干部，适度加大发展乡村教师党员的力度。

（四）把师德考核结果作为教师聘用、评优评先的重要依据。

（五）严格查处师德失范行为，落实教育、宣传、考核、监督与奖罚相结合的师德建设长效机制。

第七条　有效拓展乡村教师补充渠道。

（一）依法加强新进教师招聘管理，县级教育行政部门根据核定的教师编制总量和当年教师减员情况，制定教师招聘计划和招聘方案，分别报同级机构编制管理部门和人力资源部门核准，在有关部门指导和监督下组织实施；规范招聘条件和程序，要优先补充音乐、体育、美术等紧缺学科教师；新招聘的毕业生教师岗位原则上要定向到乡镇，服务年限一般不得低于 5 年，城区学校不能招聘未达到服务年限的乡村学校教师；加强聘后教师管理，着力破解结构性矛盾，为乡村学校持续输送优秀人才。

（二）大力加强公费定向师范生培养，逐步扩大公费定向师范生培养规模，各区县（市）人民政府要根据乡村学校教师"退员补员"的实际需要，制订好公费定向师范生中长期需求计划和年度培养计划，由市教育局审核后，报省级教育行政部门统筹组织实施；我市公费定向师范生招生，原则上均须使用定向到乡镇的计划，确保公费定向师范毕业生到农村学校任教有编有岗。

（三）高校毕业生取得教师资格并到我市乡村学校和公办幼儿园任教的，按照中央和省有关规定实行学费补偿和国家助学贷款代偿政策，从 2016 年起，有条件的区县（市）可以按照《湖南省财政厅湖南省教育厅关于印发〈湖南省普通高校毕业生贫困地区基层单位就业学费补偿管理办法〉》（湘财教〔2016〕1号）实施学费补偿。

（四）鼓励城镇退休的特级教师、高级教师到乡村学校支教讲学，对于到乡村学校支教一年以上的，区县（市）可以给予每人每年 2 万元的补助。

（五）通过调整公费定向师范生招生政策和教师招聘办法等方式，优化乡村教师队伍结构，逐步实现男女教师比例相对均衡，满足学生健康成长的需要。

第八条 全面提升乡村教师能力素质。

（一）进一步完善乡村教师、校（园）长五年一周期 360 学时的在职培训。

（二）认真落实市本级负责的高中教师全员培训和初中、小学、幼儿园骨干教师与紧缺学科教师培训，各区县（市）负责区域内初中、小学、幼儿园教师全员培训的主体责任。

（三）全面提升乡村教师信息技术应用能力，积极利用远程教学、数字化课程等信息技术手段，破解乡村优质教学资源不足的难题，促进信息技术与教育教学深度融合，同时建立支持学校、教师使用相关设备的激励机制并提供必要的保障经费。

（四）"国培计划""省培计划"培训指标 60% 以上支持乡村教师与校长培训。

（五）加强乡村学校音、体、美等师资紧缺学科教师和全科教师培训。

（六）按照乡村教师的实际需求，采取网络研修、送教下乡、专家指导、校本研修等多种形式，增强培训的针对性和实效性；鼓励乡村教师在职学习深造，提高学历层次。

（七）积极实施中小学名师名校长培训"十百千万"工程，在名校长、名教师、未来教育家、青年精英教师、骨干教师培养等项目实施中，重点向乡村教师倾斜；组织特级教师到乡村学校设立工作站，通过亲自授课、经验交流、开展传帮带等办法培养一批乡村优秀教师，市级农村中小学名师工作站建设达到 20 个，有条件的区县（市）要建设自己的农村中小学名师工作站。

（八）建立乡村校长教师专业发展支持服务体系，把乡村教师培训纳入基本公共服务体系，保障经费投入，确保乡村教师培训时间和质量。

（九）加大教师培训经费投入，区县（市）按照不低于所属幼儿园、中小学和中等职业学校教职工工资总额（含绩效工资）的 2% 安排培训经费，列入财政预算，并逐步提高；乡村学校按不低于年度公用经费预算总额的 8% 安排教师培训经费，确保培训工作的实际需要。

第九条 统一城乡教职工编制标准，对乡村学校编制适当倾斜，通过调剂编制、加强人员配备等方式，进一步向人口稀少的教学点、村小学倾斜，确保乡村学校开足开齐国家规定课程。

（一）教学点可按照班师比和学生人数，灵活配备相应数量教师，20 人以下的教学点应配备 2—4 名教师，21—50 人的教学点应配备 3—5 名教师，50 人以上的教学点及农村寄宿制学校的教师配备数量根据编制标准适当增加。

（二）优化农村学校教师队伍结构，合理配置各学科教师，每所完小以上规模学校一般各应有1名以上音乐、体育、美术和计算机教师；非完全小学通过巡回授课、网络教学的方式确保紧缺学科专业教师的配备，对于巡回授课教师给予相应补贴。

（三）县级教育行政部门在核定的编制总额内，按照班额、生源等情况统筹分配各校教职工编制，并报同级机构编制部门和财政部门备案；进一步完善中小学教职工编制动态管理体制和编外合同制教师经费包干机制，加强乡村学校师资力量保障；县级编制、人力资源和教育部门，及时拟定每年乡村学校教师补充计划，确保乡村学校发展需要和素质教育全面实施。

（四）深化中小学校后勤服务社会化改革，逐步压缩非教学人员编制；对适合社会力量提供的工勤和教学辅助等服务，探索采取政府购买服务方式，纳入当地政府购买服务指导目录，所需资金由同级政府财政解决。

（五）严禁在有合格教师来源的情况下"有编不补"、长期使用临时聘用人员，严禁任何部门和单位以任何理由、任何形式占用或变相占用乡村中小学教职工编制；对违反编制管理规定的单位和责任人，依法依规严肃处理。

第十条　有序推动城乡教师合理流动。

（一）加强县域内义务教育教师的统筹管理，在试点基础上推进"县管校聘"管理改革，为教师交流轮岗提供制度保障；每学年教师交流的比例应不低于符合交流条件教师总数的10%，其中骨干教师交流应不低于交流总数的20%。

（二）区县（市）域内要重点推动城区学校教师到乡村学校交流轮岗，乡镇范围内重点推动中心学校教师到村小学、教学点交流轮岗；尽快实现县域内教师校长交流的制度化、常态化。

（三）结合本地实际，探索通过定期交流、跨校竞聘、学区一体化管理、学校联盟、对口支援、乡镇中心学校教师走教等方式，提高乡村教育教学水平，缩小城乡教育资源差距，采取有效措施，保持乡村优秀教师队伍相对稳定。

（四）强化城市教师支援乡村教育工作制度，城市中小学教师评聘中级职务应有1年以上农村学校工作经历，评聘高级职务应累计有2年以上农村学校工作经历，乡村学校教师评定为特级教师和高级专业技术职务，应服务5年后方可流动。

第十一条　大力提高乡村教师生活待遇。

（一）落实乡村中小学教师乡镇工作补贴工作，长沙县、望城区、浏阳市、宁乡县的乡镇及以下学校在职在岗教师，在农村中小学校（教学点）工作期间，经年度考核合格的，按照学校在自然村、村委会所在地、乡镇政府所在地三类情况，分别按每人每月不低于 900 元、700 元、500 元的标准发放乡村教师乡镇工作补贴，其校长可在发放标准上提高 100—300 元；浏阳市、宁乡县所属边远乡镇的学校，其教师每人每月可在发放标准上再提高 100 元，乡村教师乡镇工作补贴高于省里统一标准的部分暂予保留，待省里统一调整标准时逐步冲抵，《长沙市人民政府关于进一步加快农村义务教育发展若干意见》（长政发〔2014〕46 号）规定的农村教师人才津贴不再发放。所需资金均由区县（市）财政负担，从 2016 年 1 月起，浏阳市、宁乡县所属边远乡镇的学校乡村教师乡镇工作补贴的提高部分由市财政负担；中心城区所属乡村教师的乡镇工作补贴标准，由所在区人民政府根据当地情况自行制定。

（二）依法依规落实乡村教师工资待遇政策，确保乡村教师平均工资水平不低于当地公务员平均工资水平，并逐步提高，逐步提高乡村教师班主任津贴，将班主任工作计算工作量，学校在绩效工资分配中向班主任倾斜，依法为教师缴纳住房公积金和社会保险费，县域内统一缴费及补助标准。

（三）积极实施乡村教师帮扶计划，乡镇以上人民政府要定期组织开展走访、慰问乡村教师工作，采取有效措施，积极帮助他们解决工作、生活中的实际困难，包括大龄未婚乡村教师婚姻难等问题，实施精准扶贫，重点加大救助特困教师力度，各区县（市）财政设立专项资金，对因遭遇突发事故或突患重大疾病，造成家庭生活特别困难的乡村教师进行救助帮扶，鼓励企业和社会力量积极为学校捐助资金，用于教师帮扶，各区县（市）要切实落实乡村教师定期体检工作，所需资金由同级财政负担，列入当年预算，支持市教育基金会、教育工会建立市、县两级联动救助特困教师机制。

（四）各区县（市）政府和乡镇政府要充分保障乡村教师生活配套用房。

第十二条　建立乡村教师成长激励机制。

（一）全面推进中小学教师职称制度改革，建立统一的中小学教师职务（职称）系列，完善乡村教师职务（职称）评聘条件和程序办法，实现县域内城乡学校教师岗位结构比例总体平衡，并切实向乡村教师倾斜，坚持育人为本、德育为先，注重师德素养，注重教育教学工作业绩，注重教育教学方法，注重教育教学一线实践经历；适当调整乡镇及以下学校教师岗位结构比例，中级增加 5 个百分点，高级增加 3 个百分点，重点用于解决在乡村学校工作满 20 年和 30 年，目前分别还是初级、中级职称、符合评审条件与标准的乡村学校教师，乡村教师评聘职称（职务）时，不做外语成绩（外语教师除外）、发表论文的刚性要求，持有计算机等级证书和信息技术应用能力提升工程结业证书的教师，不再重复参加计算机应用水平培训与考试。

（二）加大乡村教师奖励力度，对长期扎根农村，为农村教育事业做出突出贡献的乡村教师，由市县两级给予表彰奖励，奖励对象原则上为在乡村任教10年以上的教师，此项奖励每两年进行一次，在市教育基金会建立专项基金，开展"长沙最美乡村教师"和"爱烛行动"等表彰活动。

（三）在评选表彰各级教育系统先进集体和先进个人、确定特级教师评选指标和评选条件等方面向乡村教师倾斜。

第四章　实施保障

第十三条　各区县（市）人民政府是实施乡村教师支持计划的主体。各区县（市）政府要严格实行一把手负责制，认真谋划支持办法，统筹安排推进步骤，有效推动支持工作；各级教育、财政、编制、人力资源等部门要加强衔接沟通，密切协调配合，形成有效合力，统筹推进计划的贯彻落实。

第十四条　明确责任分工。

（一）教育部门要总体谋划和部署乡村教师发展工作，为精准支持提供依据。

（二）编制部门要加强乡村学校编制管理，确保乡村中小学教职工编制满足教育教学实际需求。

（三）人力资源、财政部门要完善并督促落实乡村教师补助和定期体检政策，着力提高乡村教师待遇。

（四）人力资源、教育部门要进一步完善落实乡村教师职称评聘改革办法，落实岗位结构比例，加大对乡村教师倾斜支持力度。

（五）财政、教育部门要做好困难教师救助帮扶工作。

第十五条　落实经费保障。

（一）市级财政将加大资金统筹力度，重点支持乡村教师队伍建设。

（二）各区县（市）要积极调整财政支出结构，把乡村教师队伍建设作为重点保障领域之一，将所需经费纳入公共财政保障范围，形成稳定投入机制，提高资金使用效益，促进教育资源均衡配置，确保各项乡村教师支持政策落实到位。

（三）要制定严格的经费监管制度，规范经费使用，加强经费管理，强化监督检查，坚决杜绝截留、克扣、虚报、冒领等违法违规行为，充分发挥资金使用效益。

（四）要着力改革机制，鼓励和引导社会力量参与支持乡村教师队伍建设。

第十六条　要加强宣传引导，争取广大教师和社会各界对乡村教师支持计划的理解和支持，着力形成良好的工作氛围；要大力宣传广大乡村教师为人师表、爱岗敬业、无私奉献的崇高精神，积极营造全社会关心支持乡村教师和乡村教育的浓厚氛围，努力在全社会形成尊师重教的良好风尚。

第十七条　市政府教育督导委员会要对各地贯彻落实乡村教师支持政策情况进行督导检查，并纳入对县级政府教育工作督导评估重要内容，及时通报督导结果并适时公布。对在乡村教师支持工作中成绩突出的，要及时推广经验做法并按照国家有关规定予以表彰；对工作不力、政策落实不到位的，要依纪依规严肃问责。

第五章　附　则

第十八条　县、乡级政府要制定具体实施细则，精准把握支持重点，因地制宜提出符合自身实际的乡村教师支持政策和有效措施；各区县（市）要于2016年6月28日前，将本地的实施细则（两份）报市教育局，并由市教育局统一报省教育厅备案，同时向社会公布，接受社会监督。

第十九条　本细则由长沙市人民政府办公厅负责解释。

第二十条　本细则自公布之日起施行。

长沙市人民政府
关于进一步加快农村义务教育发展的若干意见

各区县（市）人民政府，市直机关有关单位：

办好人民满意教育、促进教育公平的重点在于改善农村教育。近年来，我市坚持教育优先发展，高度重视农村教育，农村义务教育办学条件大幅改善，教育质量不断提高，已率先全省实现了规模以上义务教育阶段合格学校全覆盖。但我市城乡之间、区域之间、校际的教育差距仍然存在，部分农村义务教育薄弱情况仍未得到根本改变。着力提升农村学校办学水平，全面提高义务教育质量，努力实现所有适龄儿童少年"上好学"，对于解决义务教育深层次矛盾、推动教育事业科学发展具有重要意义。为加快发展农村教育事业，缩小城乡教育差距，努力办好人民满意的教育，现就进一步加快我市农村义务教育发展提出如下意见：

一、总体要求

（一）指导思想

以党的十八大和十八届三中全会精神为指导，深入贯彻落实科学发展观和习近平总书记对教育工作的系列重要论述，加强市级统筹，强化以县为主管理，全面深化教育领域综合改革，建立健全农村义务教育发展责任制，积极推进义务教育学校标准化建设，合理配置农村教师、设备、图书、校舍等资源，不断提升农村义务教育信息化水平，努力提高办学水平和教育质量，切实缩小城乡教育差距，办好每一所学校，促进每一个学生健康成长。

（二）基本目标

经过五年时间的努力，使全市每一所农村义务教育学校都符合国家办学标准，办学经费得到充足保障；教育资源满足学校教育教学需要，开齐开足国家规定课程；农村义务教育学校教师配置足额合理，教师素质得到整体提高；城乡学校之间差距明显缩小，城乡义务教育均衡发展。2015年实现区县（市）域内义务教育发展基本均衡；2020年实现市域内义务教育发展基本均衡，率先全省实现城乡教育一体化。

二、主要任务

(一) 大力改善农村义务教育学校办学条件

1. 实施标准化学校建设工程。严格执行区域农村义务教育学校布局专项规划，根据教育部及省义务教育学校标准化建设要求，研究出台长沙市义务教育学校标准化建设标准，进一步规范学校建设用地、校舍建设标准，统一城乡学校图书、设备设施配备、信息建设、教学管理、师资队伍建设、教学评价标准，同步推进城乡学校教育内容的标准化、规范化和教学手段信息化。加强农村必要教学点建设，教学点不得随意撤并，要根据生源情况合理确定教学点师资和设备配备。在实施薄弱学校提质改造三年行动计划的基础上，从 2014 年开始，市本级和各区县（市）要安排专项经费用于农村中小学校和教学点提质改造，到 2015 年底教学点全部达到湖南省义务教育合格学校标准，到 2017 年底前农村中小学全部建成标准化学校。全面清查农村义务教育学校生活用水来源和旱厕分布情况，在 2016 年底前完成安全用水和水冲式厕所改造。

2. 实施农村寄宿制学校建设工程。加大农村寄宿制学校建设力度，坚持"突出重点、急需先建"的原则和"牢固、实用、够用、方便"的要求，按照教育部、省定标准，在乡镇初级中学和中心小学配建学生宿舍、食堂、饮用水设备、厕所、澡堂等设施。设立农村寄宿制学校运转专项经费，建立健全相关管理制度，加强日常管理，落实安全责任，严格规范管理行为，让寄宿学生学习安心，家长放心。

3. 实施农村中小学教育信息化工程。加强教育信息基础设施建设，重点加大对农村地区支持力度，逐步提高各级各类学校信息装备配置水平。加快终端设施普及，推进数字化校园建设。全面完成中小学"三通两平台"建设，到 2015 年，基本建成教育资源公共服务体系及教育管理信息化服务体系，到 2020 年，基本建成与我市教育现代化发展目标相适应的教育信息化体系。大力发展现代远程教育，建设教育城域网，促进农村学校与城市学校的优质资源共享，切实提高教师使用现代信息技术的能力。

(二) 合理配置农村义务教育教师资源

1. 稳定农村教师队伍。改善教师资源的初次配置，采取各种有效措施，吸引优秀高校毕业生和志愿者到农村学校任教。对长期在农村基层和艰苦偏远地区工作的教师，在工资、职称等方面实行倾斜政策。实施农村偏远地区学校教师专项培养制度，适当提高农村学校和薄弱学校高级教师岗位比例。在湖南省公费师范生招生中，尽可能采用乡镇计划，将招生计划具体定向到偏远乡镇；各区县（市）在新招录农村教师时，可实行定学校、定专业单独招录，要有最低服务年限规定并在招考公告中发布，服务年限一般不少于5年。在奖励性绩效工资中增设偏远农村中小学教师人才津贴，具有初级以上职称（含初级）的在编在岗教师，在偏远农村中小学校（教学点）工作期间，经年度考核合格的，按学校在自然村寨、村委会所在地、乡镇政府所在地（不含县城关镇）三类情况，分别给予每人每月不低于900元、700元、500元人才津贴。偏远农村中小学的补贴范围由各区县（市）教育行政部门根据当地实际情况确定。实施农村偏远学校教师周转房建设工程，力争三年内建设6000套农村学校教师周转房，改善偏远学校教师的工作和生活环境。加强农村学校学科带头人和骨干教师的选拔培养，定期安排农村学校教师到先进发达地区学习。

2. 改革农村学校教师编制配备方式。实行城乡统一的中小学编制标准，对农村寄宿制学校、村小学和教学点人员编制单独核算并适当增加。教学点根据学生人数配备相应数量教师，20人以下的教学点应配备2~4名教师，21~50人的教学点应配备3~5名教师，50人以上的教学点及农村寄宿制学校的教师配备数量根据编制标准适当增加。优化农村学校教师队伍结构，合理配置各学科教师，保证每所完小以上规模学校有1名以上音乐、体育、美术和计算机教师；非完全小学通过区域统筹、巡回授课的方式确保紧缺学科专业教师的配备，对于巡回授课教师给予相应补贴。

3. 加大城乡学校干部、教师交流力度。城乡义务教育阶段学校校长每届任期原则上3~5年，可以连任，但连任原则上不超过两届。各级教育部门要在自己的权责范围内或会同组织部门建立校级领导任期制和定期交流制，逐步推行校长职级制。各区县（市）应逐步实现教师合理流动的制度化。原则上，教师在一个学校连续服务期满6年，由本级教育行政部门统一安排或个人申请，定期在本区域范围内的薄弱学校与优质学校之间交流。同时，完善区域内名师定期送课、骨干教师巡回授课、紧缺专业教师流动教学、城镇教师到农村学校任教服务期等制度。城镇学校教师评聘高级职称必须在上一职务任期内有一年以上农村学校任教经历。

（三）维护农村少年儿童平等入学权利

1. 保障进城务工人员随迁子女平等接受义务教育。坚持以流入地为主、以公办学校为主的政策，将常住人口纳入区域教育发展规划，推行按照进城务工人员随迁子女在校人数拨付教育经费，适度扩大公办学校资源，满足进城务工人员随迁子女在公办中小学平等接受义务教育。

2. 建立健全农村留守学生关爱服务体系。把关爱留守学生工作纳入社会管理创新体系之中，构建学校、家庭和社会各界广泛参与的关爱网络，创新关爱模式。乡镇、村（社区）负责统筹协调社区范围内的留守学生教育管理工作，实行留守学生的普查登记制度和社会结对帮扶制度，建立留守学生安全保护预警与应急机制。发挥乡村少年宫作用，为留守学生提供充足的课后活动场所，加强对留守学生心理健康教育，优先满足留守学生进入寄宿制学校的需求。

3. 关心扶助需要特别照顾的学生。加大市级统筹力度，全面落实义务教育免费入学和资助家庭经济困难学生政策，落实农村家庭经济困难的寄宿学生生活费补助政策，确保家庭经济困难学生不因贫失学。做好对孤儿的教育工作，建立政府主导，民政、教育、公安等部门和妇联、共青团参与的工作机制，保证农村适龄孤儿进入寄宿生活设施完善的学校就读。

（四）全面提高农村义务教育质量

1. 树立科学的教育质量观。以素质教育为导向，促进学生德智体美全面发展和生动活泼主动发展，培养学生的社会责任感、创新精神和实践能力。鼓励学校开展教育教学改革实验，努力办出特色、办出水平，为每位学生提供适合的教育。建立中小学教育质量发展性评价体系，科学评价学校教育教学质量和办学水平，引导学校按照教育规律和人才成长规律实施教育，引导学生、家长和社会按照正确的教育观念评价农村教育质量。

2. 加强农村学校教学常规管理。继续深化基础教育课程改革，全面落实课程计划，因地制宜开发农村学校校本课程，切实加强综合课程和选修课程管理，拓展学生自由发展、个性发展空间，培养农村学生学习能力、创新精神、科学素质和人文素养。加强农村教育科学研究，培育、总结、推广区域教育教学改革的典型经验，推进农村教育教学的改革与发展。加强农村学校心理健康教育，培养学生热爱生活、享受人生的健康心理。开展阳光体育运动，增强学生体质健康。加强农村学校教育技术装备的建设、管理与使用，提高学科实验开出率，激发学生学习和探求新知的兴趣。

3. 推进优质教育资源共享拓展。坚持公益性和普惠性原则，统筹配置全市优质教育资源，促进中小学校优质、均衡、特色发展。遵循合理布局原则，将优质学校集团办学纳入全市普通中小学布局规划，以中心镇（小城市、特色镇）为试点，不断扩大优质教育资源辐射面。支持各区县（市）办好一批初中学校，引导城区优质学校重点扶持农村相对薄弱的中小学校，整体提升城乡办学水平。鼓励和支持办学形式创新，大力发展特色学校，统筹推进城乡特色教育发展。

（五）提高农村义务教育投入保障水平

1. 确保投入总量增长。严格按照教育法律法规规定，确保教育财政拨款逐步增长，确保按在校学生人数平均教育费用逐步增长，确保教师工资和学生人均公用经费逐步增长并向农村学校特别是偏远学校倾斜，农村义务教育学校学生人均公用经费按一定比例增长。落实教育强省、教育强市有关经费政策，确保预算内教育经费支出占财政支出的比例每年同口径提高1~2个百分点。

2. 落实各项支出政策。全面落实各项经费投入政策，确保农村办学经费的稳定来源和持续增长，保障农村义务教育学校教师人员经费，保障按教师工资总额2%的标准预算教师培训经费。每年从土地出让收入中安排专项资金用于农村教育事业发展。农村中小学校和教学点提质改造专项经费、偏远农村中小学教师人才津贴和农村寄宿制学校运转专项经费由各区县（市）级财政承担，市级财政给予适当补助。

3. 拓宽农村教育筹资渠道。落实个人教育公益性捐赠支出在所得税税前扣除规定，鼓励社会团体、企事业单位和公民个人捐资助学、出资办学、设立农村教育发展及奖励基金。积极开拓金融、信贷、教育服务、科技开发等筹措教育经费的途径。落实各项税费减免政策，在法律法规允许的范围内，对校舍建设依法免收行政事业性收费和政府性基金，免收或减收经营服务性收费。

三、组织保障

（一）建立农村义务教育推进责任机制。市教育局制定农村义务教育发展规划，并负责具体组织实施，加强教育内部管理，全面实施素质教育，不断提高教育质量。市国土资源局、市规划局依法制定学校布点规划和用地规划，确保全市农村中小学校布局规划科学合理，规划用地不流失、不随意调整。市发改委、市住房城乡建设委将农村中小学校建设纳入社会主义新农村建设发展的总体规划，保障普通中小学按国家和省市标准化学校建设标准进行建设，保障农村教师周转房建设，保障学校建设与社会主义新农村建设同步发展。市财政局督促各区县（市）财政加大投入，保证农村学校生均公用经费按一定比例增长，将农村义务教育全面纳入财政保障范围，足额预算，及时拨付到位，指导、监督教育经费的合理使用。市人力资源和社会保障局、市编委办要会同教育行政部门共同做好教师核编定岗工作，合理确定农村偏远地区教师编制，尽快消除教师队伍结构性矛盾。各区县（市）要切实担负起发展农村义务教育的主体责任，成立相应机构，落实部门和乡镇责任，严格执行《义务教育法》，加快推进农村义务教育发展，缩小城乡教育差距。

（二）强化教育工作督导机制。坚持督政、督学与教育质量评估检测并重，加强对政府履行教育职责的督导，严格落实问责制度，引导各级政府优先发展农村教育事业，提高基本公共教育服务能力和水平。开展农村义务教育专项督导。完善督学责任制制度、督导结果公告制度、限期整改制度、整改回访制度，强化教育督导的权威性与严肃性，保障重大教育政策措施的贯彻执行。

四、本意见自 2014 年 12 月 11 日起实施。

长沙市人民政府

2014 年 11 月 11 日

后　记

为客观、公正、科学、准确地评估长沙市义务教育均衡发展政策实施结果，湖南师范大学国家治理研究所组建第三方评估团队，于 2017 年对长沙市出台的义务教育均衡发展方面重大公共政策实施情况进行评估，并提出相应的政策建议。我们在分析长沙市政策文本的基础上，将义务教育均衡发展分为四个方面：一是教育机会公平，二是义务教育资源配置均衡，三是体现教育发展水平的义务教育质量均衡，四是义务教育政策的均衡。利用文献分析、问卷调查、质性访谈的方法，全方位对现阶段长沙市义务教育均衡发展状况进行评估。

本次调查问卷历时 1 个多月，共抽样 12316 人，其中小学生 4757 人，初中生 2227 人，家长 5131 人，教师 201 人。质性访谈调查采取个访形式，个访总共接触了各类人群共 224 人，包括学生、家长、教师、学校管理者、政府官员（教育局、财政局）5 类人员。调查采取了多种质量保证措施来确保现场调查和数据录入的质量。

调查显示，长沙市义务教育段入学机会均等已经实现，义务教育资源配置均衡基本实现，从义务教育经费、教育设施、义务教育师资力量等方面均衡可以显示；长沙市义务教育质量已基本实现均衡，表现在教育实施过程与教育实施结果；长沙市义务教育政策的均衡已在各县市区形成，体现在政策目标、政策结构、政策运行以及教师、学生、家长对义务教育均衡政策的绩效评价上。

长沙市义务教育均衡发展存在的问题主要有：城乡教育资源配置仍存在一定差距；县域内教育经费投入能力有限；学校布局调整不能完全满足入学需求的新变化；城区优质教育资源竞争激烈；农村学校教师队伍建设相对滞后，由城乡待遇差距与编制、职称政策的约束引起教师流动、流失情况比较严重，专任教师和教师学科结构性缺口突出，校长、教师交流和激励机制建设未执行到位。

基于此，长沙市应加大统筹城乡义务教育资源均衡发展的力度，完善义务教育资源配置保障机制和能力，改革优质义务教育资源的供给方式和供给渠道，优化城乡教育一体化发展规划与布局，探索改革以户籍人口为统计口径的义务教育拨款方式；进一步推进义务教育学校标准化建设，加大义务教育学校标准化建设力度，提升薄弱学校办学水平；构建支持农村师资队伍发展的长效机制，将加强教师队伍建设列为支持农村教育的优先领域，将改善农村教师生活条件列为今后一段时期的政策重点；把校长和骨干教师的均衡配置作为缩小校际差异的重点，创新编制管理机制，吸引鼓励校长、骨干教师到农村学校、薄弱学校工作或任教。

本报告由王敏设计评估方案，确定全书的章节目录并撰写了写作模板，牵头写作并进行成书后的统稿工作。全书具体分工如下：

第一章长沙市义务教育均衡发展政策评估设计由王敏撰写；

第二章长沙市义务教育均衡发展政策评估总报告由王敏撰写；

第三章芙蓉区义务教育均衡发展政策评估子报告由李中仁撰写；

第四章天心区义务教育均衡发展政策评估子报告由何琴撰写；

第五章岳麓区义务教育均衡发展政策评估子报告由刘茜撰写；

第六章开福区义务教育均衡发展政策评估子报告由郭煦澄撰写；

第七章雨花区义务教育均衡发展政策评估子报告由何琴撰写；

第八章望城区义务教育均衡发展政策评估子报告由刘茜撰写；

第九章长沙县义务教育均衡发展政策评估子报告由成程撰写；

第十章浏阳市义务教育均衡发展政策评估子报告由李中仁撰写；

第十一章宁乡市义务教育均衡发展政策评估子报告由袁青撰写；

结语由王敏撰写；王敏对附录一、附录二进行了编选，对全书的表格进行重新编辑。谢宗藩对基尼系数的计算及相关联络工作做了大量工作。刘茜老师对问卷设计与访谈提纲做出了贡献。

感谢长沙市相关职能部门与各受访人员的支持与配合。